Ina Hansen stammt aus der Lüneburger Heide, wo sie mit ihrer Zwillingsschwester und drei Brüdern in einem großen Arzthaushalt aufwuchs. Nach dem Abitur absolvierte sie ein zweijähriges Volontariat bei einer Schweizer Tageszeitung. An den Schweiz-Aufenthalt schloß sich ein Jura-Studium in Freiburg und Hamburg an. Die Stadt Frankfurt kennt die Autorin sehr gut von vielen Besuchen bei ihrer Zwillingsschwester Eva. Ina Hansen lebt heute mit ihrem Mann und vier Kindern als Rechtsanwältin in der Nähe von Hamburg.

Franzi, soeben reifegeprüftes Kind immer noch jugendbewegter Eltern aus der 68er-Generation, kommt als »Landei« in die Großstadt Frankfurt, um zu studieren. Alles ist neu, alles ist ungewohnt: Aller Anfang ist schwer – und leicht chaotisch: Wohnungssuche, Studienbeginn, keine Freunde.
Zunächst findet Franzi im Reihenhaus ihrer Tante Hildchen Unterschlupf. Aber da ist's reichlich eng. Das Gästebett steht im Zimmer von Mucki, dem jüngsten der mehr oder weniger pubertierenden Söhne von Tante Hildchen. Und wenn auch noch deren flotter türkischer Liebhaber Adnan übernachtet, wackelt die Wand.
Aber Franzi will ja was lernen – nicht nur fürs Studium, sondern auch fürs Leben.
Solche Lektionen hält auch ihre etwas überkandidelte Kommilitonin Vanessa für Franzi parat. Vanessa, Tochter aus reichem Hause, ist nicht auf den Mund gefallen und äußert ihre freizügigen Ansichten ziemlich unverblümt. Sie erkennt schnell den Kern von Franzis Problemen: Franzi hat *es* noch nicht getan und braucht deshalb einen »Initiator«.
Gute Ratschläge en masse erhält sie außerdem noch von Karlheinz, dem Taxi fahrenden Jura-Studenten, der alle Tricks auf dem Wohnungsmarkt kennt und meist überraschend schnell zur Stelle ist, wenn es für die unerfahrene Franzi mal brenzlig wird. Karlheinz ist ihr auch deshalb so sympathisch, weil er nicht so unverhohlen gierig auf ihren Riesenbusen starrt wie etwa Adnan. Franzi leidet unter ihren »Fesselballons« wie unter einer Krankheit, und es dauert ein ganzes turbulentes Semester, bis sie die richtige »Therapie« findet.

Ina Hansen

Franzi

Roman

Fischer Taschenbuch Verlag

Originalausgabe
Veröffentlicht im Fischer Taschenbuch Verlag GmbH,
Frankfurt am Main, Juni 1994

© Fischer Taschenbuch Verlag GmbH, Frankfurt am Main 1994
Gesamtherstellung: Clausen & Bosse, Leck
Printed in Germany
ISBN 3-596-12325-9

Gedruckt auf chlor- und säurefreiem Papier

1. Kapitel

Im Traum war ich Heidi. Ich saß auf einer kilometerlangen Schaukel, die irgendwo am Himmel hing und über Berge, Täler, Wälder und Felder dahinglitt. Ich konnte alle Einzelheiten unter mir deutlich erkennen. Die Schaukel schwang weiter und weiter, der Wind zischte mir ins Gesicht, es war genau wie im Fernsehen. Ich erinnerte mich lebhaft an die Zeichentrickserie; als Kind hatte ich keine Folge verpaßt, ich war ein richtiger Heidi-Fan gewesen. Am besten war immer der Vorspann und das Lied. Die Wahnsinnsschaukel schaukelte von einem Ende der Alpen bis zum anderen, über herrliche Zeichentricklandschaften, und dabei riß Heidi den Mund so weit auf, daß man eine ganze Semmel auf einmal hätte reinstecken können (mit Semmeln hatte sie es ja, bekanntlich sammelte sie sie später in Frankfurt im Schrank, weil sie ihren daheimgebliebenen Freunden was Gutes tun wollte), und ihre kleinen schwarzen Knopfäuglein funkelten vergnügt. Bei Heidi hatten alle Leute dieselben kleinen schwarzen Knopfäuglein, kein Wunder, weil die Japaner sich des Buchs von Johanna Spyri angenommen hatten. Heidi kam in die große Stadt, genau wie ich, und die große Stadt war Frankfurt. Es könnte natürlich auch Frankfurt an der Oder gewesen sein, aber ich wollte im Traum nicht kleinlich sein. Ich saß wie Zeichentrick-Heidi auf der wunderbaren Himmelsschaukel, schaukelte wie Heidi wild über die Berge und sang aus voller Kehle das Lied mit, zuerst jubelte ich mit dem Chor:
Holladiooo, holladiooo-hoooo!
und dann solo: Hei-di…

Dann der Chor, wie ein Echo: Hei-di… Deine Welt sind die Ber-
her-ge,
Und solo: Hei-di…
Und wieder der Echo-Chor: Hei-di…
Solo: Denn hier oben bist du zu Haus!
Dunk-le Tan-nen, hohe Berge im Sonnenschein,
Hei-di, Hei-di, brauchst du zum Glücklichsein!
Und jetzt wieder der Chor: Hollalladiooo, Hollalladiooo,
Ich jodelte mit dem Chor, immer wieder, hollalladiooo, bis mir die
Luft ausging und dann: Heidi…
Echo-Chor: Hei-di…
Komm nach Haus,
find dein Glück,
komm doch wieder zurück!
Der Chor jodelte und jodelte, und dann wandelte ich probeweise den
Text ab und sang:
Fran-zi (so heiße ich, genauer: Franziska),
Fran-zi, deine Welt ist das Ber-gi-sche (da stamme ich her, genauer:
aus Wuppertal, das liegt im Bergischen Land).
Fran-zi, Fran-zi, denn hier oben bist du zu Haus…
Fran-zi, Fran-zi, komm nach Haus, find dein Glück, komm doch
wieder zurück…
Hollalladiooo…
und ich schwebte an einer endlos langen Schaukel, vom Bergischen
Land über das Rheinische Schiefergebirge, den Westerwald und den
Taunus, dann schwebte ich über die Mainebene nach Frankfurt, aber
bevor ich angekommen war, wachte ich auf.

Auf der Zugfahrt nach Frankfurt regnete es ununterbrochen. Es regnete und regnete, schon am Morgen hatte mich der Regen mit seinem Geprassel geweckt, und ich dachte an die arme Heidi, die in
Frankfurt so hartes Lehrgeld hatte zahlen müssen, bis es endlich
hieß, Heidi kann brauchen, was sie gelernt hat. Mir war zum Heulen
zumute, und der Himmel weinte für mich.

War das jetzt ein gutes oder ein schlechtes Zeichen? Vielleicht gab es gar keinen Grund zum Heulen.

Ich stieg am Hauptbahnhof aus und sah mich um. Es gab doch Grund dazu.

Ich stand mit meinem Rucksack und meinem Koffer auf dem Bahnsteig, und ich schluckte die Tränen, denn mir war nach einem Blick in dieses wahnwitzige Menschengetümmel klar, daß ich nur noch eins brauchte: eine Rückfahrkarte. Also faßte ich meinen Koffer mit energischem Griff und marschierte los. Der Frankfurter Bahnhof ist ein Sackbahnhof, man kann sich nicht in der Richtung irren. Ich lief entschlossen in den riesenhaften Schlund der Halle hinein, zwängte mich in das Gewühl und hielt nach dem Schalter Ausschau. Ich fand eine Drogerie, einen Blumenladen, ein Buchgeschäft. Dann fanden zwei Typen mich und machten mir ein schmutziges Angebot. Ich überhörte es und suchte weiter. Und fand noch einen Buchladen. Endlich stieß ich auf die Schalterhalle mit ein paar Dutzend Schaltern. Hier würde ich jede Menge Fahrkarten bekommen.

Aber wohin sollte ich fahren? Ich setzte mich auf meinen Koffer und dachte nach. Ich drehte und wendete das Problem hin und her, ganz die angehende Juristin, aber ich kam immer wieder zu denselben Ergebnissen. Ich stellte in meinem Kopf eine Liste zusammen, um mich beim Lösungsweg nicht zu verzetteln.

1. Will ich in Frankfurt bleiben?
   Antwort: Nein. Frankfurt ist nicht mein Ding (ein Blick hat genügt), und ich habe keine Lust, Semmeln im Schrank zu horten.
2. Ist eine Abreise möglich?
   Antwort: Ja, für eine Fahrkarte reicht mein Geld noch.
3. Zu wem könnte ich fahren?
Hier waren die ersten Unterpunkte fällig:
a) Wer ist mir von Herzen zugetan?
   Da fielen mir einige Leute ein, angefangen bei meiner Uroma, meinem Deutschlehrer, meiner Freundin Tanja, meinem Wellensittich, bis hin zu Harry, der mein Banknachbar in der Schule und mein Freund und Seelengefährte war.

b) Wer von denen hätte wirklich und ehrlich Lust, mich aufzunehmen?

Mir fiel nach sorgfältigem Nachdenken nur ein Mensch ein, der mir erstens von Herzen zugetan war, und mich zweitens unheimlich gerne aufnehmen würde. Das war Uromi.

Uromi wohnte im Altersheim, also lautete die Antwort zu **3.**: niemand.

Punkt

4. lautete dann zwangsläufig: Was kann ich sonst tun?

Antwort: Wie geplant zu Tante Hildchen gehen und einfach nicht aus dem Fenster sehen.

Das war's.

Diese *Lösungsweg*-Methode versagte nie. Meine Mutter hat sie mir beigebracht. Meine Mutter heißt Sonja und ist Soziologin, und ihrer Meinung nach verplempern die meisten Menschen die meiste Zeit ihres Lebens damit, sich Schwachheiten einzubilden. Sich Schwachheiten einbilden heißt, auf Dinge scharf sein, die man sowieso nicht kriegen kann, aber man bildet sich ein, sie kriegen zu können. Reine Zeitvergeudung. Also blieb mir vorläufig nur Tante Hildchen.

Tante Hildchen heißt eigentlich Hiltrud und ist Sonjas ältere Schwester. Sie ist Grundschullehrerin und hat ein Haus in Frankfurt, und ich sollte vorübergehend bei ihr wohnen, so lange, bis ich hier eine andere Bleibe gefunden hatte.

Die Taxifahrt riß ein gemeines Loch in meine Barschaft und dauerte fast eine halbe Stunde wegen des Berufsverkehrs.

»Na, im Urlaub gewesen?« fragte der junge Taxifahrer mit einem Blick auf meinen Rucksack, der auf der Rückbank neben mir lag.

»Nein, ich soll hierherziehen«, erklärte ich wahrheitsgemäß.

»Soll? Wollen Sie denn nicht?«

Ganz schön neugierig. Ich schaute routinemäßige auf den Innenspiegel, aber er sah geradeaus durch die Windschutzscheibe. »Nein, Frankfurt gefällt mir nicht.«

»Waren Sie schon oft hier?«

»Vor vielen Jahren mal. Damals fand ich's schon ätzend. Der erste Eindruck ist immer entscheidend.«

An dem Wackeln seiner Ohren sah ich, daß er grinste. »Warum tun Sie's dann? Ich meine, herziehen?«

»Weil ich hier einen Studienplatz habe, und eine Unterkunft auch. Das ist eine seltene Kombination, habe ich mir sagen lassen, wie ein Sechser im Lotto.« So, jetzt wußte er aber genug. Ich zog meinen Stadtplan aus dem Rucksack und klappte ihn auf.

»Was studieren Sie denn hier?« Er wurde immer neugieriger.

»Jura«, sagte ich kurz angebunden.

Jetzt schaute er in den Innenspiegel, und als er an der nächsten Ampel halten mußte, drehte er sich sogar um. »He, das gibt's nicht«, sagte er in erfreutem Tonfall. »Genau wie ich!«

Ich blickte hoch und sah ihn mir an. Er hatte ein nettes, offenes Gesicht, brünette Wuschellocken, dunkelbraune Augen und knallrote Segelohren.

»Echt?« sagte ich. »Im wievielten Semester denn?«

»Im vierten. Das heißt, ich fange jetzt das vierte an.«

»Toll«, meinte ich neidisch. »Da hast du bestimmt schon Scheine.« Ich duzte ihn, weil er ein »Kommilitone« war. Ich fand das Wort saublöd, wahrscheinlich, weil es eines der ersten war, die ich als Kind gelernt hatte, und zwar im Zusammenhang damit, daß Sonja dringend ›noch mal wegmußte‹; zum Beispiel mit den Kommilitonen in die AStA-Sitzung, mit den Kommilitonen zur Sponti-Farbbeutel-Wurfaktion gegen das AKW Wackersdorf, mit den Kommilitonen Flugblätter für die Freiheit Zimbabwes verteilen und ähnliches Zeugs.

»Scheine? Ach, weißt du…« Es hörte sich ziemlich ausweichend an. Wahrscheinlich hatte er noch keine Zeit für Scheine. Klar, wenn er Taxi fahren mußte.

»Ich wollte in den Semesterferien zwei Hausarbeiten schreiben«, erklärte er entschuldigend.

Ich sah bewundernd seinen Hinterkopf an. Gleich zwei! »Das muß doch eine wahnsinnige Arbeit sein. Das find' ich toll von dir, daß du so eine Energie hast!«

Als wir ankamen, starrte ich auf den Taxameter und überlegte, ob er etwa Trinkgeld erwartete. Oder ob er sich blöd vorkommen würde, wenn ich ihm zwei Mark in die Hand drücken würde. Ich gab ihm einen Zwanziger und sagte: »Stimmt so.«

Das waren drei Mark Trinkgeld, und er guckte erfreut und kam sich kein bißchen blöd vor. Noch so ein armer Schlucker, genau wie ich. Beim Aussteigen rief er mir zu, daß er Karlheinz heißt, und daß wir uns bestimmt mal im Juridicum über den Weg laufen würden.

Tante Hildchens Haus hatte ich noch schwach in Erinnerung. Es war mindestens zehn Jahre her, daß ich zuletzt hiergewesen war. Hildchen war nicht gerade Sonjas Lieblingsverwandte, und das letzte Mal waren wir zur Taufe von Sonjas Jüngstem in Frankfurt gewesen. Danach kriegte sie keine Kinder mehr, und wir besuchten sie nicht mehr. Hildchen war zweimal ins Bergische gekommen, einmal vor acht Jahren, zu Papas Beerdigung, und einmal zu Sonjas Hochzeit mit Eberhard vor zwei Jahren.

Ich hatte gemischte Gefühle, als ich vor dem kleinen schmutziggelben Reihenhaus stand. Der Regen lief mir in den Kragen und übers Gesicht. Vielleicht waren sie gar nicht zu Hause, dann mußte ich mir sowieso was anderes überlegen, dachte ich.

Aber natürlich waren sie doch da, schließlich hatte Sonja mein Kommen angekündigt.

Die Tür wurde aufgerissen, und ein pickeliges Gesicht unter fettigen Haaren von undefinierbarer dunkler Farbe erschien im Rahmen. Der Höhe nach zu urteilen, in welcher der Kopf aus dem Spalt hervorlinste, mußte es einer meiner beiden älteren Cousins sein, entweder Tommy, der achtzehn war, oder Hansi, der Fünfzehnjährige. Dann gab es noch Mucki, aber der war erst zehn.

»Mama, das Busenwunder ist da!« brüllte das Pickelgesicht mit fisteliger Stimmbruchstimme über die Schulter nach hinten und glotzte mich an.

»Ogottogott! Du Trottel!« schrie Tante Hildchen von drinnen. Die Tür wurde weiter aufgerissen, Pickelgesicht wich zur Seite und machte Platz.

Tante Hildchen brauchte viel Platz, ungefähr einen Meter fünfzig im Durchmesser, und da war der Aktionsradius ihrer Arme noch nicht mitgerechnet.

Sie walzte auf mich zu und riß mich an sich. »Kind! Franziska-Schätzchen! Da bist du ja! Komm rein!«

Das war leichter gesagt als getan, jedenfalls solange sie mich an ihren monströsen Busen quetschte. Sie drehte sich um und klebte dem Pickelgesicht eine. »Hansi, du widerlicher Kerl! Was hab' ich dir gesagt? Was hab' ich dir gesagt?!«

Hansi rieb sich die pickelige Wange und grinste. »Wenn du schon drauf bestehst: Du hast gesagt, wir dürfen nicht auf ihrem Busen rumreiten, das kann sie nicht vertragen. Aber geritten bin ich ja nicht drauf, oder?«

Er duckte sich und verschwand, bevor er sich noch eine einfing.

»Hör nicht auf ihn, er pubertiert fürchterlich im Moment.« Sie packte mich am Arm und zerrte mich hinter sich her in die Küche. »Ich hab' schon Kaffee für uns gemacht. Ich hätte dich ja abgeholt, aber Tommy ist mit dem Wagen weg. Ich seh' mein Auto praktisch überhaupt nicht mehr, aber was kannst du dagegen machen? Hast du Hunger?«

Mir war der Hunger vergangen. Mir verging immer der Hunger, und mir verging überhaupt alles, wenn jemand was Blödes über meinen Busen sagte. Ich habe nämlich keinen Busen. Wo andere Frauen Busen haben, habe ich Fesselballons.

Sonja sagt zu allen Leuten: »Reitet nicht auf ihrem Busen herum, das kann sie nicht vertragen. Wißt ihr, sie hat ein Problem: Dem Gesicht nach ist sie zwölf, der Taille und dem Hintern nach zwanzig, aber dem Busen nach fünfundneunzig, hahaha! Was, nicht kapiert? Größe fünfundneunzig natürlich, aber nicht A, B oder C, hahaha, nein, fünfundneunzig D! Hahahahaha! Jetzt kapiert?« Alle kapierten es und lachten höflich.

11

Tante Hildchen lachte nicht, Tante Hildchen hatte Mitleid. »Kindchen, ich weiß, wie dir zumute ist. Sieh mich an! Mir geht's genauso!«

Ich sah sie an. In der Tat ist ihr Busen gewaltig, bestimmt noch dicker als meiner, schätzungsweise Größe 100 E. Aber dafür hat sie kaum Taille, da wirkt das viel kompakter und nicht so aufdringlich. Aber so weit würde ich frühestens in zwanzig Jahren sein, und so lange wollte ich auf keinen Fall warten.

Ich trank den Kaffee und träumte. Eines Tages würde ich mein T-Shirt ausziehen, und darunter wären keine Fesselballons mehr, sondern hübsche kleine flache Twiggy-Brüstchen, und ich wäre dem Gesicht, dem Busen und dem Hintern nach zwanzig.

»Natürlich bist du zwanzig, und Mucki ist erst zehn«, erzählte Hildchen gerade und goß mir noch eine Tasse Kaffee ein. »Das ist nicht gerade die ideale Zusammensetzung für eine Zimmergenossenschaft. Aber eine andere Möglichkeit sehe ich wirklich nicht, es sei denn, du willst im Hobbykeller schlafen. Da ist aber schon die Tischtennisplatte. Das Wohnzimmer kommt nicht in Frage, das ist ein Gemeinschaftsraum, verstehst du. Also muß es bei Mucki sein. Hansi braucht unbedingt ein eigenes Zimmer. Jungs in dem Alter sind unheimlich libidofixiert, ich beziehe fast jeden Tag sein Bett frisch, das ist ein typisch pubertäres Syndrom. Und Mucki ist einfach noch nicht soweit, ich kann ihm nicht zumuten, daß er bei Hansi im Zimmer pennt.«

So, wie Hansi aussieht, kann man es überhaupt niemandem zumuten, dachte ich. Und bestimmt stanken seine Socken fürchterlich, wenn sie so rochen, wie er aussah.

»Und Tommy ist schon erwachsen, er ist ja bloß zwei Jahre jünger als du. Aber er hat eine Freundin, die er manchmal mitbringt, und Freunde auch, deshalb hat er auch oben das Dachstudio, und außerdem muß er unwahrscheinlich viel arbeiten, der arme, arme Junge.« Ihr Gesicht hellte sich auf. »Vielleicht könntest du ihm ab und zu was erklären! Er tut sich ja in Mathe so schwer! Aber du hast doch gerade erst Abi gemacht, Franzi-Schätzchen! Und Sonja hat gesagt, daß du dich in der Schule immer unheimlich angestrengt hast, und daß deine Mathe-Note sich gegenüber deinen anderen Leistungen noch unglaublich abhebt.«

Da hatte Sonja wohl recht. Meine Fünf in Mathe hebt sich gegen die schwachen Dreier und Vierer in den anderen Kursen tatsächlich ab. Meine Mutter hatte schon immer ein Talent, auf Kosten anderer ihren Esprit zu pflegen, aber manchmal hat sie das Pech, daß niemand ihre sarkastischen Bonmots richtig deuten kann. Das schien in hohem Maße für Tante Hildchen zu gelten, deren Dickfelligkeit Sonja schon oft beklagt hatte.

Wir gingen die Treppe hinauf, um meine Schlafstätte zu besichtigen.

»Es ist ja nichts Besonderes«, meinte Hildchen entschuldigend und deutete in den drei Meter breiten Schlauch. Ein Bett links an der Wand, mit Mickymaus-Bettwäsche, vor dem Fenster ein Schreibtisch, übersät mit Heften und Büchern, und rechts daneben das Gästeklappbett, mit frischer weißer Bettwäsche bezogen. Vorn, neben der Tür, ein Kinderschrank.

»Nett«, sagte ich. Mehr fiel mir im Moment nicht ein.

»Deine Sachen kannst du bei mir im Schlafzimmer unterbringen, ich hab' schon einen Teil vom Schrank für dich leergeräumt. Wo hast du denn überhaupt deinen ganzen anderen Kram?«

»Bei Bekannten eingelagert. Sobald ich eine eigene Behausung habe, lasse ich es mir schicken. Und meine Freundin Tanja hat den Wellensittich in Pflege.«

Hildchen machte ein unzufriedenes Gesicht. »Ich fand's ja nicht gut von der Sonja, daß sie einfach so ruckzuckspuck mit dem Eberhard nach Bolivien geht. Und gleich für zwei Jahre! Und dann das Haus einfach Knall auf Fall vermietet und du armes Ding kannst sehen, wo du bleibst! Nein, das ist nicht richtig von deiner Mutter!«

»Laß nur, Tantchen. Es war doch klar, daß ich studieren würde, und im Bergischen kann man nun mal kein Jura studieren. Ich hätt' sowieso ausziehen müssen.«

»...nicht richtig«, beharrte sie auf ihrer Meinung, während sie kopfschüttelnd vorausging und mir die anderen Zimmer zeigte. Aus Hansis Zimmer dampfte Pubertäts- und Schweißstrümpfemief, er grinste uns vom Bett aus entgegen, und schnell zog sie die Tür wieder zu. »Ist nicht aufgeräumt«, erklärte sie und ging ins Bad. Es war ein normales, mittelgroßes Sechziger-Jahre-Bad mit himmelblauen Kacheln, Milchglasfenster, Badewanne, Klo, Allibert. Auf der Ablage unter dem Allibert vier Becher mit Zahnbürsten, Rasierzeug und ein Kosmetiktäschchen. »Wir haben bloß ein Bad, unten ist noch ein Klo, aber trotzdem gibt's morgens furchtbares Geschiebe. Du darfst keine Ansprüche stellen.«

»Ich brauch' nicht lange, keine Sorge.«

Das Schlafzimmer von Hildchen war eher ein Wohnzimmer. Ich war überrascht, irgendwie hatte ich mit Doppelbett-Schleiflackschrankwand-Spiegelkommödchen gerechnet, aber das Zimmer war richtig gemütlich, mit gerafften mintgrünen Gardinen, weißer Rauhfaser und knallgelbem Ikea-Bettsofa. In einer Ecke stand, auf schicke, unorthodoxe Weise schräggestellt, ein schöner englisch-antiker Sekretär mit Vitrinenaufsatz.

»Das ist toll«, sagte ich erstaunt. So ein Zimmer hatte ich Hildchen gar nicht zugetraut. Jetzt sah ich sie mir näher an. Eigentlich war sie gar nicht mehr so fett wie früher, und sie trug auch keine Kittelschürze, sondern ein adrettes dunkelblaues Hängerkleid mit weißen und roten Biesen. Auch ihr glatter, flott gefönter Pagenkopf sah schick aus, nach einem guten Friseur – überhaupt sah sie so aus, wie bei der »Machen-Sie-das-Beste-aus-Ihrem-Typ«-Spalte die Nachher-Bilder aussehen.

»Sag mal, Hildchen, wo ist eigentlich Onkel Herbert?« fragte ich. Das Zimmer sah ganz und gar nicht danach aus, als würde auch Onkel Herbert hier schlafen.

»Hat Sonja dir das nicht erzählt?« Sie war sichtlich verlegen, und ihre Wangen färbten sich eine Schattierung dunkler. »Herbert und ich haben uns getrennt. Vor drei Jahren schon.«

Ich war ganz betroffen. »Das tut mir aber leid!«

»Mir aber nicht«, grinste sie.

»Ach.« Wieder fiel mir nicht mehr dazu ein. Ich wollte nicht neugierig sein. Aber ich konnte mir schon denken, warum es ihr nicht leid tat. Und warum das Zimmer so hübsch war, und sie auch. Und warum ich in Muckis Zimmer schlafen mußte, obwohl doch in ihrem Zimmer wesentlich mehr Platz gewesen wäre.

Wir gingen hoch ins ausgebaute Dachgeschoß, und sie zeigte mir Tommys Zimmer. Das ganze Zimmer war wie ein verrücktes Schwarz-weiß-Schachbrett, auf dem eine Herde wildgewordener Zebras herumsprang; schwarz-weiße Teppichfliesen, schwarz-weiße Streifen an den Wänden, manche gerade, manche schräg. Die Bettwäsche war schwarz-weiß-gestreift, der Schreibtisch weiß, der Stuhl davor schwarz, die Vorhänge schwarz-weiß-kariert.

»Das ist aber ... eigenwillig«, meinte ich vorsichtig. Immerhin, es roch deutlich frischer als bei Hansi.

»Er hat es sich vor zwei Jahren zurechtgemacht. Er fand es total cool. Jetzt will er wieder was anderes, aber ich stehe auf dem Standpunkt, daß man nicht alle zwei Jahre die ganze Einrichtung auswechseln kann. Schließlich kostet es auch ganz schön was. Außerdem müssen wir jetzt mit weniger auskommen, seit Herbert nicht mehr da ist. Ich bin auf Zweidrittelstelle gegangen, aber trotzdem, mit drei Kindern wird's hinten und vorne knapp. Du müßtest mal sehen, was die drei so wegputzen. Da siehst du die Hunderter nur so in den hungrigen Mäulern verschwinden.«

Mein Magen knurrte hörbar, und ich preßte mir die Faust gegen den Bauch.

»Ich kann für mich allein sorgen, Hildchen. Und ich esse in der Mensa. Ich werde euch nicht auf der Tasche liegen. Und eh' du dich versiehst, bin ich auch schon wieder weg.«

Später packte ich meinen Koffer und meinen Rucksack aus, deponierte einen Teil meiner Sachen in Hildchens funkelnagelneuem Bauern-Weichholzschrank und schob ein paar Jeans, T-Shirts, Pullis und Unterwäsche unter mein Gästeklappbett.

Anschließend half ich Hildchen dabei, Abendessen zuzubereiten. Ich deckte den Tisch im Wohnzimmer. Das Wohnzimmer war genauso, wie es vor zehn Jahren auch gewesen war – gutbürgerliche Regalwand in Eiche mit integrierten Schrankelementen und Ledergarnitur mit Messingnieten. Für nächstes Jahr hätte sie sich das Wohnzimmer vorgenommen, meinte Hildchen. Nach und nach würde sie das ganze Haus umgestalten. Sie schnippelte Paprika und Tomaten klein, und ich schnitt Brot ab. Adnan würde auch zum Abendessen erwartet, erzählte sie mir. Adnan war Türke und arbeitete an derselben Stelle wie sie, als Lehrer in einer türkischen Förderklasse.

»Das ist ein wahnsinnig toller Mensch«, schwärmte sie. »Ungeheuer sensibel und einfühlsam, dieser Mann hat eine sagenhafte Aura, und diese Augen... Man meint, er könnte einem direkt in die Seele gukken, und er verbreitet sooo eine Wärme um sich rum.«

Als Adnan kurz darauf kam, mußte ich ihr recht geben. Er war das, was man ein Bild von einem Mann nennt, schätzungsweise Ende Dreißig, dunkel glühende Augen, schwarze Locken zum Reinfassen und ein knackiger Hintern in der gut sitzenden Jeans. Die Zähne blitzten im braungebrannten Gesicht, als er mir die Hand gab. Klar, mit so einem konnte Onkel Herbert natürlich nicht konkurrieren. Er guckte auf meinen Busen, als er meinte, es merkte niemand, aber das nahm ich ihm nicht übel, weil es schließlich alle taten. Spätestens nächstes Jahr wäre damit sowieso Schluß.

Pünktlich zum Abendessen tauchte auch Mucki auf; er heißt richtig Nepomuk, aber wer ihn so nannte, war bei ihm unten durch, wußte Hildchen zu berichten. Mucki war für seine zehn Jahre ziemlich klein und schmächtig, deshalb spielte er Fußball, damit er Muskeln kriegte und besser zu seinem Namen paßte. Er war total verdreckt, und Hildchen jammerte über die Lehmklumpen, die von seinen Stollenschuhen auf den frischgewischten Steinboden in der Diele kullerten. Ich sah ihren waidwunden Blick und sprang auf, um schnell die Bescherung wegzufegen. Als ich mich mit der Kehrschaufel in der Hand aufrichtete, bemerkte ich, wie Adnan interessiert meinen Hintern musterte. Die Art, wie er »direkt in meine Seele guckte«, gefiel mir nicht.

Später, als wir schon bei Schnittchen und Tee am Tisch saßen, kam Tommy. Er überragte mich um Haupteslänge, als wir uns begrüßten, und ich kam mir unangenehm winzig vor. Ich hasse es, wenn Leute, die jünger sind als ich, auf mich herabgucken können. Außerdem sieht mein Busen von oben viel größer aus. Ansonsten sah Tommy genauso aus wie Hansi, nur ohne Pickel, etwas breiter und kräftiger und mit anständig frisierten Haaren.

»Na, wie ist es, wieder in Frankfurt zu sein? Hast du schon richtige Heimatgefühle?« wollte er wissen.

»Ich kann mich gar nicht mehr an Frankfurt erinnern. Wir sind doch von hier weggezogen, als ich drei war.«

»Wieso willst du denn überhaupt hier studieren? Jura hättest du doch auch woanders studieren können, zum Beispiel in Münster. Da soll es toll sein. Also, ich werde auf keinen Fall hier in Frankfurt studieren. Hast du dir die Uni mal angeguckt? Da wird dir schlecht, ehrlich. Hat auch nur 'nen mittelmäßigen Ruf, hab ich neulich erst in einer großen Umfrage im *stern* gelesen. München ist da angesagt. Ich glaub', München ist erste Sahne.«

»Falls du das auf dich beziehst«, meinte Hildchen in mißbilligendem Ton, »da müßte Herbert aber sechs Richtige im Lotto haben. Von dem Unterhalt, den er im Monat abdrückt, kannst du bestimmt nicht studieren, geschweige denn in München.«

Adnan langte mit seinem behaarten, kräftigen Arm über den Tisch und spießte ein Gürkchen auf. »Das Studium ist doch heutzutage total verschult«, meinte er. Er biß knackend in das Gürkchen, und ein Essigspritzer traf mich an der Lippe. Er sah es und guckte mich an, als wollte er es ablecken. »Früher war das Studium anders. Da hatte das Ganze noch Größe, Dimensionen. Früher hieß studieren noch Bewußtseinserweiterung, sich bilden um der reinen Freude an der Bildung willen, den Finger in den großen Topf des Wissens stecken, ganz, ganz tief hinein, und ihn dann abschlecken…« Er leckte sich den Essig vom Finger und guckte Hildchen mit glühenden Augen an, und Hildchens Lider flatterten aufgeregt.

Hansi grinste und kicherte albern.

Tommy stand über den Dingen. Herablassend meinte er: »Von wegen Bewußtseinserweiterung. Was kannst du dir denn heute dafür noch kaufen? Man muß das Ganze mal unter volkswirtschaftlichen Gesichtspunkten sehen. Wußtet ihr, daß Deutschland das Land mit der durchschnittlich längsten Studienzeit, der kürzesten Arbeitszeit und den jüngsten Rentnern in Europa ist? Was will uns das sagen?«

»Ja, was denn?« fragte Mucki frech.

»Daß wir international nur dann konkurrenzfähig bleiben, wenn wir effizienter werden. Arbeitsmäßig gesehen. Dazu gehört natürlich auch, daß wir an ein Studium ganz anders rangehen als vor zwanzig Jahren. Glaubst du vielleicht« – er wandte sich an Adnan – »daß man heutzutage noch die ersten drei Semester damit verplempern kann, zu Sit-ins, Demos und Politforen zu rennen? Ho-Ho-Ho-Tschi-Minh brüllen? Daß wir heute noch Aufzüge veranstalten unter dem Motto: Unter den Talaren der Mief von tausend Jahren, oder so was?«

Hildchen himmelte ihren Ältesten an. Ist er nicht wunderbar? fragten mich ihre Augen. Ich war beeindruckt. Er schien ziemlich clever zu sein, bis auf Mathe natürlich.

»Ich bin nicht zu Sit-ins gerannt«, wehrte Adnan ab. »Das war Jahrzehnte vor meiner Zeit, auch das mit dem Mief. Das mußt du doch noch miterlebt haben, Hiltrud.«

Hildchen war stocksauer. »Was glaubst du denn, wann ich studiert habe?«

»Das waren die achtundsechziger, Mama«, meinte Tommy gelassen. Er schlürfte mit dezent gestrecktem kleinen Finger von seinem Tee und hielt Hildchen dann die Tasse zum Nachfüllen hin. »Das war genau deine Zeit.«

Wie eine perfekte Bedienung griff Hildchen automatisch zur Teekanne, schenkte ihm ein, bemerkte jedoch spitz: »Jedenfalls habe ich keine Farbbeutel auf die Fassaden geschmissen.«

Die Spitze ging an mich, stellvertretend für Sonja, soviel war mir klar. Aus Sonjas begeisterten Erzählungen wußte ich, daß meine

Mutter wild mitgemischt hatte. Irgendwie waren wir damals alle total solidarisch, sagte sie immer. Und wir beide, sie und ich, waren auch total solidarisch. Wenn sie mit ihren Sponti-Kommilitonen zum Farbbeutelschmeißen unterwegs war, verschmierte ich im Kinderladen auf dem Campus die Wände mit Fingerfarben. Nur waren meine Farben abwaschbar.

Genauso wie das Abendbrotgeschirr. Ich stand eine halbe Stunde lang bis über die Ellbogen im Spülischaum, Hildchen trocknete ab. Die Männer sahen sich im Wohnzimmer WWF auf RTL 2 an. WWF hieß hier nicht World Wildlife Foundation, sondern World Wrestling Foundation, aber Wrestling steht nicht für Ringen, sondern für Catchen. Heute kämpfte Mr. Perfect, ein schweinchengesichtiger, wasserstoffsuperoxyd-dauergewellter, aber ansonsten sehr ansehnlicher braungebrannter Muskelprotz gegen DOINK. DOINK war ein Catcher-Clown mit brutal geschminktem Clownsgesicht und fusseligen Clownshaaren, und er trug einen bauschigen Clownsanzug im Ring, der Mr. Perfect eine gute Angriffsfläche bot, um seinen rückgratzerschmetternden, knochenbrechenden Double-knee-breaker bei DOINK anzubringen. DOINK brüllte um sein Leben. Der Ringrichter, ein artiges Männlein mit weißem Hemd und Fliege, kriegte auch gleich einen Tritt, weil Mr. Perfect gerade so schön bei der Sache war. Die Drei- und Vierjährigen in der ersten Reihe johlten. Adnan, Tommy, Hansi und Mucki johlten. Mucki brüllte aus voller Kehle: »Whamm, bamm, eight – nine – ten, Knockout!«

Morgen sollten die hübschen, hellblonden, braungebrannten Beverly Brothers gegen die wahnsinnig brutalen und armeschlenkernden, glatzköpfigen Bushwhackers kämpfen, das schärfste Doppel aller Zeiten. Sie kündigten einander nach dem Kampf zwischen Mr. Perfect und DOINK schon mal an, was sie sich morgen gegenseitig Gräßliches antäten. Alles johlte.

Ja, warum wollte ich überhaupt studieren? Und warum ausgerechnet hier?

2. Kapitel

Dasselbe fragte ich mich am anderen Morgen auch, als ich hoffnungslos verloren auf dem Campus stand. Das Unigelände, eine an Scheußlichkeiten schwer zu überbietende Ansammlung von stilneutralen Baulichkeiten rund um einen zugigen Platz wurde in Frankfurt vornehm »Campus« genannt. Das kannte ich noch aus Sonjas Zeiten. Ich blickte zu der steinernen, von Farbbeutelklecksen aufgelockerten Inschrift auf. »Johann Wolfgang von Goethe-Universität« stand dort. Johann hätte sich im Grab umgedreht, ach, was sage ich, rotiert hätte er bei diesem Anblick. Ich sah mich um, ließ meine Blicke wandern, und ja, ganz, ganz dunkel erinnere ich mich wieder. Sonja hatte mich immer und überall mitgeschleift, wenn ich nicht gerade im Kinderladen war. In den AStA, in die Mensa, in die Vorlesung, in Seminare. Sie hatte eine Art Indianertuch, in das sie mich eingebunden hatte, und wenn ich mal Durst hatte, wurde ich an Ort und Stelle gestillt, ganz locker, und wenn ich ein Geschäft in meiner Windel hatte, wurde es an Ort und Stelle beseitigt, notfalls im Hörsaal auf dem Podium – das hatte genau die richtige Wickelhöhe, erzählte Sonja immer. Als sie Examen hatte, war ich auch dabei. Ich sprang auf dem Gang rum und brüllte und nervte alle, mir was vorzulesen und mit mir zu spielen, und Sonja behauptete, meine prägnante kindhafte Präsenz und mein unglaublich ursprünglich-kreatives Solidarverhalten wären der Beweis, was für ein entmenschlichender, entwürdigender, unangemessener Prozeß das Prüfungsverfahren im allgemeinen wäre und wie beschissen machomäßig und rücksichtslos die Prüfertypen im besonderen sich aufführten. Sie hat trotzdem bestanden, obwohl sie zwischendurch mit mir eine halbe Stunde A-a gehen mußte; es hatte so lange gedauert, weil ich auf dem verschissenen Klo nicht konnte, wie sie hinterher den Prüfern erzählte.

Das waren noch Zeiten, dachte ich. Heute undenkbar. Keine Kinder auf dem Campus, keine spontanen Demos mehr. Ich erinnere mich in diesem Moment sogar wieder an die großen Wasserwerfer, wie sie anrückten zu einer Baader-Meinhof-Demo, große, gräßliche, oliv-grüne Ungetüme, und Sonja hatte »Iiiihhh!« geschrien, weil das Wasser so spritzte. Wir waren pitschnaß in diesem heißen Frankfurter Sommer '76, unsere Augen waren rot von dem Reizgas und brannten fürchterlich, und am Abend kriegte ich ein Rieseneis, weil ich so brav gewesen war und keine Angst vor den Faschisten-Bullen gehabt hatte.

Ich irrte eine Weile in dem unübersichtlichen Vorlesungsgebäude herum, auf der Suche nach dem Hörsaal. Schaf, das ich war, hatte ich vergessen, mir den Wegweiser am Eingang zu Gemüte zu führen. Endlich fand ich den Hörsaal. Ich war spät dran, und alle Bankreihen waren schon gerammelt voll. Der Hörsaal war eher ein Bunker, ohne Fenster, dafür aber mit zwei Türen, die durch eine lange, ansteigende Rampe verbunden waren. Die Bankreihen stiegen ebenfalls an, bis ins Unendliche, schien mir. Ein paar hundert Erstsemester fläzten sich dort herum, und ich stand wieder mal im Regen, weil ich die letzte war. Und weil wahrscheinlich alle jetzt auf meinen Busen guck-ten.

Ich hatte an diesem Morgen ein extra busenverkleinerndes T-Shirt angezogen. Ich hatte es mir neu gekauft, bevor ich nach Frankfurt gekommen war, kleine, winzig kleine Blümchen auf schwarzem Grund, das trägt nicht auf und macht schlank. Es hing schlabbrig und lang bis auf die Oberschenkel, wie alle meine Hemden. Gürtel trug ich seit meinem vierzehnten Lebensjahr keine mehr. Meine lan-gen Haare hatte ich wie unabsichtlich nach vorn hängen.

Gott sei Dank, da war noch ein Platz, gleich in der ersten Reihe. Ohne mich umzusehen, steuerte ich mit meiner echt schweinsledernen Aktentasche – ein Geschenk von Uromi zum Abi – auf den freien Platz zu. Da saßen zwei Typen, die hatten doch tatsächlich Anzüge an! Und beide hatten einen aufgeklappten Laptop vor sich liegen! Ich konnte es nicht fassen, sah an meinem Blümchenhemd herab und ließ aufgeregt meine Blicke über die Bankreihen flitzen.

Gott sei Dank, ich verstieß nicht gegen die Kleiderordnung. Bloß die beiden Anzugtypen in der ersten Reihe. Die anderen waren genau solche Jeans-und-T-Shirt-Typen wie ich auch und schienen auch keine Laptops dabeizuhaben. »Ist hier noch frei?« fragte ich höflich. Einer der beiden hob seinen fön-gestylten Jungmanagerkopf und nickte kurz. Ich setzte mich, packte meinen karierten umweltfreundlichen DIN-A4-Block und einen Sparkassenkuli aus und starrte auf den Laptop neben mir. Der Jungmanager roch nach Lagerfeld, und am rechten Ringfinger trug er eine Art goldenen Siegelring.

Ich saß und wartete und hörte dem Gemurmel und Geraschel um mich herum zu. Jeder schien hier zumindest einen anderen zu kennen. Bloß ich kannte niemanden. Wieso saß ich überhaupt hier? Ganz allein, an einer Uni mit dem Ruf der Mittelmäßigkeit? Mir fiel wieder mal nichts dazu ein. Warum ging's nicht los? Um neun Uhr war Vorlesungsbeginn, stand im Verzeichnis.

»Wieso geht's noch nicht los?« fragte ich meinen Jungmanager-Nebenmann. »Es sollte doch um neun losgehen, oder?«

»Weil die Anfangszeit ›c. t.‹ und nicht ›s. t.‹ ist«, belehrte er gönnerhaft meinen Busen. Ich haßte ihn sofort. Nicht nur, weil er mich anglotzte, sondern weil ich außerdem nicht wußte, was »c. t.« und »s. t.« ist.

»Ach so«, sagte ich.

Ich starrte auf mein recyclebares graues Karopapier. Dann schrieb ich schwungvoll oben an den Rand: 1. Vorlesung. Ich war gespannt, wie's weiterging. In zwei Stunden würde ich sicher seitenweise wundersames Wissen mitnehmen, wenn ich den Hörsaal wieder verließ. Ich würde endlich etwas über das Warum wissen. Fast andächtig guckte ich auf die Tür, und als endlich ein Mensch das Podium betrat, der zweifelsfrei von der Muse der Jurisprudenz geküßt war, hatte ich Tränen der Rührung in den Augen. Der Mensch fummelte umständlich an seinem Revers herum, um ein Mikrofon dort zu befestigen. Als es ihm endlich gelungen war, blickte er in die Runde.

»Meine Damen und Herren, ich darf Sie recht herzlich zu meiner ersten Vorlesung begrüßen, für diejenigen, die mich noch nicht kennen: Ich heiße Dieter Stubenrauch.«

Gedämpftes Hahaha von den Rängen, und er hüstelte und grinste verschämt, klopfte mit dem Zeigefinger aufs Mikro, und es knisterte. Er sagte: »Eins, zwei, eins, zwei«, es knisterte stärker, und er klopfte und rief hektischer, »eins, zwei, eins, zwei.«

Hinter mir schrie jemand, kein Wunder, daß es nicht geht, wenn er nicht mal bis drei zählen kann. Er hörte es und lachte, und dann zählte er bis drei, und auf einmal ging das Mikro wieder. Er erzählte irgendwas, aber ich konnte nicht richtig zuhören, weil ich ihn mir erst mal ansehen mußte. Ich kann einem Menschen nur richtig zuhören, wenn ich ihn glaubwürdig finde, auch eine Sache, die mir Sonja beigebracht hat. »Schätzchen, ein Kerl, der dich ausbeutet oder anlügt, das ist wie ein Brilli aus Glas. Da hilft nur durchgucken.«

Ich sah ihn mir also an. Schätzungsweise Mitte Dreißig, schlank, mittelgroß, glatt zurückgekämmte blonde Haare, Anzug seit fünf Jahren aus der Mode. Er sah nicht unglaubwürdig aus, also hörte ich zu.

Dieter Stubenrauch sagte gerade: »Die hierin erfaßten methodischen Darstellungen sind jedoch nicht zu einem homogenen Ganzen zusammengeschlossen. Es wird ersichtlich, wie weit sich Savigny durch die nunmehr von ihm entwickelte historische und organologische Ansicht von seinem ursprünglichen Anfang im frühen Werk entfernte, woraus aber gegenüber dem späteren System keine selbständige Bedeutung herzuleiten ist.« Er klopfte auf das Mikro und sagte: »Savigny unterscheidet eine historische, eine interpretative und eine philosophisch-systematische Bearbeitung des Rechtes. Als Anliegen der Auslegung benennt er die Rekonstruktion des Gedankens, der im Gesetz ausgesprochen wird, insofern er aus dem Gesetz ersichtlich wird.«

Peng. Das war mitten ins Herz. Jetzt bin ich tot. Was anderes fiel mir nicht dazu ein. Ich schielte auf den Laptop neben mir; der Bildschirm war deutlich sichtbar. Ich sah Buchstaben aufblinken und kniff die Augen zusammen, um es besser erkennen zu können. Ich kam mir vor wie ein Spanner, aber was sollte ich machen? Der Jungmanager hatte es offenbar drauf, denn immerhin war er in der Lage, mitzuschreiben. Ich las: »Guck mal die Tussi da neben mir, die hat echt Holz vor der Hütte, hast du schon gesehen?«

Fassungslos stellte ich fest, daß die Laptops der beiden Jungmanager per Verkabelung verbunden waren! Ich hätte schreien können! Holz vor der Hütte! So ein Arschloch!

Ich knirschte mit den Zähnen und schrieb auf meinen Block aus hundert Prozent Altpapier: »Savigny. Philosophisch-systematisch. Organologisch.«

Dieter Stubenrauch, der Dozent, dozierte aufgeräumt weiter. »Bei der Auslegung muß sich der Interpret laut Savigny auf den Betrachtungspunkt des Gesetzgebers stellen und so artifiziell dessen Formel entstehen lassen. Demgemäß muß die Interpretation drei denknotwendige Bestandteile aufweisen, einen logischen, einen grammatischen, einen historischen.«

Uff. Ich schrieb: »Dreifach: logisch, grammatisch, historisch.« Ich linste zum Laptop und las: »Guck dir den Anzug von dem Stubenrauch an. Ob das 'ne Marke ist?«

Antwort: »Sicher. Aldi.«

Dieter Stubenrauch in seinem Aldi-Anzug (so ein Blödsinn, bei Aldi gibt's höchstens mal 'nen Trainingsanzug, das ist das äußerste, was sie an Discount-Bekleidung anbieten) erklärte eindringlich: »Die Interpretation hat den besonderen Charakter einer Formulierung wie auch ihre Bedeutung für das Ganze zu erfassen, denn die Legislative geht allein von einem Ganzen aus. Dieses Ganze des Rechts manifestiert sich indessen nur im System. Dementsprechend werden sowohl historische als auch systematische Elemente immer schon bei der Auslegung eines Gesetzes offenkundig. Gleichzeitig jedoch bewirken sie alle einen spezifischen, eigentümlichen Umgang mit der Jurisprudenz.«

Ich notierte verbissen: »Eigentümlich.« Auf dem Laptop las ich:

»Ich bagger' die Tussi in der Vorlesungspause mal an. Sie sieht aus, als wär sie 'ne Sünde wert, bei den Titten.«

Mir wurde kotzübel. Ich schwor mir, es dem Manager-Blödmann heimzuzahlen. Ich überlegte mir schon mal ein paar passende Erwiderungen. Zum Beispiel: Steck doch dein Kabel woanders rein. Wahnsinn. Das war echt gut. Ich schrieb's mir sofort auf: »Steck doch dein Kabel woanders rein!« – dreimal dick unterstrichen. Ich hielt die Hand davor, damit er es nicht sah.

Dieter Stubenrauch meinte leidenschaftlich: »Die systematische Vorgehensweise hat demgegenüber das Anliegen, die Vielfalt der ihr innewohnenden Verknüpfungen zu betrachten. Sie betrifft die Entstehung der Begriffe, die Erklärung der Rechtssätze nach ihrer inneren Zuordnung und nicht zuletzt auch das Schließen von Gesetzeslücken – wobei diese Formulierung indessen bei Savigny noch nicht auftaucht –, durch Analogien. Signifikant für den gesetzespositivistischen Ansatz in Savignys Frühwerk ist die Negierung der von ihm so bezeichneten restriktiven und extensiven Auslegung.«

Lieber Gott! Mit zitternder Hand notierte ich: »Systematisch. Analogien. Gesetzespositivistisch. Restriktiv. Extensiv.«

Auf dem Bildschirm neben mir flimmerte: »Dieser Stubenrauch verfolgt eine raffinierte Taktik, hat du's schon bemerkt?«

Welche denn, du lieber Himmel? Ich fieberte der Antwort entgegen, die Sekunden später aufflackerte. Ich reckte den Hals mindestens fünfzig Zentimeter weit, um sie bei meinem Neben-Neben-Mann lesen zu können: »Klar. Eindeutige Signale einer perfiden Dezimierungsbestrebung. Weniger Studenten, weniger Klausurteilnehmer, weniger Korrekturen. Weniger Arbeit für diesen Aldi-Fan.«

Eben noch beispielloser Blödmann, erschien mir der Jungmanager von nebenan auf einmal wie ein leuchtender Deus ex machina – nahtlos, über jeden Zweifel erhaben und klar wie ein Brilli aus Glas drang die Moral und die Essenz der ersten Vorlesung in mein Erstsemester-Gehirn. Sie lautete: Paß auf, die wollen dich hier fürchterlich verarschen.

Aber dann passierte etwas, womit niemand, auch nicht der Dozent Dieter Stubenrauch, gerechnet hatte. Aus der vierten oder fünften Reihe meldete sich jemand, und Dieter Stubenrauch sagte: »Ja, bitte? Haben Sie Fragen?«

Eine Frauenstimme sagte: »Sind Sie nicht auch der Meinung, daß Savigny eine zielorientierte Auslegung ablehnt, daß nicht die Intentionen des Gesetzgebers, sondern nur seine tatsächlichen Anordnungen, oder besser, daß der Gehalt dieser Anordnungen, der im Wortlaut des Gesetzes, sowohl in seinem logischen, als auch in seinem grammatikalischen und nicht zuletzt in dem systematischen Kontext zu ergründenden Sinn zum Vorschein kommt – daß der Richter nur das in Betracht ziehen soll, daß er nur anwenden, keinesfalls jedoch kreativ das Gesetz umformen darf?«

Tödliches Schweigen auf den Rängen. Man hätte eine Nadel fallen hören können, wenn jemand eine runtergeschmissen hätte. Wahnsinn. Ich war begeistert von dieser tollen Bemerkung. Das mußte eine sagenhaft tolle Frau sein! Ich guckte die Sprecherin an. Ja, Wahnsinn, echt toll! Sie sah genauso aus, wie ich immer gern aussehen wollte: Überall wie zwanzig, höchstens am Busen wie vierzehn. Dunkle, schulterlange Locken, wo ich langweilige, glatte hellblonde Strähnen habe, ein vollendet klassisches weibliches Profil, während mein Zwölfjährigen-Gesicht bloß durch große himmelblaue Augen und Stupsnase besticht und damit auf bemitleidenswerte Weise dem herkömmlichen Kindchenschema entspricht (sagt Sonja immer). Und sie hatte – das konnte ich sogar von der ersten Reihe aus sehen – kleine spitze Brüste, die bestimmt noch nie einen BH gesehen hatten. Ich war einfach hin und weg.

Der Dozent Dieter Stubenrauch strich sich unruhig mit der Hand über sein kurzes Haar und zupfte an seinem Aldi-Revers. Er klopfte nervös auf das Mikro und leierte: »Eins, zwei, eins, zwei.«

»Das ist keine Antwort«, rief die tolle Frau aus der vierten oder fünften Reihe.

»Also … äh … ja, nun denn, Sie meinten, daß …«

»Genau«, schrie die Dunkelhaarige.

»Ja, dann… Dazu könnte ich anmerken, daß Savigny, soweit die Interpretation, natürlich nur gemessen an den Präliminarien der eingangs erwähnten dogmatischen Konzeption…«

Er räusperte sich und klopfte auf das Mikro. »Eins, zwei, eins, zwei.« Er blickte auf seine Armbanduhr und meinte in verbindlichem Ton: »Ach, ich sehe gerade, daß schon Pause ist. Ich darf dann kurz unterbrechen. In einer Viertelstunde geht's weiter, meine Damen und Herren.«

Ich konnte nicht anders, ich mußte es tun. Meine raffinierte Bemerkung mit dem Kabel, das woanders reingesteckt werden sollte, mußte ich mir für spätere Gelegenheiten aufheben.

Ich mußte einfach die tolle Frau anquatschen. Sie stand in der Vorlesungspause vor dem Hörsaal in der Halle und rauchte. Mit anmutig schlanken Fingern hielt sie die Zigarette, ein unheimlich langes Ding. Dann sah ich, daß die Zigarette in einer Spitze steckte. Du liebe Zeit, wie extravagant! Und die Fingernägel waren genauso silbern wie die Zigarettenspitze! Und das schöne dunkellila Kleid mit dem aufwendig bestickten Ausschnitt war garantiert von Sigikid, es sah unglaublich teuer aus. Ein paar Typen standen schon um sie rum, und ich mußte mich richtig anschleichen. Sie sagte gerade: »Dieser Typ, dieser Stubenrauch, der ist mal mit meiner Schwester gegangen, vor fünf Jahren, da war sie hier Studentin. Der Typ war damals schon 'ne Luftnummer.«

»Hallo«, sagte ich schüchtern, »ich finde auch, daß er 'ne Luftnummer ist!«

Sie blickte mich von oben bis unten an, und ich verschränkte unauffällig die Arme vor der Brust.

»Wie heißt du?« fragte sie.

»Franziska, und du?«

»Vanessa. Bist du von auswärts?«

»Ja. Aus Wuppertal. Das liegt im Bergischen Land. Aber meine ersten drei Jahre habe ich hier in Frankfurt verlebt.«

»Ach, interessant. Erzähl mal!«

Sie war interessiert, diese tolle Frau! Ich erzählte eifrig. Von Sonja, die aus Frankfurt stammte und mich während ihres Soziologiestudiums gekriegt hatte und dann mit meinem Vater ins Bergische gezogen war, weil er von dort stammte und unbedingt dorthin zurückwollte, weil er eine Landarztpraxis aufmachen wollte. Was er auch getan hat, aber kurz darauf gestorben war und nichts als einen Haufen Schulden zurückgelassen hatte, die Sonja gerade so eben mit der Versicherungssumme abdecken konnte, sonst hätte man ihr das Haus unterm Hintern weggepfändet, und damit mir nicht mal so was passiert, sollte ich Jura studieren, und zwar in Frankfurt, weil ich da Hildchen als Anlaufstelle hätte und weil da die Leute echt solidarisch sind. Ich war ganz außer Atem, weil ich alles ganz schnell erzählt hatte. Die Pause war schon fast wieder zu Ende. Vanessa sah mich noch mal von oben bis unten an und meinte wieder: »Interessant, ehrlich. Hast du Bock, mit mir heute mittag in die Mensa zu gehen?« Und ob ich Lust hatte! Endlich kannte ich auch jemanden hier! Und auch noch diese tolle, intelligente Frau! Ich war glücklich, als wir wieder in den Hörsaal zurückgingen und Vanessa sich neben mich setzte.

Ich suchte auf meinem Teller herum, um zu ergründen, was davon sechs Mark achtzig wert war. Die lederartige dunkelbraune Sohle in dem trüben braunen Tümpel oder die beiden weißglänzenden golfballartigen Gebilde? Die algengrünen Lappen in dem Schälchen daneben? Nein, wahrscheinlich machte die starre schweinchenrosa Masse in dem anderen Schälchen den Löwenanteil aus, zusammen mit dem Kaffee und dem Cola.
Rinderbraten mit Kartoffelklößen und Kopfsalat, Erdbeerpudding zum Nachtisch. Das war aus der Essenskategorie: Internationale Küche. Es gab auch: Mutters Küche, das war etwas schlichter.
Die Schuhsohle verklumpte sich in meiner Speiseröhre mit den Golfbällen, aber die Algenblätter verliehen dem Ganzen eine gewisse rutschige Konsistenz, und ich spülte anständig mit Cola nach, dann war der Klumpen endlich in meinem Magen.
»Und deine Mutter ist echt nach Bolivien gegangen?« fragte Va-

nessa. Sie saß mir gegenüber. Sie war schon mit dem Essen fertig; klugerweise hatte sie sich für »Mutters Küche« entschieden: Würstchen mit Senf, das war zwar nicht so bunt, dafür aber viel billiger.

Mit silbernen Fingernägeln umfaßte sie dezent die silberne Zigarettenspitze und schnippte die Asche in den Senf.

Ich trank von meinem Kaffee. Der war überraschend gut. »Ja, Eberhard, das ist mein Stiefvater, sie haben vor zwei Jahren geheiratet, baut da einen Staudamm. Er ist Ingenieur, und das ist ein Wahnsinnsprojekt, wenn er das gemacht hat, hat er ausgesorgt. Aber er wollte Sonja bei sich haben, also hat sie sich beurlauben lassen und ist mitgegangen.«

»Das finde ich toll. Unheimlich mutig von Sonja. Sag mal, wenn die hier studiert hat... Wie alt ist sie noch mal? Dreiundvierzig? Dann muß sie doch den Habermas noch kennengelernt haben, oder?«

»Ja, das behauptet sie zumindest ständig. Ich bin Habermas-Schülerin, sagt sie immer. Aber Hildchen meint, daß sie ihn höchstens mal in der Mensa von hinten gesehen hat. Und sie sagt, wenn Habermas der Ferrari unter den Soziologen ist, wäre Sonja nicht mal ein VW-Käfer, sondern höchstens ein Dreirädchen.«

»Und dein Vater? Der war Arzt?«

»Ja, er ist vor acht Jahren gestorben, ihm ist ein Eimer voll Mörtel auf den Kopf gefallen, von einem Gerüst.«

»So was. Ich habe noch nie gehört, daß jemand durch einen Eimer Mörtel gestorben ist, und dabei habe ich schon von vielen abartigen Todesursachen gehört. Zum Beispiel neulich erst, da hat sich so ein Typ auf einem Kinderspielplatz aufgehängt.«

»Du liebe Zeit, wie scheußlich. Aber aufhängen kommt doch oft vor, oder nicht?«

»Nicht, wie der's gemacht hat. Er war Exhibitionist und hat sich an seinen Eiern aufgehängt, an einem Klettergerüst.« Sie sagte es laut und gelassen, und alle Köpfe an den umliegenden Tischen richteten sich auf uns.

Ich spürte, wie ich rot wurde und ärgerte mich. Bestimmt dachte sie jetzt, was für ein unbedarftes Landei ich doch wäre. Genauso laut sagte ich: »Aber stirbt man denn gleich, wenn man sich am Sack aufhängt? Ich meine, laufen denn da Arterien durch oder so was?«

»Keine Ahnung. Da muß ich mal meinen Vater fragen. Der ist Chefarzt hier an der Uniklinik, weißt du, und er erzählt mir immer von diesen kriminalistisch interessanten Todesfällen. Nein, der Typ ist nicht an Sackkrampf oder so was gestorben, der hat das nur zur Anregung gemacht, es machte ihn scharf, verstehst du, da so an den Eiern zu hängen, wo doch jeden Moment die Muttis mit ihren Kindern vorbeikommen konnten. Aber beim letztenmal hatte er Pech. Wie er da so hing, kriegte er 'nen Herzinfarkt, und bums, war's passiert. Da hing er mausetot an seinem Sack.«

Die Münder in den Gesichtern um uns herum waren offen, genau wie meiner. Vanessa registrierte das mit offensichtlichem Vergnügen und drückte grinsend ihre Zigarette im Würstchenzipfel auf ihrem Teller aus.

An diesem Nachmittag hatte ich außer Wohnungssuche noch einen dringenden Arzttermin beim Gynäkologen auf dem Programm stehen. Ein neues Quartal war angebrochen, und ich konnte endlich wieder einen neuen Frauenarzt aufsuchen. Pünktlich, alle drei Monate, immer wenn ich wieder einen Krankenschein aufbrauchen durfte, ging ich zu einem anderen Arzt. In Wuppertal hatte ich ziemlich alle durch, ich hatte schon in Wuppertal angefangen. Vielleicht waren sie ja in Hessen liberaler, und ich hatte möglicherweise endlich Glück.

Der Arzt, den ich mir ausgesucht hatte, war noch ziemlich jung, höchstens Mitte Dreißig, da hatte er bestimmt eine moderne Einstellung. Als ich mich in der Kabine auszog, dachte ich an meinen ersten Vorstoß in Sachen Mammareduktion vor drei Jahren.

Mammareduktion heißt Busenverkleinerung, und das war genau das, worauf ich mit allen Mitteln hinarbeitete. Der Gynäkologe von damals war um die Fünfzig gewesen, ein netter, väterlicher Typ, und als er bei der normalen Vorsorgeuntersuchung hingebungsvoll meine Brüste abgetastet und »Hm, sehr schön, sehr schön« gemurmelt hatte, war ich damit herausgeplatzt. »Könnte man sie nicht kleiner machen? Sie sind so furchtbar groß?«

Er hatte mich entsetzt angestarrt. »Junge Frau, das ist nicht ihr Ernst! Diese herrliche straffe Büste, diese wundervoll ausgewogene Anatomie!« Bei Anatomie hatte er mit beiden Händen eine riesige, überbreite Acht in die Luft gemalt. »Das wäre ein Verbrechen wider die Natur!«

Das war der erste gewesen. Es waren ein rundes Dutzend anderer gefolgt, die einen ähnlichen Blödsinn von sich gegeben hatten: Es müßte ein pathologischer Befund vorliegen, und bei mir würde nichts hängen, also könnte auch nichts ziehen, vor allem im Kreuz nicht, das wäre sehr gerade und stabil.

Die beiden Frauen, die unter den Gynäkologen gewesen waren, ließen an weiblicher Solidarität stark zu wünschen übrig. Beide sagten, sie wären wahnsinnig glücklich, wenn sie nur halb soviel hätten wie ich, und ich sagte jedesmal, ich wäre auch wahnsinnig glücklich, wenn ich nur halb soviel hätte, aber alles Betteln und Flehen half nichts, ich mußte weiterhin wie Dolly Dollar durchs Leben laufen.

Auf die Solidarität des neuen Arztes vertrauend ging ich ins Untersuchungszimmer, ließ die obligatorische Untersuchung auf dem Stuhl über mich ergehen und sagte dann: »Könnten Sie meine Brust auch mal untersuchen?«

Er guckte in seine frisch angelegte Patientenakte. »Da ist kein Krebsvorsorgeschein dabei.«

Ich starrte vom Stuhl aus auf seinen Nacken und sah, daß er ausrasiert war. Scheiße. Das konnte ich vergessen. Ein Typ, der sich den Nakken ausrasieren ließ, würde niemals einer Mammareduktion zustimmen, der würde nicht mal dann den pathologischen Befund ausspukken, wenn sie bis zu den Knien hängen würden.

»Ich weiß, es soll ja nicht KV sein, ich habe in der letzten Zeit so komische Spannungsgefühle in den Brüsten.«

Also zog ich mein T-Shirt und meinen Riesenzelt-BH Größe fünfundneunzig D aus und setzte mich auf die Liege, er zog sich seinen Rollhocker heran und rollte zwischen meine geöffneten Knie. Er fummelte und drückte und massierte, und ich sagte lässig: »Finden Sie nicht, daß sie unheimlich groß sind?«

Er blickte stirnrunzelnd auf. »Was wollen Sie denn damit zum Ausdruck bringen?« Er sah sich irgendwie hilfesuchend um, aber die Sprechstundenhilfe, die eben noch dagewesen war, war nirgends zu sehen. Er versteckte die Hände auf dem Rücken und rollte weg, während er mich mißtrauisch musterte. Ich hatte wohl verkehrt angefangen. Jetzt dachte dieser Trottel, daß ich was von ihm wollte. Aber ich wollte ja was von ihm!

»Also, was soll das heißen?« bohrte er.

»Ich will eine Mammareduktion!« rief ich in leidenschaftlichem Ton aus. »Ich will diese verdammten Monstertitten loswerden!«

Er schrak zusammen und wirkte verblüfft. Dann kam er wieder rangerollt und untersuchte mich noch mal. »Was ist mit den Spannungsgefühlen?«

»Ich hab' keine. Ich steh' nur unter seelischer Anspannung, weil sie so groß sind. Das macht mich total fertig!«

»Warum haben Sie das nicht gleich gesagt?«

Ich fing auf einmal an zu heulen. Das war mir noch nie passiert, nicht beim Arzt. »Ich kann nicht mehr«, schluchzte ich. »Es ist so schrecklich. Jeder starrt mich an, alle sehen nur den Busen, nicht den Menschen.« Ich schluchzte und schluchzte, und meine Brüste wippten, und er schaute interessiert zu. »Sie wissen ja nicht, wie das ist, untenrum Größe sechsunddreißig, oben Größe vierundvierzig! Ich habe schon zweitausend Mark gespart, dafür habe ich drei Jahre gebraucht, aber bis ich alles zusammenhabe, bin ich mindestens vierzig, da werde ich dann wahrscheinlich so fett sein, daß es hierauf auch nicht mehr ankommt.« Bei »hierauf« zeigte ich auf meinen Busen und heulte laut auf.

»Nun, nun«, meinte er. Es hörte sich unbehaglich an, und ich sprang sofort auf und suchte in der Kabine meine Siebensachen zusammen. »Wenn Sie meine private Meinung hören wollen«, rief er durch die angelehnte Türe, »ich persönlich finde Ihren Busen prachtvoll! Es wäre eine Schande…«

»Sie sind ja auch ein Mann!« schrie ich zurück. Als ich aus der Kabine kam, guckte er mich verständnislos an, vermutlich fragte er sich, wer außer einem Mann sich sonst noch ein Urteil über einen Busen bilden könnte.

Also war's wieder nichts. Ich mußte weiter sparen und in drei Monaten wieder mein Glück versuchen. Beim nächsten Mal würde ich mir den Arzt vorher ansehen. Vor allem den Nacken.

3. Kapitel

»Die Wohnungssuche ist in Frankfurt ein Kapitel für sich«, erläuterte mir Karlheinz, der Taxifahrer im vierten Semester. Ich hatte ihn zufällig im Vorlesungsgebäude getroffen, als ich dort das Schwarze Brett nach Wohnungsangeboten absuchte. »Gehst du mit mir einen Kaffee trinken? Ich habe eine Stunde Zeit, bis mein Seminar anfängt. Ich kann dir eine Menge über Wohnungen erzählen.«

Warum nicht? Ich ging mit ihm in ein Café, ein gemütlicher, etwas verschmuddelter Laden, nur ein paar Schritte vom Campus weg.

»Also, die erste und wichtigste Frage lautet: Wieviel Geld kann und will der potentielle Mieter für die Wohnung lockermachen?« wollte Karlheinz wissen.

»Der potentielle Mieter muß sparen. Der potentielle Mieter muß mit zwölfhundert im Monat auskommen, für alle Lebenshaltungskosten, inklusive Bücher, FVV-Karte, Mensa und und und.« Und inklusive einer Rücklage für die Mammareduktion, aber das ging ihn nichts an.

»Oh, oh!« Karlheinz schnalzte mitleidig mit der Zunge. »Zwölfhundert, das zahle ich allein für meine Zweizimmerbude. Kalt!«

Der Schreck fuhr mir in die Glieder, und ich verschluckte mich an meinem Kaffee. Umgerechnet auf eine Einzimmerwohnung bedeutete das eine Miete von sechshundert, mindestens, und meine Mammareduktion rückte in nebelhafte Ferne.

»Tja, so ist das hier in Frankfurt«, setzte Karlheinz noch eins drauf. »Für ein Apartment mußt du schon sechshundert kalt hinblättern, aber das Problem ist außerdem, daß du erst mal eins kriegen mußt.«

»Was meinst du damit?«

»Der Wohnungsmarkt ist unheimlich ausgedünnt, das bedeutet, daß auf ein freies Apartment oder Zimmer mindestens zehn Bewerber kommen.«

»Was ist mit dem Studentenheim?« Sonja hatte jahrelang in einem gewohnt, und ich die ersten Monate meines Lebens auch, bis sie mit Papa in eine größere Wohnung gezogen war.

»Das kannst du vergessen. Die Warteliste ist so lang, die könntest du von hier bis zum Taunus ausrollen. Makler kannst du auch vergessen, es sei denn, dein stinkreicher Papi mietet die Wohnung an. Studenten sind kaum an die Vermieter zu vermitteln. Und außerdem müßtest du zwei Monatsmieten Courtage löhnen.«

»Ich habe keinen stinkreichen Papi, und meine Mutter ist in Bolivien. Ich habe nur noch Uromi, aber die ist im Altersheim, und Tante Hild-chen, bei der schlafe ich momentan im Gästebett. Doch die ist auch nicht stinkreich, im Gegenteil. Was ist Courtage?«

»Die Vermittlungsgebühr für den Makler.«

»Wie bist du denn an deine Wohnung gekommen?« fragte ich neugie-rig.

»Ich habe sie einem Typen aus dem Kreuz geleiert, der hat sein Stu-dium und seine Zelte hier in Frankfurt abgebrochen, wegen Unver-träglichkeit.«

»Hat er sich mit einem der Profs nicht verstanden?«

Karlheinz lachte, mit schönen, schneeweißen Zähnen, und seine roten Segelohren leuchteten in der Sonne wie zwei Himbeerlutscher. »Nein, er hat zu viel gesoffen, das hat sich nicht mit dem Studium vertra-gen.«

»Ach so. Sag mal, was würdest du an meiner Stelle machen? Ich meine, um an eine Wohnung zu kommen?«

Er guckte auf meinen Busen, und ich hätte ihm am liebsten eine ge-klebt.

Er sagte: »Du hast einen richtigen Atombusen, hat dir das schon mal jemand gesagt? Damit kriegst du bestimmt keine Wohnung.«

Ich wühlte hastig in meiner Umhängetasche nach einer Packung Tempos, ich steckte fast den Kopf in die Tasche, so verzweifelt suchte ich.

»Damit wollte ich dich nicht kränken«, sagte er sofort. »Ich finde deinen Busen toll, ich habe ihn gestern schon toll gefunden. Nein, worauf ich hinauswill: Die Leute, die eine Wohnung oder ein Zimmer zu vermieten haben, legen ganz bestimmte Kriterien an, vor allem, wenn es sich bei den Mietern um alleinstehende Frauen handelt, besonders bei jungen alleinstehenden Frauen, und ganz schlimm ist es bei hübschen jungen alleinstehenden Frauen, aber am schlimmsten bei vollbusigen hübschen jungen alleinstehenden Frauen.«

»Ich weiß schon, worauf du hinauswillst«, sagte ich resigniert. »Ich werd' mich drum kümmern, wenn ich mich irgendwo vorstellen gehe.«

»Du hast verschiedene Möglichkeiten«, zählte Karlheinz auf. »Hier an der Uni gibt's den Zimmervermittlungsservice, der ist kostenlos. Das sind meist totale Bruchbuden, Mansarden, möblierte Ställe, in denen man nicht mal Besuch pennen lassen würde, aber für Studenten ist's zum Wohnen gut genug. Kosten so um die dreihundert, inklusive. Das ist die eine Möglichkeit. Die andere ist, daß du am Wochenende, wenn freitags die Rundschau rauskommt, zum Rundschau-Haus gehst. Du wartest, bis die Zeitung dort angeliefert wird und springst sofort in die nächste Telefonzelle und wählst dir die Finger wund.«

»Rundschau?«

»*Frankfurter Rundschau*, das ist eine Frankfurter Tageszeitung.« Sein Gesicht verzog sich zu einem fröhlichen, jungenhaften Grinsen, und er sah mich an, wie man ein armes, frisch gelegtes Landei ansieht. Ich war bedient, restlos. Ich warf wütend ein Fünfmarkstück auf den Tisch und bedankte mich für seine gut gemeinten Ratschläge.

Ich fand, daß ich für diesen Tag genug Frust intus hatte und fuhr mit der Straßenbahn nach Hause. Das heißt, ich fuhr zu Tante Hildchen nach Hause. Mein Zuhause war's ja nicht und sollte es auch nicht werden. Das Gedränge im Bad war am Morgen wirklich fürchterlich gewesen, und Hansi, die pubertierende Stinksocke, hatte beim Gesichtwaschen seine Popel ins Waschbecken gerotzt und drin gelassen, ich hatte es genau gehört, als er drinnen war, also konnten sie nur von ihm sein. Ärgs, war mir schlecht geworden!

»Na, hast du schon was erreicht, wohnungsmäßig, meine ich?« fragte Hildchen, als sie mir die Tür aufmachte.

»Nein, wenig«, sagte ich vage. »Morgen will ich's richtig in Angriff nehmen.« Sie hatte Kaffee gemacht, die liebe Seele, er war in der Thermoskanne.

Ich goß mir welchen ein und ließ mich müde auf einen Küchenstuhl fallen.

»Ach, du, den Kaffee hatte ich eigentlich für mich und Adnan gemacht, der will auch gleich kommen, aber bedien dich ruhig, ich kann ja noch mal welchen machen. Guck mal, das solltest du mal lesen, fand ich unheimlich interessant.«

Der Kaffee schmeckte mir auf einmal nicht mehr so gut, und plötzlich schmeckte er ganz scheußlich, als ich sah, was sie mir da über den Tisch zuschob. Einen Artikel im *stern*, über großbusige Frauen. Ich fing an zu lesen und erfuhr, daß Männer bei Unterhaltungen mit großbusigen Frauen dazu neigen, ihre Gesprächsbeiträge an den Busen der Frau zu richten und nicht an die Frau. Vielen Dank, das wußte ich schon. Ich sagte es Hildchen, aber die lachte bloß. »Nein, deswegen solltest du's nicht lesen, guck mal ganz am Schluß, da steht was total Witziges, das von der Dolly Parton.«

Dolly Parton ist so was Ähnliches wie Dolly Dollar, nur daß sie außerdem noch Country-Musik singt. Ich las, daß sie über ihre Titten mal zu einem Reporter gesagt hat, daß sie stolz auf sie wäre: »Wir haben uns gegenseitig reich und berühmt gemacht. Dabei weiß ich nicht mal, ob sie mich angeschoben haben oder ich sie.«

»Das ist irgendwie eine tolle Frau«, gab ich zu. Der Kaffee schmeckte wieder besser, Adnan hin oder her. Ich stellte mir vor, reich und berühmt zu werden und stolz auf meinen Busen zu sein. Dann wandelte ich diese Vorstellung leicht ab. Ich würde reich werden, klar, denn sonst konnte ich die Mammareduktion nicht bezahlen, da ich sie vermutlich nie auf Krankenschein kriegen würde. Und danach wäre ich unheimlich stolz auf meinen kleinen Busen und würde eine berühmte Starverteidigerin oder eine versierte Wirtschaftsjuristin sein und noch viel reicher werden. Das gefiel mir wesentlich besser. Ich wollte nichts mit meinem Busen anschieben oder von ihm angeschoben werden. Wer würde schon mit dem Busen einer Frau komplizierte Gesellschaftsverträge aushandeln? Nein, die Leute sollten mir ins Gesicht sehen und sonst nirgendwo hin. Der Kaffee schmeckte auf einmal wieder ausgezeichnet.

»Sag mal, Hildchen, hast du eigentlich schon mal in deinem Leben an eine Mammareduktion gedacht?«

Die meisten Menschen denken bei dem Wort Mammareduktion an Muttermord oder an ähnlich Hirnverbranntes, aber nicht Hildchen. Sie wußte sofort, was das ist. »Klar, oft. Ich hab' so drunter gelitten, das kannst du mir glauben. Jahrelang. Aber für so was war nie Geld da. Sonst hätt' ich's machen lassen, das steht fest.« Sie setzte sich zu mir an den Küchentisch und guckte betrübt auf ihren großen Busen. »Der Busen liegt bei uns in der Familie, das weißt du ja. Unsere Mutter hatte schon unheimlich viel Last damit. Die einzige, die etwas weniger hatte, gerade so viel, daß es nicht zuviel ist, ist deine Mutter. Wie hab' ich sie beneidet! Wie war ich unglücklich! Aber dann wurde alles anders!« Sie strahlte zufrieden, und ich erriet, warum alles anders wurde.

Sie fuhr fort: »Alles wurde anders, als der Adnan kam. Er hat mir beigebracht, daß man seinen Körper lieben muß, egal, was man dran auszusetzen hat. Er ist so sinnlich! Ich habe durch ihn ein vollkommen neues Körpergefühl gekriegt, ich bin quasi körperverliebt, und dabei hat mir sehr geholfen, daß er total busenorientiert ist, das gibt unserer Beziehung eine unheimlich schöne und befriedigende Note!«

Aus der Diele prustete es verdächtig. Hildchen sprang auf und rannte raus. Hansi und Mucki polterten kichernd die Treppe hoch.

»Ihr miesen Burschen, ihr Widerlinge, ihr Stinktiere, wie ich das hasse, man kann sich nicht unterhalten, ohne daß ihr eure ekelerregend dreckigen Ohren aufsperren müßt!« schrie sie ihnen nach.

Ich war beeindruckt von ihrem Schimpfvokabular. Aber dann fiel mir ein, daß sie ja an einer Grundschule unterrichtet. Mit zornrotem Gesicht kam sie zurück in die Küche. »Ich find' das so gemein, das ist so eine richtig gemeine, hinterlistige Verletzung der Intimsphäre!«

»Ach, die zwei sind doch noch Kinder«, beruhigte ich sie.

»Wenn du wüßtest«, sagte sie düster. »Die Anzahl der aktenkundigen Fälle von Elternmißhandlungen nimmt ständig zu.«

Ich lachte herzlich, aber sie funkelte mich empört an. »Das ist ehrlich wahr, Franziska! Ich hab's erst neulich in der Zeitung gelesen, wie Eltern von ihren Kindern erpreßt und geschlagen werden, und dabei ist der normale Psychoterror noch nicht mal mitgerechnet. Es gibt sogar Kinder, die bestehen darauf, noch mit vierzehn, fünfzehn Jahren bei den Eltern im Bett zu schlafen!«

Ich stellte mir vor, Hansi wäre mein Sohn. Würg! Armes Hildchen!

»Will er wirklich noch zu dir ins Bett? Was sagt Adnan denn dazu? Paßt ihr überhaupt zu dritt auf das Ikea-Sofa?«

Jetzt mußte sie lachen. »Ach, ich habe doch nicht Hansi gemeint, bloß so allgemein, weißt du.«

Gott sei Dank. Die Vorstellung vom libidofixierten Hansi zusammen im Ikea-Sofabett mit dem busenorientierten Adnan und dem körperverliebten Hildchen hätte mich heute nacht nicht zur Ruhe kommen lassen.

Aber ich kam auch so nicht zur Ruhe. Im Gegensatz zu gestern war Mucki noch wach, als ich um zehn ins Bett gehen wollte. »Wieso schläfst du noch nicht?« Ich ließ mich in dem quietschenden Gästebett nieder und zog eine *Brigitte* darunter hervor.

»Kein Bock.« Er hockte im Bett und malträtierte mit vielen Mists, Autschs, und Verdammts einen Gameboy. Ich blätterte eine Weile in der *Brigitte* und knipste dann kurzentschlossen die Lampe auf dem Schreibtisch aus. »Ich will schlafen.«

Er maulte ein bißchen, legte sich dann aber brav hin und war still.

Nach ein paar Minuten hörte ich andere Geräusche, und mir wurde sofort klar, warum Mucki wachgeblieben war. Er wollte nichts verpassen. Heute schlief Adnan hier.

Zuerst kam ein tiefes, kehliges Stöhnen, so laut, als ob er direkt neben mir im Gästebett läge. Mir fiel ein, daß das knallgelbe Ikea-Bettsofa bloß durch eine – mit absoluter Sicherheit nur papierdünne – Wand von meiner Gästeliege getrennt war.

»Aaaahhh! Oh jaaa! Uuuuhhh! Oooohhh!«

Dann ein schwaches: »Adnan, Geliebter!«

Wieder Stöhnen, diesmal zweistimmig und mindestens doppelt so laut. »Oh, duuu! Jaaa, laß dich gehen, so ist's richtig! Du willst mich spüren, stimmt's? Genau hier, was? Soll ich sie in den Mund nehmen, deine herrlichen Nippel?« Das war ganz der busenorientierte Adnan.

Mucki keckerte neben mir in der Dunkelheit wie ein Lachsack, den Mund in den Kissen.

Jetzt Hildchen: »Adnan, Adnan, Ad-nan, Ad-nan, Adnanadnanadnanadnaaan!!!«

Das ging ungefähr fünf Minuten so weiter, wobei sich Hildchen und Adnan wechselseitig unter größtmöglichem Gestöhn und Gewimmere versicherten, wie toll sie sich und ihre Körper fanden, und dann ging's richtig zur Sache. Ich stellte erschrocken fest, daß mein Bett anfing zu wackeln. An dem schwachen Schatten auf der Wand gegenüber erkannte ich, daß Mucki aufrecht im Bett saß, und seine Ohren waren bestimmt so groß wie zwei am Kopf festgeklebte Frühstücksbrettchen. »Mucki«, sagte ich streng, »leg dich hin und schlaf!«

»Spinnst du?« flüsterte Mucki. »Die treiben es meist nur einmal die Woche, glaubst du, das will ich verpassen?«

Die Wand neben mir wackelte und wackelte, und Adnan schrie: »Ja, ich will's dir geben, du wildes Weib, ja, ja, ja, jaaa!«

Und Hildchen sang in den höchsten Tönen: »Ja, gib es mir, mach schon, du wilder Bulle, du!«

Er gab es ihr wacker, und die Wand wackelte immer weiter.

»Paß auf, jetzt sind sie gleich fertig«, wisperte Mucki aufgeregt. »Wenn sie beim wilden Weib und beim wilden Bullen sind, dauert's höchstens noch zwei Minuten. Paß mal auf, was dann kommt. Du schmeißt dich weg, echt!«

Ich hörte ein klackendes Geräusch aus seinem Bett. »Was machst du denn da, Mucki?«

»Na, ich nehm's auf. Morgen spiel ich's in der Schule vor.«

»Du machst *was*?« Ich war fassungslos, entgeistert, entsetzt. Aber das war noch gar nichts. Während die Wand zitterte und bebte und mein Gästebett leicht gerüttelt wurde, und Hildchen und Adnan sich jubilierend dem Finale entgegenkämpften, meinte mein Cousin Nepomuk trocken: »Klar, ich spiele es vor, jedem, der's hören will. Ich kriege fünfzig Pfennig von jedem. Von den Lehrern nehme ich fünf Mark. Letzte Woche habe ich zehn Mark eingenommen, davor die Woche waren's zwölf. Auf besonderen Wunsch fertige ich auch Kopien an, die kosten zehn Mark das Stück, aber dafür ist 'ne Endlosaufnahme von sechzig Minuten drauf, praktisch die ganze Kassette voll.« Er hielt inne, als die Schreie und das Stöhnen von nebenan abgehackter und unzusammenhängender wurden. »Jetzt kommt's gleich, Achtung!«

Ich hielt die Luft an. Weiß der Teufel, was ich erwartete. Sie waren wild zugange, das mußte man schon sagen, aber am Schluß hörte es sich ganz so wie ein stinknormaler Orgasmus an. Oder besser wie zwei, oder vielmehr ein einstimmiger von zwei Personen, mit langgezogenen Aaahhs, Ooohhs und Uuuhhs, während die Wand heftig vibrierte.

»Und?« flüsterte ich, mitten im lautesten Ooohh. »Weswegen sollte ich mich wegschmeißen?«

»Pssst!« zischte Mucki. »Paß auf!«

Dann kam's. Ein furchtbar lauter Knall, ein dumpfes Poltern, begleitet von lautem, schmerzerfülltem Gejammer. »Aua, schon wieder, Mensch, kannst du nicht mal aufpassen!« rief Hildchen, anscheinend völlig unbeeindruckt von der eben genossenen Verzückung.

»Was kann ich dafür, das ist dieses dämliche Bett, Hiltrud!«

»Deinetwegen fange ich nicht auf meine alten Tage an, es auf dem Boden zu treiben, mein Lieber!«

Du liebe Zeit, was war denn jetzt los?

»Was war denn jetzt los?« fragte ich Mucki verstört.

»Na, was immer los ist, wenn sie bumsen. Sie sind aus dem Bett geknallt!«

Großer Gott. Ich war restlos erschüttert.

Mucki schlief schon lange friedlich und träumte süß, während ich noch um Fassung rang. Man konnte dem armen Mucki nicht zumuten, mit der libidofixierten Stinksocke Hansi ein Zimmer zu teilen, weil Hansi fast täglich neue Bettwäsche brauchte. Aber immerhin ruinierte Hansi seine Bettwäsche geräuschlos – soweit ich es bisher beurteilen konnte. Wenn Adnan das nächste Mal hier schlief, mußte ich eine eigene Wohnung haben!

Am nächsten Morgen trödelte ich herum, bis ich die Haustür zuklappen hörte. Wenn ich Hildchen oder Adnan gesehen hätte, hätte ich garantiert einen Lachkrampf bekommen.

Hansi, das Ferkel, hatte wieder Popel im Waschbecken hinterlassen, und außerdem klebte auf dem Allibert eindeutig ein Eiterklecks, der gestern abend noch in Gestalt eines leuchtenden Pickels mitten auf Hansis Stirn geprangt hatte. Ich nahm einen Lappen und Sidolin aus dem Unterschrank und putzte die Sauerei weg. Dann machte ich die Betten in Muckis und meinem Zimmer. Endlich konnte ich es nicht mehr aufschieben und ging runter. Anscheinend waren alle aus dem Haus, nur Tommy saß noch am Küchentisch. Ohne aufzusehen hielt er mir seine Kaffeetasse hin und meinte: »Du kannst mir auch noch 'ne Tasse eingießen. Und ich nehm' auch noch 'nen Toast.«

»Guten Morgen, lieber Thomas«, flötete ich und setzte mich hin.

»Ach ja, Morgen. Was ist jetzt? Mir wird schon der Arm steif!«

»Das liegt daran, daß du die ganze Zeit die Tasse hochhältst.« Ich versorgte mich mit Kaffee und einer Scheibe Toast.

Er guckte mich giftig an, aber bei so was bin ich beinhart. Männer, die einen ausbeuten oder anlügen, sind Glasbrillis, aber Machos sind viel schlimmer, weil sie nicht nur ausbeuten, sondern auch noch damit angeben. Sie sind wie Dreckbrocken, und da kann man nicht durchgucken, sondern muß sie einfach wegputzen. O-Ton Sonja. In manchen Dingen hat sie hundertprozentig recht.

»Du bist unheimlich gut in Mathe, habe ich gehört«, sagte er.

»Das ist relativ.«

»Was für 'ne Note hattest du denn im Abi?«

»'ne Fünf«, meinte ich wahrheitsgemäß.

»Und das nennst du relativ? Das ist doch genau das Gegenteil von relativ. Total absolut ist das. Und zwar absolutes Versagen!« Er grinste und zeigte seine marmeladeverschmierten Zähne. Dabei glotzte er auf meinen Busen.

»Jetzt weißt du auch, wieso ich Jura studiere, Tommy. *Judex non calculat*, ein Richter rechnet nicht, hast du schon mal was davon gehört? Und außerdem hast du Erdbeerbrocken zwischen den Zähnen, das sieht tierisch ätzend aus.« Und ich glotzte auf seinen Pimmel, und zwar so, daß er es merkte. Dann sah ich ihm noch mal ins Gesicht, während ich rausging, und zu meiner größten Freude war es knallrot.

In der Diele wurde *ich* dann knallrot, weil ich in Adnan reinrannte, der gerade von einer Sitzung aus dem Klo kam.

»Guten Morgen, Franziska«, sagte er freundlich zu meinem Busen, und er grinste wie ein satter Kater, mit verwuschelten Locken und blitzenden Zähnen. »Wenn du willst, kann ich dich mit zur Uni nehmen, es liegt auf meinem Weg.«

Er wußte genauso gut wie ich, daß ich auf dem Weg zur Uni war, und auf die schnelle fiel mir keine glaubhafte Ausrede ein. Zehn Minuten später saß ich neben ihm in seinem schicken schwarzen Golf-Cabrio. Ich schaute nervös auf meiner Seite hinaus aus dem Fenster und versuchte, nicht an den wilden Bullen und das wilde Weib von gestern abend zu denken.

Aber es klappte nicht, ich hörte vor meinem inneren Ohr immer wieder den Knall, mit dem der Bulle und das Weib aus dem Bett geplumpst waren. Ich versuchte es mit einem Hustenanfall, dann stellte ich mir arme, hungernde Waisenkinder vor, aber nichts wollte helfen. Ich schnappte nach Luft und preßte mir die Hand vor den Mund und keuchte und stöhnte.

Adnan war ganz erschrocken. »Ist dir übel?«

»Uuh«, quetschte ich hervor, und dann prustete ich los. Gott sei Dank waren wir fast da. »Du kannst mich hier schon rauslassen«, kicherte ich hysterisch, »die paar Schritte laufe ich, das tut mir gut.«

Er bremste und schaute mich ratlos an. »Bist du immer so gut aufgelegt morgens?«

Ich guckte den wilden Bullen an und wurde von einer gräßlichen Lachsalve geschüttelt. Hilflos stieß ich hervor: »Nein, aber mir ist gerade was irrsinnig Komisches eingefallen«, und wischte mir die Lachtränen aus den Augen.

»Erzähl mir doch auch den Witz, dann kann ich mitlachen.«

»Hahaha, ich kann nicht mehr!« schrie ich. Mir platzte beinahe das Zwerchfell, und ich hielt mich mit letzter Kraft am Türholm fest. »Ich erzähl's dir ein anderes Mal«, japste ich und schlug die Wagentür zu. Er winkte mir gutmütig lächelnd zu und fuhr los, und als ich dem schwarzen Cabrio nachschaute, stellte ich mir Mucki vor, wie er die Tonbänder gegen Cash in der Schule vorspielte. Das gab mir den Rest, und ich setzte mich mitten auf den Bürgersteig.

Ich kam erst wieder zur Besinnung, als zwei große, kräftige Männerhände von hinten meinen Busen abgrabschten und an mir herumzerrten. Ich holte aus und versuchte dem Typ, der hinter mir auf dem Bürgersteig kniete, eine zu knallen, aber ich traf nur Luft. Ich wollte ihn anbrüllen, aber ich war so außer Puste von dem Lachkrampf, daß ich bloß ein paar schwache Uffs rausbrachte. Dann drückte mich der Kerl flach auf die Erde, beugte sich über mich und riß brutal an meiner Bluse, bis die obersten drei Knöpfe absprangen. Ich dachte: jetzt passiert's. Jetzt werde ich am hellichten Vormittag auf offener Straße vergewaltigt, tausend Autos fahren vorbei, und niemand greift ein. Genau die Story, die schon hundertmal in der Zeitung gestanden hat, nur bin ich diesmal das Opfer. Er würde mir vielleicht auch sofort anschließend die Kehle durchschneiden, damit ich ihn nicht identifizieren konnte, schließlich war es hell, und ich konnte gut erkennen, wie er aussah. Blitzartig riß ich die Augen auf und prägte mir sein Äußeres ein, damit ich wenigstens der Polizei eine gute Beschreibung geben konnte, falls er mich am Leben ließ. Ungefähr Anfang Dreißig, kurze wellige blonde Haare, Goldrand-Brille, markantes glattrasiertes Kinn, sinnlich volle Lippen, sagenhaft blaue Augen, Grübchen… Du liebe Zeit, da hatte ich aber Glück im Unglück! Ich lag da, wie vom Donner gerührt, und wartete, daß er endlich anfing. Aber er sagte bloß: »Geht es Ihnen wieder besser? Können Sie wieder atmen?« Es hörte sich besorgt an, und ich konnte nur dämlich nicken. Er streckte mir die Hand hin und zog mich auf die Füße. Ich war ziemlich wacklig auf den Beinen, und er stützte mich sofort ritterlich an beiden Schultern. Ich roch sein Aftershave, es roch herrlich, und ich wurde noch wackeliger.

»Mein Gott, ich dachte, Sie hätten einen epileptischen Anfall. Ich habe so was schon mal gesehen, und gerade eben sah es ganz genauso aus. Soll ich Sie zum Arzt bringen?« fragte er. »Mein Wagen steht gleich da vorn!« Er deutete auf ein schnittiges silbergraues Mercedes-Coupé. Ich starrte es an und überlegte, was wohl passieren würde, wenn ich jetzt ja sagen würde.

Dann starrte ich ihn wieder an, er war mindestens einsachtzig groß, und sein Anzug hatte mindestens zweitausend Mark gekostet, und in der Krawattennadel glitzerte ein Brilli, der garantiert nicht aus Glas war… Du lieber Himmel, was bildete ich mir überhaupt für Schwachheiten ein? Wenn ich mich von ihm jetzt zum Arzt bringen ließ, würde er mich außerdem für eine Epileptikerin halten!

Ich schüttelte den Kopf und meinte verlegen: »Vielen Dank, das ist sehr nett, aber mir fehlt überhaupt nichts, ehrlich, mir geht's ausgezeichnet, und außerdem fängt meine Vorlesung gleich an.«

Er wirkte unsicher. »Aber Sie sind doch vor meinen Augen hier zusammengebrochen! Sie sollten auf jeden Fall…«

Ein kurzer glucksender Lacher stieg in mir hoch, so eine Art Nachwehe auf den Lachanfall. Dann kicherte ich ungehemmt und brachte mühsam heraus: »Das kommt bei mir öfter vor. Das ist kein Anlaß zur Sorge.«

»Ja, aber…«

Ich winkte ab und setzte mich in Marsch, es wurde Zeit, daß ich zu meiner Veranstaltung kam. Über die Schulter grinsend rief ich ihm zu: »Das war wirklich nichts, ganz bestimmt nicht. Das war bloß ein ganz normaler Lachkrampf!«

4. Kapitel

Vanessa sah mich von der Seite an, ich mußte immer noch ab und zu hicksen, es war einfach zu komisch gewesen. »Erzähl mir nachher auch den Witz«, meinte sie, und ich kicherte und nickte.

Wir saßen heute nicht im Vorlesungssaal, sondern im Juridicum, das ist ein hoher Klotz Marke Landratsamt oder Polizeipräsidium, schräg gegenüber vom Vorlesungsgebäude, in dem ist die juristische Fakultät mit allen Rechtsgebieten untergebracht, in jeder Etage ein anderes, und dort haben die Profs und Assis ihre Büros. Und vor allem befindet sich dort die Fachbereichsbibliothek, in der die wichtigsten Bücher und Zeitschriften nie zu finden sind. Genau darum ging's heute, es fand eine Info-Veranstaltung für interessierte Erstsemester statt, Thema juristische Fachbücher, ein absolutes Muß für jeden Anfänger, hatte Karlheinz gemeint. Die beiden Laptop-Typen waren auch schon da, sie hießen Elmar und Waldemar, und als Vanessa mir das erzählte, mußte ich sofort wieder lachen. Wenigstens trugen sie heute keine Anzüge, sondern nur Kombinationen, mit weißen Hemden, aber ohne Schlipse. Wir saßen schon alle im Hufeisen, bewaffnet mit Block und Kuli, Elmar und Waldemar mit ihren Laptops, als unser Tutor in den Versammlungsraum kam. Er setzte sich an den Tisch, der vor der offenen Seite des Hufeisens stand. »Hallo, ich bin Hermann Hohmann«, begrüßte er uns, »ich bin euer Tutor.« Tutor ist lateinisch und bedeutet soviel wie Beschützer. Ich fühlte mich gleich bei ihm geborgen. Er sah auch vertrauenerweckend aus, kein bißchen glasbrillimäßig, sondern richtig solide und intelligent mit seinen ordentlich gescheitelten braunen Haaren.

Lässig fuhr er fort: »Ich bin im achten Semester.«

Wahnsinn, achtes Semester schon! Wir waren alle beeindruckt und sahen ihn neidisch an, ab dem siebten konnte man sich fürs Examen anmelden, und sobald man das gemacht hatte, war man nicht mehr »stud. iur.«, sondern »cand. iur.«, das war ein Riesenschritt auf der juristischen Erfolgsleiter ganz nach oben. Ob er schon cand. iur. war oder noch stud. iur.?

Sein Aussehen gab keinen Aufschluß darüber, eigentlich sah er nicht viel anders aus als die meisten von den anderen Typen hier im Raum, ausgenommen natürlich Elmar und Waldemar, die sahen sowieso nicht aus wie stud. iur., sondern eher wie cand. iur., und zwar wie übercand. iur., alle beide.

Hermann Hohmann erzählte uns ganz locker, was wir uns als allererstes reinziehen sollten.

»Ich erzähle euch jetzt mal ganz locker, was ihr euch als allererstes reinziehen müßt. Wenn ihr das nicht macht, könnt ihr's gleich vergessen. Dann wird nie was aus dem Prädikatsexamen.«

Alle hingen wir an seinen Lippen. Das Prädikat war der Traum.

»Als erstes: Wenn ihr 'ne Hausarbeit schreibt und euch in der Fachbereichsbibliothek ein Buch aus dem Regal holt, denkt auch an die anderen, die das Buch genauso für ihre Arbeit brauchen. Also: auf keinen Fall das Buch an einer anderen Stelle als der, wo es hingehört, verstecken, nur weil ihr es nach dem Mittagessen noch mal benutzen wollt. Das ist total unsolidarisch, und eine richtige Schweinerei ist es, wenn ihr die Seiten rausreißt. Der Kopierer kostet bloß einen Zehner pro Blatt, also bitte keine Seiten rausreißen.«

Ich notierte auf meinem umweltfreundlichen Block:

1. Keine Bücher verstecken
2. Keine Seiten rausreißen.

Hermann Hohmann fuhr streng fort: »Dasselbe gilt natürlich für die Zeitschriftenbände. Manchmal gibt's nur ein Exemplar, und da ist es eine Riesensauerei, wenn die, die nach euch kommen, erst stundenlang nach dem Band suchen müßten. Stellt bitte die Zeitschriftenbände immer sehr sorgfältig wieder zurück ins Regal.«

Ich schrieb:

3. Zeitschriftenbände wieder sorgfältig zurück ins Regal stellen.

»Dann müßt ihr ein gewisses Sortiment juristischer Fachliteratur einfach zu Hause haben, und zwar gilt das nicht nur in puncto ›Schönfelder‹ und ›Sartorius‹, beides mit Ergänzungslieferungen, versteht sich, sondern in hohem Maße auch für die Kommentare, das ist unumgänglich, so hart das sicher für manche von euch ist. Ein Buchladen ist gleich hier auf dem Campus, da könnt ihr euch schon mal orientieren, was Sache ist. Wer echt klamm ist, der kann sich auch beim Sack im Antiquariat was holen, eine Vorauflage, oder notfalls eine Vorvorauflage, aber älter sollte es niemals sein.«

»Was für ein Sack?« zischte ich Vanessa zu.

»Das ist eine juristische Fachbuchhandlung hier in Frankfurt. *Die* juristische Fachbuchhandlung überhaupt«, zischte sie zurück.

Ich notierte eifrig:

4. Beim Sack Antiquarisches besorgen.

»Für das Zivilrecht ist zum Beispiel ein ›Palandt‹ unerläßlich«, führte Hermann aus.

Ich verstand Prahlhans und notierte es auch so, als Unterpunkt zu 4.:

a) Prahlhans (für Zivilrecht).

Vanessa sah es und prustete laut los vor Lachen. Ich lachte auch, weil ich den Namen so irre blöd fand, was war das bloß für ein Autor?

»Für das Strafrecht sollte es schon ein ›Schönke‹ sein, aber viele nehmen auch den ›Lackner‹, der ist natürlich viel preisgünstiger. Aber auf lange Sicht und bei Hausarbeiten ist der Größere halt besser.«

Ich schrieb unter b) zu Punkt 4:

b) Schönke, Lackner, Gröhsere (?) (für Strafrecht).

Ich machte das Fragezeichen, weil ich nicht sicher über die Schreibweise war. Hermann Hohmann hatte den typischen Frankfurter Dialekt.

Vanessa guckte mir wieder über die Schulter und wieherte laut los. Ich wußte diesmal nicht recht, was so lustig daran sein sollte, aber ich war sowieso heute wahnsinnig zum Lachen aufgelegt, also wieherte ich voll mit.

»Fürs Verwaltungsrecht empfehle ich den ›Kopp‹, und fürs Verfassungsrecht den ›Münch‹. Bitte, das ist natürlich meine ganz private Meinung, jeder bevorzugt ja unterschiedliche Kommentare, aber es haben ja nicht alle das Geld für ’nen ›Münchener‹ in der Tasche. Was nun die Kommentare zum Verfahrensrecht angeht, so kann sich jeder überlegen, ob er die Ausgabe für zum Beispiel ›Kleinknecht‹ oder ›Baumbach‹ schon tätigen will, es hat vielleicht noch ein bißchen Zeit, weil ihr ja erst die kleinen Scheine macht, da kommt es seltener zu prozeßrechtlichen Fragen.«

Vanessa und ich hatten so gegeiert, daß ich völlig vergessen hatte, mitzuschreiben, aber das machte mir überhaupt nichts aus, ich blickte sowieso nicht mehr durch, von wegen Münch und Münchener, und außerdem hätte ich mir die Pinnerei auch sparen können, denn Hermann Hohmann gab uns später eine Literaturliste mit. Vanessa und ich gackerten und gickelten albern, und ich hätte ewig so weiterlachen können. Zwischendurch mußte ich auch noch mal an den tollen Mann mit dem flotten Mercedes-Coupé denken. Eigentlich war Frankfurt doch ganz schön.

Als Vanessa und ich nach dieser Info-Veranstaltung zum Mittagessen gingen, hefteten sich Elmar und Waldemar an unsere Fersen. Wahrscheinlich hatten sie sich abgesprochen, uns anzubaggern. Ich hatte Vanessa von der Kabelsauerei erzählt, und als sie merkte, daß die beiden hinter uns hertrotteten, stieß sie mich mit dem Ellbogen an. Ihre Augen glitzerten erwartungsvoll.

Sie stellten ihre Laptops artig an die Tischbeine, und während sie in ihrem Internationale-Küche-Essen herumstocherten (paniertes Schweineschnitzel mit Salzkartoffeln und Leipziger Allerlei, zum Nachtisch grüner Wackelpudding mit Vanillesoße), erzählten sie uns, daß sie selbstverständlich Schönfelder und Sartorius, beide mit

Ergänzungslieferungen, beim Sack schon abonniert hätten, und natürlich solche unverzichtbaren Notwendigkeiten wie Münch und Münchener, Schönke und Prahlhans bereits ihr eigen nannten, und daß sie auch die NJW im Dauerabo bezogen. So erfuhr ich erstmals von der Existenz der *Neuen Juristischen Wochenschrift*, der absolut allerwichtigsten Prädikatsvoraussetzung.

Vanessa und ich hatten Erbseneintopf aus Mutters Küche. Ich rührte vorsichtig die matschgraugrüne Pampe um und entdeckte schaudernd ein paar Brocken Speck mit Schwarte, die mich glibbernd aus der Tiefe des Suppentellers mit dem Eintopf anblinkten.

Vanessa rührte ebenfalls und meinte scheinbar zerstreut, aber unüberhörbar: »Franziska, erinnerst du dich noch an unser gestriges Gespräch über den Mann, der sich an seinen Eiern auf dem Kinderspielplatz aufgehängt hat?«

Alle Köpfe drehen sich wie Wetterhähne in unsere Richtung. Elmar und Waldemar kriegten lange Hälse und lange Ohren.

Ich nickte, und sie meinte: »Also, ich wollte dir von einem anderen kriminalistisch hochinteressanten Todesfall berichten, von dem mein Vater, der Chefarzt, du weißt schon, mir erzählt hat. Es handelt sich um ein Ereignis, das sich in der Kaiserstraße zugetragen hat.«

Die Hälse an den Tischen um uns rum wurden durchschnittlich zwanzig Zentimeter länger. »Kaiserstraße? Ist das nicht beim Bahnhof?«

»Genau«, bestätigte Vanessa. »Das ist das, was in Hamburg die Herbertstraße ist.«

Ich kannte in Hamburg nur die Hafenstraße, und auch die nur aus der Zeitung. Aber ich ließ mir nichts anmerken. Ich wollte auf keinen Fall als frisch gelegtes Landei enttarnt werden, wenn Elmar und Waldemar dabeisaßen. »Ach so«, sagte ich cool, »ganz richtig, ich hörte davon.«

Elmar und Waldemar versuchten, unter der zentimeterdicken sandbraunen Panade Schnitzel auszumachen und etwas von den völlig zerbröselten weißgelben Salzkartoffeln auf die Gabeln zu praktizieren. Ich schob den glibbernden Speck von oben wieder nach unten und schaufelte ein paar Löffel Erbsenmatsch darüber.

»Da hat es neulich einen höchst ungewöhnlichen Fall von Erstickung gegeben«, erzählte Vanessa. Sie aß nichts von der grünen Pampe, sondern steckte sich ungeniert eine Zigarette in die lange silberne Spitze. Elmar und Waldemar hüstelten, sagten aber nichts, sondern operierten ihr Schnitzel auseinander, in zweierlei Bestandteile, einen Riesenhaufen Sand und ein halbes Dutzend blasser, winziger Fleischbröckchen.

»Ihr wißt ja, daß im Zeitalter von Aids beim Geschlechtsverkehr größtmögliche Vorsicht angezeigt ist«, fuhr Vanessa fort und stäubte Asche in die Erbsenpampe. »Manche glauben das vielleicht nicht, aber das gilt für alle Arten von GV. Viele sind ja so bescheuert, könnt ihr euch das vorstellen, die meinen, daß die Aids-Verhütung korrelierend zur Empfängnisverhütung gewährleistet ist, mit anderen Worten, sie meinen, wovon man nicht schwanger werden kann, kann man auch kein Aids kriegen. Viele denken vor allem, daß sie von Fellatio kein Aids kriegen können.« Sie rauchte und rauchte, und ihre Augen glitzerten. Totenstille ringsum. Keine Gabel bewegte sich.

Aus meiner matschiggrünen Erbsensuppe tauchte mit einem Blubb ein Stück Speckschwarte auf und wabbelte bösartig. Ich versenkte es wieder und überlegte fieberhaft, was um alles in der Welt Fellatio ist. Aber alle schienen es zu wissen, auch Elmar und Waldemar, die beiden übercand. iur., also würde ich den Teufel tun und fragen, was das ist.

»Es gibt natürlich viele, die wissen es doch«, erzählte Vanessa weiter und pustete Rauch auf Elmars Schnitzelstückchen. »Und von einem dieser Fälle will ich euch heute erzählen. Stellt euch vor, neulich hatte so ein Typ mal Druck in der Hose, und der hatte es gern französisch.«

Gespenstische Stille ringsum, Vanessa wußte wirklich fesselnd zu erzählen, wenn auch nur für die anderen, denen klar war, wovon sie redete.

»Er ging also in die Kaiserstraße, um sich einen blasen zu lassen.«
Jetzt wußte ich es endlich auch und wurde dunkelrot, aber es merkte niemand, weil alle wie gebannt an Vanessas Lippen klebten.

»Die Nutte, die es ihm besorgen sollte, wollte es nur mit Gummi tun; er maulte, weil das nicht das richtige Abspritzgefühl brachte, wie alle Kerle sah er es am liebsten, wenn sein Saft bis auf den letzten Tropfen runtergeschluckt wurde.«

Mein Gott. Die fettig schillernde Speckschwarte war wieder aufgetaucht und ließ sich nicht wieder beerdigen. Die graugrüne Pampe war schon fast erstarrt.

»Aber die Frau bestand darauf, klar, verständlich, wer will schon freiwillig Ekelglibber mit HIV schlucken. Sie hatte alle Geschmackssorten auf Lager, Erdbeer, Himbeer, Schokolade, Pfefferminz, ihr wißt ja selbst sicher am besten, was es da alles so gibt, was, Jungs?«

Elmar und Waldemar lachten total blöde, und auch an den Nebentischen lachten die Leute total blöde, und ich lachte auch, aber nervös, weil ich nicht wußte, worüber. Ich war ein Landei.

»An dem Abend nahm sie Pfefferminz, und was soll ich euch sagen, als sie gerade voll bei der Sache war, so richtig tierisch am Ackern, da kriegte sie 'nen Schluckauf! Und jetzt kommt's!« Sie machte eine kunstvolle Pause und blickte dramatisch in die Runde. Niemand aß mehr. Alle hörten atemlos zu. »Ihr müßt dazu noch wissen, daß es sich beim Schluckauf um ein ganz bestimmtes anatomisches Phänomen handelt: Das Zwerchfell zieht sich ruckartig zusammen, ganz unwillkürlich, und dabei kann es passieren, daß man – hick – die Luft einzieht. Und jetzt ratet, was sich die arme Frau einzieht, just in dem Moment, wo der Kerl ablädt!« Sie schüttelte traurig den Kopf. Ihre Erbsenmatschmasse zischte, als sie mit spitzen silbernen Fingernägeln ihre Zigarette darin ausdrückte. »Jede ärztliche Hilfe kam zu spät. Der erste medizinisch bekannt gewordene Fall eines Exitus, verursacht durch ein spermagefülltes Kondom mit Pfefferminzgeschmack.«

Elmar und Waldemar wirkten irgendwie betreten. Sie mixten ihren knallgrünen Wackelpeter mit der quittegelben Vanillesauce zu einem grüngelben, zitternden Gewabbel durcheinander. Es glitschte und bibberte auf ihren Löffeln, als sie es zögernd zum Munde führten. Vanessa sah es sich an, seufzte bedauernd und meinte dann: »Immerhin gibt es aber doch so was wie eine ausgleichende Gerechtigkeit in dem ganzen Fall. Der Kerl hat seitdem totale Ladehemmung bei Französisch. Er wird seinen stinkigen Ekelglibber keiner mehr zu schlucken geben, ob verpackt oder unverpackt.«

Nach diesem eher frugalen Mittagessen fragte ich Vanessa, ob sie mit aufs Klo gehen könnte, um mir beim Anlegen einer Binde zu helfen. Sie machte ein Gesicht, als hätte ihr jemand mit dem Hammer auf den Kopf geschlagen, und als ich ihr dann auseinandersetzte, daß ich eine Mullbinde meinte, die ich um meinen Busen wickeln wollte, um ihn flachzudrücken, mußte sie sich mitten auf dem Campus auf den Boden setzen und erst mal ablachen. Ich setzte mich dazu und lachte auch, weil ich an Elmars und Waldemars Gesichter über dem grüngelbglitschigen Wackelpudding bei Vanessas letzter Bemerkung denken mußte. Auf dem Klo lachten wir dann weiter. Ich machte mich obenrum frei, und sie fing an zu wickeln. Ich hatte mir in der Apotheke eine extra breite, extra elastische Binde geholt. »Damit können Sie ihr ganzes Bein von oben bis unten wickeln«, hatte der Apotheker gemeint. Wenn der gewußt hätte. Vanessa wickelte und wickelte, und ich hielt die Luft an.

»Bist du sicher, daß du nicht ersticken kannst, wenn du das machst? Du bist schon ganz rot im Gesicht.«

»Quatsch«, preßte ich hervor. »Früher haben sich die Frauen in Korsetts gezwängt, und die waren aus Stahl.«

»Aus Fischbein«, korrigierte mich Vanessa und wickelte emsig.

»Egal, auf jeden Fall war's viel härter als 'ne Mullbinde. Ich muß flach wie ein Brett sein, wenn ich mir nachher die Wohnungen ansehe.«

Ich war Karlheinz' Rat gefolgt und hatte mir ein paar Adressen bei der studentischen Wohnungsvermittlung besorgt. Die Rundschaugeschichte hatte ich mir bereits für den kommenden Freitag vorgemerkt. Karlheinz hatte mir versprochen, für mich direkt am Rundschauhaus eine Telefonzelle freizuhalten. Ohne sofort benutzbares

Telefon, solange der Druck noch feucht wäre, hätte es gar keinen Zweck, weil, so hatte er gemeint, es sonst sowieso nicht klappen würde, dann könnte ich auch genausogut warten, bis die Zeitung an jedem Kiosk erhältlich wäre, und dann wären schon Hunderte von Bewerbern vor mir am Drücker.

»Sag mal«, meinte Vanessa, »hast du eigentlich schon mal an eine Busenverkleinerung gedacht? Ich meine, nicht daß ich deinen Busen nicht toll finde, ich wünschte, ich hätte nur halb soviel wie du, aber ich habe den Eindruck, daß du irgendwie unzufrieden bist mit deinen Titten.«

»Ich wünschte auch, ich hätte nur halb soviel wie ich«, erklärte ich. »Und ich denke pausenlos an nichts anderes als an eine Busenverkleinerung. Das nennt man medizinisch Mammareduktion.«

»Mammareduktion!« schrie Vanessa. Sie ließ das Ende der Binde kraftlos fallen und plumpste aufs Klo. Aus der Kabine neben uns brüllte eine Stimme: »Ich will den Witz auch hören!«

Als Vanessa sich wieder beruhigt hatte, meinte sie vernünftig: »Warum läßt du's dann nicht machen? Hast du Angst vorm Krankenhaus?«

»Nein, nicht die Spur. Ich war zwar noch nie drin, aber ich stelle es mir nicht so schrecklich vor. Aber wenn ich es machen lassen will, muß ich das privat bezahlen, weil es eine rein kosmetische Operation ist. Hast du eine Ahnung, was das kostet? Soviel wie ein kleines Auto!«

Vanessa guckte auf ihre wundervoll kleinen spitzen Brüste und meinte verträumt: »Ich würde gern mit dir tauschen! Ich würde gerne solche Ballermänner vor mir herschieben!«

»Das hat Dolly Parton auch gesagt, aber du hast ja keine Ahnung, wie das ist. Man kann nicht beim Turnen mitmachen, weil die Möpse hopsen wie verrückt, und wir waren nur vier Mädchen in der Klasse, der Rest Jungs, und ein Mann als Sportlehrer, da weißt du alles. Und ins Schwimmbad bin ich schon seit Jahren nicht gegangen, und ich kann kein tailliertes Kleid tragen, weil ich dann aussehe, als hätte ich mich für 'ne Busenwahl zurechtgemacht, nein danke.«

Vanessa träumte vor sich hin, das lose Ende der Binde in der Hand. Wahrscheinlich stellte sie sich vor, was sie alles mit solchen Riesenbrüsten wie meinen anfangen würde.

»Wenn ich wenigstens ein passendes Gesicht zu diesen Dingern hätte«, meinte ich verdrossen. »Zum Beispiel deins. Du siehst so toll aus, richtig schön, und ich? Ich sehe aus wie zwölf und entspreche auf bemitleidenswerte Weise dem herkömmlichen Kindchenschema mit diesen himmelblauen Babyaugen und der Stupsnase, und dann diese Wahnsinnsmonster in meiner Bluse!«

»Tja«, meinte Vanessa praktisch, »man müßte tauschen können. Ich würde dir mein Gesicht geben, und du mir deine Titten, das wär' doch was!«

Ich überlegte einen Moment und schüttelte dann den Kopf. »Nein, das wär' doch völlig idiotisch. Denk doch mal nach! Dann hättest du ja mein Gesicht *und* meine Titten!«

5. Kapitel

Ich fuhr mit der Straßenbahn zu der ersten von meinen drei Adressen. Es war ganz schön weit zu fahren, fast dreißig Minuten. Ich war nicht gerade von der Lage begeistert, etwas zentraler Gelegenes wäre mir lieber gewesen. Und das Haus war an Häßlichkeit nicht zu überbieten – jedenfalls dachte ich das damals, ich hatte ja keine Ahnung, Landei, das ich war. Bei dem Gebäude handelte es sich um eine abstoßend schmutziggraue Vorkriegsmietskaserne. Auf meinem Zettel stand: Mansarde an junge Dame, Nichtraucherin. Ich erfüllte beide Voraussetzungen, vielleicht war das Zimmer deshalb noch zu haben. Bei der Vermittlung hatten sie mir gesagt, daß das Zimmer schon seit ein paar Wochen ›auf dem Markt‹ war, was eine absolute Seltenheit sei. Ich stieg die drei Treppen zu der Vermieterin hoch, wobei ich mich ächzend am Geländer festklammerte. Mir war schon in der Straßenbahn ziemlich flau gewesen, und inzwischen bekam ich kaum noch Luft. Während ich mühsam, Absatz für Absatz die Treppe hochschnaufte, überlegte ich, daß die Damen, die früher Korsetts getragen hatten, bestimmt nicht mit der Straßenbahn zu einer scheußlichen Mietskaserne fahren und dann noch etliche Treppen zu einer bestimmt noch viel scheußlicheren Mansarde hochkraxeln mußten.
Scarlett zum Beispiel. Scarlett hatte sich von Mammy einschnüren lassen, und bevor das Fest anfing, auf dem sie Rhett kennenlernte, hatte sie sich nachmittags ein paar Stunden auf Seven Oaks hingelegt, damit sie abends total cool und graziös auf der Feier aufkreuzen konnte. Und gegessen hatte sie wie ein Spatz, damit sie nicht in Ohn-

macht fiel mit ihrem engen Korsett. Mir fiel ein, daß ich auch gegessen hatte wie ein Spatz, daß ich eigentlich viel weniger gegessen hatte – genaugenommen hatte ich sogar überhaupt nichts gegessen, weil der Speck so geglibbert hatte.

Wahrscheinlich machte das trotzdem keinen Unterschied. Bei mir war ja nicht der Bauch, sondern der Busen eingeschnürt, und genau unter dem Busen waren die Lungen. Als mir das siedendheiß einfiel, wurde mir erst recht schwarz vor Augen, aber jetzt war's zu spät. Ich hatte den dritten Stock erreicht und stützte mich schwankend und keuchend am Türrahmen ab. Die Tür wurde aufgerissen, ohne daß ich geklingelt hätte.

Ich schrie voll Entsetzen auf, weil ich im ersten Moment dachte, DOINK der Clown-Catcher stünde vor mir. Eine Frau stand im Türrahmen, die Vermieterin, nahm ich an. Sie war Mitte Fünfzig bis Mitte Siebzig, genau konnte man das nicht feststellen, weil sie eine giftgrüne Gurkenmaske auf dem Gesicht hatte, in der die Augen wie große schwarze Löcher ausgespart waren. Sie war auch fast so gebaut wie DOINK, vielleicht sogar etwas kräftiger, und sie trug auch ein ähnliches Outfit, eine Art bunter Schlabberanzug, vermutlich sollte es ein Hausanzug sein.

Die schwarzen Löcher wirkten argwöhnisch. »Sind Sie die junge Dame, die heute nachmittag zur Wohnungsbesichtigung kommen wollte? *Fr*äulein *Fr*anziska *Fr*iedrich?«

Bei den drei feucht hervorgestoßenen *Fr*'s spuckte sie mir Gurkencreme ins Gesicht, und ich wäre am liebsten zu Boden gesunken, weil ich nur noch röcheln konnte. Die Binde um meine Brust brachte mich um. Gleich wäre es um Scarlett geschehen.

Die Vermieterin – auf meinem Zettel stand: Frau Zänker – fuhr fort: »Die Vermittlung sagte mir, daß die junge Dame zwanzig Jahre alt ist.«

Gott sei Dank sagte sie nicht wieder meinen Namen. »Ja, ich bin zwanzig«, antwortete ich mit flacher Stimme. Ich kriegte wieder etwas besser Luft, weil ich nicht mehr laufen mußte.

»Könnte ich mal Ihren Ausweis sehen?«

Den hatte ich nicht dabei. Ich gab ihr meinen FVV-Ausweis, sie guckte ihn sorgfältig an und gab ihn mir zurück. Mein Geburtsdatum stand da gar nicht drauf, aber zum Glück schien es ihr nicht aufzufallen.

Frau Zänker ging an mir vorbei noch weiter die Treppe hoch. Mir fiel ein, daß Mansarde ganz oben bedeutete, also noch mal zwei Stockwerke. Ich schnaufte und zischte wie eine Dampflok, als wir endlich oben vor der Tür zu den Mansarden angekommen waren. Frau Zänker schnaufte und zischte noch viel lauter, sie übertönte mein Schnaufen und Zischen um mindestens die doppelte Phonzahl. Sie ging voraus, in einen stockfinsteren, fürchterlich muffigen Flur und schloß mit einem monströsen, rasselnden Schlüsselbund eine Tür auf.

Ich dachte: Gräfin Vampira schließt die Gruft auf. Dann verschwand sie durch die Tür, und ich folgte ihr. Ich glaubte erst, sie hätte sich in der Tür geirrt. Bestimmt hatte sie sich in der Tür geirrt. Oder sie wollte nur schnell hier was rausholen, vielleicht einen Koffer oder so, und dann würden wir mindestens drei Türen weitergehen, und sie würde mir »mein Zimmer« zeigen. Sie wollte nichts rausholen. Sie hatte sich nicht in der Tür geirrt.

»Das ist es«, sagte ihre phosphoreszierende, grüne DOINK-Maske irgendwo schräg vor mir aus der Dunkelheit.

»Was ist was?« fragte ich schwächlich, als ich meine Stimme wiedergefunden hatte.

»Das Zimmer«, sagte sie streng. »Kostet dreihundert, inklusive.«

»Könnte ich es vielleicht mal sehen?« fragte ich höflich. »Vielleicht können wir die Rollos mal hochziehen, oder die Läden aufklappen, oder was Sie hier sonst zur Verdunkelung benutzen.«

»Da vorne ist das Fenster«, sagte sie noch strenger. Tatsächlich, als meine Augen sich langsam an die Dunkelheit gewöhnt hatten, sah ich es auch. Es gab kein Rollo. Es gab keine Läden. Es gab nur ein winzig kleines blindes trübes Dachfensterchen, ganz versteckt zwischen zwei riesigen rohen Dachsparren.

»Natürlich muß der Schornsteinfeger durch das Fenster steigen, aber das kommt nur zwei-, dreimal im Jahr vor«, erklärte Frau Zänker.

Donnerwetter, dachte ich, der arme Mensch, sicher lebte er ständig Diät.

Frau Zänker knipste irgendwo Licht an, und eine nackte, funzelige Glühbirne baumelte direkt vor meinem Gesicht von dem gewaltigen holzwurmzerfressenen Firstbalken über meinem Kopf. Ich sah mich sprachlos um. Laß deine Phantasie spielen, dachte ich. Ich ließ sie spielen, hüpfen, Purzelbäume schlagen. Ich kniff die Augen zusammen, bis auf winzige Schlitze, und versuchte mir vorzustellen, daß es gar keine heruntergekommene Dachkammer war, sondern bloß – ja, was? Anheimelnd? Ich stellte mir vor, wie ich in dieser gemütlichen, anheimelnden (Dach)kammer im Bett lag, mit aufgespanntem Regenschirm, ganz wie Spitzwegs armer Poet, und in einer der dunklen, lauschigen Ecken würde mein Schrank stehen, in dem ich die Semmeln horten konnte.

Dann setzte ich mich hart auf den Boden. Er bestand aus knarrenden groben Brettern. Aus manchen standen Nägel raus. Nein, dachte ich, ich lache jetzt nicht. Das wäre nicht lustig, das wäre hysterisch. Also griff ich zum einzig unfehlbaren Mittel, das in schicksalhaften Situationen wie dieser stets den richtigen Weg zeigt. Der *Lösungsweg*.

»Das Gemeinschaftsklo für alle Mansarden ist am Ende des Ganges, duschen dürfen Sie einmal die Woche bei mir, aber nur, wenn Sie hinterher picobello das Bad putzen«, sagte Frau Zänker. »Ist Ihnen nicht gut, oder warum sitzen Sie auf der Erde?«

»Moment«, sagte ich geistesabwesend. Ich war bei Punkt 1 des *Lösungswegs*.

1. Ist das ein Dachboden, ja oder nein? Ich sah mich noch mal um.
   Antwort: Ja. Es war einer.
2. Willst du in einer Dachkammer hausen?
   Antwort: Nein, nein, nein!
3. Bist du bereit, dir notfalls den wilden Bullen und das wilde Weib noch mal anzuhören?
   Antwort: Ja, ja, ja! Jede Nacht, wenn's sein muß!
4. Was ist dann die nächste Maßnahme?
   Antwort: Nichts wie weg!

»Natürlich müßten Sie auch einmal im Monat das Treppenhaus putzen, wir halten es hier im Haus so, daß sich die vier Mansardenbewoh-
ner darin teilen, das ist bloß gerecht, wo die, die ganz oben wohnen,
doch auch die Treppen am meisten benutzen. Und Studenten haben
sowieso unheimlich viel Zeit. Was ist jetzt schon wieder los?«

»Mir ist nicht gut. Ich hab' heut mittag Erbseneintopf gegessen, ich
glaub', der Speck war schlecht. Darf ich mal das Klo am Ende des
Ganges benutzen?«

Ich durfte. Das Klo war überraschend neu, höchstens fünfundzwanzig
Jahre alt. Ich zog die Bluse aus und wickelte mich aus der meterlangen
elastischen Binde. *Uff!* Ich rollte sie sorgfältig auf und steckte sie in
die Tasche. Dann ging ich wieder auf den Flur hinaus, wo Frau Zänker auf mich wartete. Ich warf mich in die Brust, so doll ich konnte,
und Frau Zänker erstarrte. Ihr Kinn fiel herab, ihre DOINK-Maske
bekam gewaltige Risse, kreuz und quer. Kracks! Wham – bam, eight
– nine – ten, Knockout – nach einem erstklassigen, professionellen
Double-breastbreaker von der gnadenlosen Franzi Friedrich! Dieser
Anblick war jede Atemnot wert.

Jetzt hatte ich ein Problem. Die Binde war ab, und ich war wieder
vollbusig. Außerdem hatte der gutaussehende Fremde mir heute
morgen die drei obersten Knöpfe abgerissen, und ich hatte die Si-
cherheitsnadel, mit der ich mir die Bluse zusammengeheftet hatte,
auf dem Gemeinschaftsklo am Ende des Ganges verloren. Das war
meine einzige gewesen, ich habe für solche Fälle immer eine Sicher-
heitsnadel dabei, aber eben bloß eine.

Was nun? Ich sah auf meine Liste. Die nächste Wohnungsbeschrei-
bung lautete: Souterrain-Raum, an junge Dame, Nichtraucherin,
Vermieterin Frau Stubenrauch, Miete dreihundertzwanzig plus
Umlagen.

Komisch, die hieß genauso wie unser Dozent. Ob das ein gutes oder
schlechtes Zeichen war? Jedenfalls war diese Wohnung auch schon
seit längerer Zeit ›auf dem Markt‹ – also wohl eher ein schlechtes
Zeichen.

Besser, ich sorgte erst mal wieder für Busenverkleinerung. Ich brauchte sowieso dringend einen neuen BH. Uromi hatte mir vor ein paar Wochen extra dafür hundert Mark zugesteckt.

Ich klappte meinen Falk-Plan auf und suchte die Straßenbahnlinie zur Innenstadt heraus.

An der Konstablerwache stieg ich aus und war wie erschlagen. Das war Wahnsinn! Ich sah eine scheinbar bis ins Unendliche führende Fußgängerzone vor mir, eine leibhaftige Einkaufsmeile mit allen mir bekannten Kaufhäusern; dazwischen Schuhgeschäfte, Boutiquen, Schuhgeschäfte, Juweliere, Schuhgeschäfte, Drogerien, Schuhgeschäfte – ich bekam plötzlich kaum noch Luft, obwohl ich die Binde nicht mehr anhatte.

Erfreut entdeckte ich weiter vorn die Hertie-Leuchtreklame, die mir schon aus Wuppertal vertraut war, und steuerte kurzentschlossen darauf zu. Ich hatte bei Hertie mein raffiniertes, hochgeschlossenes lachsrosa Abschlußballabendkleid gekauft, für nur neunundneunzig Mark, dabei sah es mindestens nach neunhundertneunundneunzig aus. Unzählige Fransen waren an dem Kleid gewesen, eine Schattierung dunkler als das Lachsrosa, lang herabhängend, wie früher bei den Charleston-Kleidern, bloß eben nicht von der Taille oder vom Saum, sondern von der Brust. Die Fransen lenkten sofort vom Busen ab. Leider hatte das Kleid den Abschlußball nicht überlebt. Harry, mein Freund und Tanzpartner, hatte, durch die vielen wilden Wiener Walzer erregt, auf der Heimfahrt den geborgten BMW angehalten und einen Verführungsversuch gestartet. Die Spermaflecken waren auch mit Gallseife nicht rausgegangen, und Harrys Mutter hatte mich noch wochenlang danach böse angeguckt, weil der Wagen auch versaut war.

Ich ging in die Miederwarenabteilung und stöberte herum. Viel hatten sie nicht, das für mich in Frage kam. Bei mir war es nicht ganz so schlimm wie bei Dolly Parton, die hatte hundertsiebenundzwanzig Busenweite, wie ich im *stern* gelesen hatte, das war schon extrem. Bei mir waren es vielleicht hundertfünfzehn, höchstens, ich hatte es noch nicht exakt nachgemessen, denn dann hätte ich ein besonderes Bandmaß gebraucht. Das Bandmaß aus Sonjas Reisenähset – ein anderes hatte sie nicht, weil sie überhaupt nicht nähen konnte – war nur einen Meter lang, aber der reichte bei weitem nicht für meine Oberweite.

Meine BH-Größe ist 95, aber das darf man nicht mit der Oberweite verwechseln, 95 ist die Unterbrustweite, also der Umfang *unterm* Busen, nicht entlang der Warzen gemessen. Eigentlich ist das bei mir weniger als 95, sogar etwas weniger als 90, ich muß aber trotzdem 95 nehmen, weil ich sonst mit der Körbchengröße nicht mehr klarkomme. Die Körbchen von 95 sind größer als die von 90, und ich brauche sowieso schon D. Vor zwei Jahren war ich noch mit 90 C ausgekommen, aber diese Zeiten waren längst vorbei. Wenn ich jetzt in die Miederwarenabteilung eines Kaufhauses oder in ein Miederfachgeschäft ging, brauchte ich gar nicht erst bei den neckischen, verführerischen Bodys, den reizenden kleinen trägerlosen Halbschalen mit passendem Slip, den duftigen flatternden, hauchdünnen Hemdchen mit dazugehörigem seidigen Teddy oder French Knicker stehenzubleiben; sie waren für mich tabu, die schmalen spitzengarnierten Korsagen und Bustiers aus gerüschtem Samt oder feiner Seide, die bunten frechen Reinschlüpfdingerchen in den tollen Farben, ohne Haken und Ösen, nur ganz weiche Baumwolle, ohne Stäbe und Abnäher.

Größe 95 D war für einen BH meist jenseits von Gut und Böse. Fast alle Modelle endeten bei Größe 90 C. Es gab nur wenige Ausnahmen, die bis 95 reichten, die waren dann für die »starke Figur«. Es gab sogar zwei oder drei, die gingen bis 110 F, doch so was hatte ich bisher nur in Spezialkatalogen gesehen. Immerhin, notfalls konnte ich mich noch steigern, das wären dann vermutlich BHs für die »stärkere Figur«. Diese BHs waren weder reizvoll noch neckisch, noch verführerisch, noch hinreißend, noch sonst irgendwas. Sie waren einfach nur groß. Sie waren Zelte. Riesenzelte. Sie wurden nur noch übertroffen von den sogenannten Hosenkorseletts, schaurige, fleischfarbene, schlauchartige, einteilige Miederpanzer, die von allein standen, auch ohne Frau drin.

Ich suchte mir in der Miederwarenabteilung die zwei in Frage kommenden Sport-BH-Modelle aus dem ganz hinten an der Wand versteckten Ständer für die starke Figur, probierte sie an, kaufte sie und ging wieder. Einen hatte ich gleich angelassen, denn wenn sie neu waren, flachten sie besser ab.

In der Hoffnung, hinreichend flach auszusehen, stieg ich wieder in die Straßenbahn und fuhr zu der zweiten Adresse auf meinem Zettel. Diese Wohnung lag etwas näher an der Uni, ich würde nur schätzungsweise zwanzig Minuten mit der Bahn oder dem Bus brauchen.

Das Haus wirkte gegen den Bunker von vorhin wie ein Palast, eine dreistöckige Jugendstilvilla mit mattblau getönter Fassade in einem parkartig angelegten Garten. Das Haus befand sich in einer ruhigen Nebenstraße im Stadtteil Bornheim, in der Nähe eines Parks.

Ich war ziemlich aufgeregt, als ich klingelte, und Frau Stubenrauch, eine elegant gekleidete, gutaussehende Person um die Sechzig, öffnete mir mit einem freundlichen Lächeln. Ich wurde noch aufgeregter und versuchte so wenig wie möglich zu atmen. Aber sie schaute meinen Busen überhaupt nicht an, sondern lächelte mir ins Gesicht, und ich war sofort für sie eingenommen.

»Sie sind Fräulein Franziska Friedrich, nicht wahr?« Vornehme, akzentuierte Aussprache, gebildet und kein bißchen feucht und rollend. Bitte laß das Souterrain-Zimmer kein Abstellkeller sein, betete ich.

Sie führte mich durch das gepflegte, mit Blumenkübeln geschmückte Treppenhaus nach unten, in das Souterrain, öffnete mit einem ganz schlichten kleinen Sicherheitsschlüssel die Tür und bat mich herein. Ich betrat den Flur und schaute direkt in das Zimmer. Wahnsinn, dachte ich sofort. Es war ein großes Zimmer, vielleicht dreißig Quadratmeter, und über die ganze Stirnwand zog sich eine breite Fensterfront mit Tür zum Garten. Sie stieß eine weitere Tür auf – ein neu gefliestes Duschbad. Eine Tür auf der anderen Seite der kleinen Diele – die Küche, nicht allzu groß, wie das Bad vielleicht fünf oder sechs Quadratmeter, aber für eine Person völlig ausreichend und außerdem voll eingerichtet. Und das für ganze dreihundertzwanzig Mark? Da stimmte etwas nicht, das roch ich sofort.

»Wenn Sie keine Möbel haben, können Sie von meiner Tochter die Zimmereinrichtung übernehmen, es ist zwar nichts Besonderes, einfach ein nettes Jungmädchenzimmer, Bett, Schreibtisch, Regale, Schrank, aber in tadellosem Zustand. Natürlich würde ich nichts dafür nehmen. Meine Tochter hat bestimmt nichts dagegen, sie ist nach Amerika ausgewandert, und wenn sie mal zu Besuch herkommt, schläft sie mit ihrem Mann sowieso im Gästezimmer, da ist das Bett größer. Wie gefällt Ihnen die Wohnung?«

»Sie ist toll«, sagte ich. »Wo ist der Pferdefuß?«

Sie seufzte. Also hatte ich recht. So ein Mist, es wäre auch zu schön gewesen.

»Kommen Sie doch bitte erst einmal mit zu mir nach oben, in meine Wohnung, da läßt es sich besser reden.« Frau Stubenrauch ging wieder voraus, und kaum hatte sie die Tür zu ihrer Wohnung geöffnet, lernte ich den Pferdefuß kennen. Er war etwa fünf oder sechs Jahre alt und stand nasebohrend im Flur. »Was will die hier?« fragte der Knirps unverblümt. »Soll die etwa auf mich aufpassen? Die will ich nicht haben!«

Frau Stubenrauch zuckte ergeben die Achseln. »Das ist Bubi, mein Enkel«, erklärte sie. »Sein Vater, mein Sohn, ist geschieden, und er hat das Sorgerecht. Die meiste Zeit kümmere ich mich um den Kleinen, aber ich bin nicht bereit, mein Leben restlos umzukrempeln. Schließlich habe ich drei Kinder großgezogen, und ehrlich gesagt, reicht mir das vollkommen.«

Der Knirps schob trotzig die Unterlippe vor. Er tat mir ein bißchen leid. Ich ahnte schon, was jetzt kam.

»Ich kann nicht ständig auf ihn aufpassen. Abends gehe ich oft und gern aus, ich bin in verschiedenen Interessengruppen engagiert und habe viele Bekannte. Auch habe ich tagsüber gern einmal meine Ruhe, da ist er mir im Weg.«

Armer Knirps. »Was ist mit seinem Vater?« fragte ich.

»Dieter ist Hochschuldozent und arbeitet sehr intensiv an seiner Habilitationsschrift. Er hat kaum Zeit für den Jungen.«

Jetzt tat mir der Knirps doppelt leid. Oma hatte keine Zeit, Vater hatte keine Zeit, und zu allem Überfluß war der Vater auch noch eine Luft-nummer.

Ich schaute mir den Jungen noch einmal an und dachte kurz darüber nach. Diesmal war der *Lösungsweg* nicht so kurz und bündig wie vor-hin bei Frau DOINK. Ich dachte: Ab und zu aufpassen kann nicht schaden. Und ich dachte: Er sieht so traurig aus, es wäre wichtig für ihn, daß er sich jemandem zugehörig fühlen kann. Und ich dachte an die dreihundertzwanzig Mark, das wäre praktisch geschenkt für die-ses tolle Apartment. Und das tolle Haus und der tolle Garten, und Möbel könnte ich auch bekommen! Aber dann, spontan und ganz gegen meine Gewohnheit, den *Lösungsweg* restlos zu Ende zu den-ken, schüttelte ich den Kopf. »Nein«, sagte ich. »Ich kann es nicht tun, tut mir leid. Wirklich, es tut mir leid.«

Das war nur so dahingesagt. Mir sollte es erst später richtig leid tun, denn ich wußte zu dem Zeitpunkt noch nicht, wie die Begegnung der dritten Art ausfallen sollte, die mir bevorstand.

Auf meinem Zettel stand: Apartment, ausschließlich an junge Dame, dreihundertunddreißig plus Umlagen. Die Adresse war gediegen, in unmittelbarer Uninähe, zu Fuß fünf Minuten, im Westend. Die Aus-stattung war ähnlich wie bei Stubenrauchs, gepflegt und sauber. Dreihundertunddreißig plus Umlagen? Ich konnte es nicht glauben – bis der Pferdefuß mir die Tür öffnete. Der dritte Vermieter war diesmal ein Mann, um die Fünfzig, Stirnglatze und Bauchansatz. Er trat ganz nah an mich heran, schaute auf meinen Busen und rieb sich die Hände und in seiner Phantasie bestimmt noch mehr. Ich wußte sofort, daß »plus Umlagen« nur »plus Umlegen« bedeuten konnte, und sonst nichts. Er guckte mich an, als wollte er auf der Stelle eine Mietvorauszahlung, die ich am liebsten noch hier auf dem Flur, flach auf dem Rücken zu zahlen hatte. »Sie sind die zwölfte, und das allein in dieser Woche«, sagte er ölig. »Aber wissen Sie was? Ich gebe Ih-nen die Wohnung.«

»Das ist nett«, sagte ich verbindlich. »Aber wissen Sie was? Ich nehme sie nicht.«

Ich war schrecklich frustriert. Frankfurt war auf einmal wieder häßlich und abstoßend, und ich sehnte mich nach Uromi, Tanja, Harry und meinem Wellensittich. Sogar ein bißchen nach Sonja und Eberhard, was ich nie für möglich gehalten hätte. Ich wollte wieder heim, in mein hübsches Zimmer in unserem schönen Haus in Wuppertal. Aber das war ja gar nicht mehr unser Haus. Es wohnten fremde Leute darin, irgendein Kind schlief jetzt in meinem Bett, saß an meinem Schreibtisch. Sonja hatte das Haus möbliert vermietet. Sie hatte mir Geld versprochen, für den Fall, daß ich kein möbliertes Zimmer finden würde. Aber das war kein Trost. Ich wollte wieder nach Hause.

Ich fuhr wieder zurück in die Innenstadt, weil ich noch bei Sack vorbeischauen wollte, um wenigstens etwas Brauchbares an diesem Tag zu erledigen. Bei Sack mußte ich automatisch an den Sack des Exhibitionisten denken, von dem Vanessa mir erzählt hatte, aber plötzlich fand ich es nicht mehr im geringsten komisch. In der Straßenbahn heulte ich. Ein paar Leute sahen mich mitleidig an, aber mindestens genauso viele nahmen es gar nicht zur Kenntnis. Ich hatte keine Wohnung! Ich würde Popel und Pickel ertragen müssen, und ich würde mir den wilden Bullen und das wilde Weib anhören müssen, immer wieder, vielleicht wochenlang!

Ich schluchzte immer noch, als ich aus der Bahn ausstieg. Tränenblind stand ich schließlich vor der juristischen Fachbuchhandlung Sack, ich tastete mich hinein und ließ mich auf den nächstbesten Stuhl fallen. In meiner Umhängetasche kramte ich nach meinen Tempos und putzte mir geräuschvoll die Nase.

»Kann ich Ihnen helfen?« fragte mich ein Angestellter freundlich.

Ich kaufte mir für siebenhundertundachtzig Mark neue und antiquierte Juraschinken, die ich mit Scheck bezahlte. Ich konnte alles mühelos unter einem Arm tragen. Über die Mammareduktion würde ich wohl noch einmal gründlich nachdenken müssen.

Als mir das klarwurde, war alles zu spät. Ich hockte mich auf die Bordsteinkante und heulte Rotz und Wasser.

Ein Wagen fuhr vorbei. Im Aufblicken erkannte ich den silbergrauen

Mercedes von heute vormittag, und am Steuer saß der gutausse-hende Fremde mit den blauen Augen. Er sah zu mir herüber und erkannte mich ebenfalls, und er wirkte bestürzt, als er bemerkte, daß ich heulte. Oder ich wünschte mir, daß er bestürzt war, wahrschein-lich war er bloß überrascht, daß ich schon wieder auf der Straße her-umsaß. Oder über die rote Nase. Bestimmt leuchtete meine Nase noch in hundert Metern Entfernung. Der Wagen wurde langsamer, zwei, drei andere Autos drängelten und hupten hinter dem Coupé, und ich sah, daß der Mann den Kopf zurückdrehte und sich um-schaute, dann machte die Straße einen Knick, und er war außer Sicht. Ich putzte mir noch einmal die Nase, rappelte mich hoch und trottete zurück zur Straßenbahnhaltestelle.

Als ich mit meinem Armvoll Büchern vor dem kleinen schmutziggel-ben Reihenhaus ankam, heulte ich immer noch. Hildchen öffnete mir die Tür und scheuchte das Pubertätsekel Hansi nach oben, gab Mucki einen Klaps, mit dem Befehl, ebenfalls zu verschwinden, und dann zog sie mich an sich, und ich durfte mich an ihrer Riesen-mamma ausweinen.

Als ich nur noch schniefte, teilte sie mir mit, daß sie heute abend ihren Bauchtanzabend hätte, und ich sollte unbedingt mit ihr hinge-hen.

6. Kapitel

Ich ging mit, denn ich hatte nur eine Alternative, heulend im Gäste-klappbett auf die Nacht zu warten oder mit meinen Cousins den Kampf der Natural Disasters, zweier klobiger Ungetüme namens Typhoon und Earthquake, gegen die Nasty Boys, Sags und Knobbs, zwei nicht weniger furchterregende Catchmonster, zu verfolgen.

Die Bauchtanztruppe traf sich in einer muffigen Turnhalle, und die Lehrerin begrüßte uns in stilechtem Bauchtanzlook; plusterige, an den Knöcheln gerüschte Satinhosen, die kaum die Schamhaare be-deckten; wahrscheinlich war sie untenrum rasiert. Sie trug ein bauchfreies Oberteil aus weinrotem Samt, und um den Hals klingel-ten und klirrten mindestens ein halbes Dutzend lange Ketten. Am Bund des Oberteils und der tiefsitzenden Hose waren Dutzende Glöckchen, Bimmelchen und Rasseln befestigt, die bei jeder Bewe-gung klimperten und bimmelten.

»Hallöchen, ich bin die Patschuli«, begrüßte uns die Lehrerin. Hild-chen zischte mir ins Ohr: »Das ist ihr Künstlername, in Wirklichkeit heißt sie Mechthild.«

Patschuli hörte sich eindeutig orientalischer an als Mechthild, da war ein Künstlername verständlich. Patschuli war ungefähr vierzig, hatte fast so große Brüste wie ich und runde, schwellende Formen, überall, wo Haut zu sehen war. Ihre Haare fielen wie blondes Engel-geriesel über ihre Schultern, eine germanische Chefodaliske, frisch aus dem Harem.

Hildchen und ich und die anderen neun Teilnehmerinnen – eigent-lich sollten es maximal zehn sein, aber für mich hatte Patschuli eine

Ausnahme gemacht, weil ich ein frisch zugezogenes Landei war – sahen weniger orientalisch aus. Die meisten trugen in Ermangelung passender Bauchtanzgewandung die Klamotten aus dem letzten Aerobic-Kurs, hauptsächlich schimmernde Leggings mit todschikken Knöchelwärmern, und drüber den obligatorischen Bodysuit, der scheußlich im Schritt kniff und immerzu in die Pospalte rutschte, bis sich die Hinterbacken wie leggingbespannte reife Melonen herausdrückten.

Patschuli ließ ein Tonband mit arabischem Flötengedudel laufen und klatschte in die Hände, damit wir ihr zuhörten. Sie erklärte uns, daß wir beim nächsten Treffen alle ein Tuch mitbringen sollten, das sollten wir uns um die Hüften binden, dann erst würden wir das authentische, hüft- und bauchbetonte Bewegungsgefühl kriegen. Ein alter Schlabberrock wäre auch gut, und das T-Shirt sollten wir uns am besten unter den BH stopfen. Hildchen und ich tauschten Blicke. Dann bezog Patschuli Aufstellung und klatschte abermals. »Bevor wir mit der Vorbereitungsgymnastik anfangen, kommen die Lockerungsübungen. Wir fangen unten an.«

Sie bewegte sich so, als hätte sich an ihrem rechten Fuß ein Hund verbissen. Sie schüttelte ihn hektisch ab, und dann versuchte sie, den Hund am anderen Bein genauso loszuwerden. Wir taten es ihr nach, und überall knackten die Gelenke, als die unsichtbaren Angreifer durch die Gegend geschleudert wurden. Patschuli schlenkerte beide Schenkel, dann bewegte sie rasselnd und bimmelnd und in rasendem Schwung die Hüften. Wir hörten alle auf zu schlenkern und zu schleudern und schauten ihr mit offenem Mund zu, wie sie in klirrendem Vibrato ihr Becken lockerte. Dann waren die Arme und Schultern an der Reihe, und schließlich der Kopf. Die blonden Engelshaare bildeten eine bauschige Wolke um ihren Kopf, den sie rüttelnd und zuckend kreisen ließ. Wir dachten schon alle, inzwischen ziemlich locker geworden zu sein, aber Patschuli war noch nicht fertig. Auf einmal verfiel sie in ein wildes Tremolo, angefangen von den zitternden Haarspitzen bis zu den Zehen, sie schlotterte und flatterte und bimmelte und klirrte von oben bis unten.

Wir schlotterten mit, doch es war eine ganz schöne Hampelei, es sah lange nicht so rasant aus wie bei Patschuli.

Sie ließ es uns sofort merken. »Ihr werdet hart an euch arbeiten müssen«, stellte sie fest, kein bißchen außer Atem. Doch dann kündigte sie an: »Aber die Belohnung wird herrlich sein. Ihr werdet lernen, euch wild, erotisch-geschmeidig und ungezügelt zu bewegen, Lust zu empfinden an Sinnlichkeit und Körperlichkeit, ihr werdet eure jahrhundertelang unterdrückte weibliche Identität erkennen und lernen, sie auszutanzen, in einem Rausch ungehemmter Gefühle!«

Sehnsuchtsvolle Seufzer mischten sich in das Flötengedudel. O ja, wir wollten alle wild erotisch-geschmeidig unsere jahrhundertelang unterdrückte Weiblichkeit entdecken! Den Rausch ungehemmter Gefühle erleben!

Aber davor kam die Lockerungsgymnastik. Wir dehnten und streckten uns nach Patschulis Anweisungen, sahen ihr neidisch zu, wie sie aus dem Stand ihre Knie küßte, wir legten uns auf den Holzboden und machten Katzenbuckel und chinesische Brücke. Dann führte sie uns die letzte Lockerungsübung vor. Die Sultansbrücke. Sie ließ sich aus dem Kniestand langsam nach hinten fallen, bis sie flach auf dem Rücken lag, die Fersen immer noch unter dem Hintern. Ich ächzte und schnaubte, senkte meinen Rücken, und dann flutschten meine Beine unter mir raus wie gekochte Nudeln von der Gabel. Ich sah mich um, aber den anderen ging's nicht besser. Sie wanden sich stöhnend auf dem Parkett und hatten die Füße überall, nur nicht unter den glänzenden Leggingmelonen, wo sie hingehörten. Hildchen keuchte wie ein Dampfkessel und knallte dann auf die Seite. »Ich möchte wissen, was für ein Kerl der Sultan war, der diese Brücke erfunden hat«, preßte sie hervor.

»Vielleicht hat er ausgefallene Stellungen bevorzugt«, mutmaßte eine andere Kursteilnehmerin mit hochrotem Gesicht neben Hildchens überreifen lilaschillernden Leggingmelonen, »aber ein Sadist war er auf jeden Fall!«

»Locker, locker!« ermahnte Patschuli, lässig mit dem Hintern auf ihren Fersen liegend.

Endlich waren wir locker genug. Aber tanzen durften wir noch nicht.

Patschuli erklärte, daß das wichtigste beim orientalischen Bauchtanz das Loslassen, das Sich-Einfühlen wäre, und dafür müßte man ein Gefühl für das Zentrum der eigenen Schwere kriegen. Wie könnte man dieses Gefühl wohl am besten kriegen, fragte sie uns.

Niemand wußte es. Ich hätte jetzt sagen können, vielen Dank, ich weiß schon, wo das Zentrum meiner Schwere liegt, hatte aber so eine Ahnung, daß diese Antwort nicht gefragt war. Patschuli führte aus, daß man, um dieses Gefühl zu kriegen, erst mal den richtigen Bodenkontakt lernen müßte. Dazu müßte man sich in die Grundstellung begeben. Das war zum Glück nicht die Sultansbrücke, sondern ging so:

1. Füße etwas auseinander, Knie leicht gebeugt
2. Oberkörper leicht nach hinten geneigt
3. Körpergewicht auf die Fersen verlagern
4. Brust raus
5. Kopf hoch
6. Schultern locker
7. Hände in Hüfthöhe wie nach oben geöffnete Schalen halten.

Wir machten es Patschuli nach, ungefähr zwanzigmal hintereinander. Diese würdevolle Anfangsstellung müßte uns in Fleisch und Blut übergehen, erklärte sie uns.

Dann kamen wir endlich zur ersten Bauchtanzübung. Patschuli legte ein neues Tonband mit etwas flotterer Musik ein. »Das ist ein stimmungsvolles arabisches Tanzstück«, erläuterte sie das fistelige Gejammer.

Dann zeigte sie uns die Hüftbewegungen. Zuerst den kleinen Hüftkreis oder Mondkreis.

»Achtung«, schrie sie, »wir machen kleine, gaaaanz runde Kreise mit unserem Becken.« Sie kreiste es uns klirrend vor. »Du da, ja du, mit dem großen Busen! Du mußt die Bewegung aus dem Becken rauskommen lassen, nicht aus den Beinen!« Sie kam mißbilligend näher, und ich hielt die Luft an, aber sie ging zu Hildchen und legte ihre Hand auf Hildchens Hüfte. »Hier muß es rotieren, die Beine bleiben einfach stehen.« Hildchen rotierte brav, und Patschuli meinte: »Wer den Schwung aus den Beinen holt, begeht einen beliebten Anfängerfehler.« Aha.

»Ihr haltet die Arme falsch, ihr dürft sie nicht so rumschleudern«, schrie sie und breitete beide Arme aus. »Entweder laßt ihr sie in der Schalengrundstellung, oder ihr hebt sie hoch, aber nicht über den Kopf, nur bis zum Kinn, und tut dann so, als haltet ihr einen großen Wasserball fest!«

Wir hielten alle Wasserbälle fest und machten Mondkreise. Patschuli ging von einer zur anderen und korrigierte die Fehler. Bei mir beanstandete sie verkehrtes Atmen. »Mehr die Brust raus und locker bleiben beim Atmen, dann wirkt es rassiger!«

Als nächstes lernten wir den großen Hüftkreis oder Sonnenkreis.

»Wir spreizen die Beine etwas weiter und legen die linke Hand an die Schläfe«, rief Patschuli, »und das Becken wird gaaaaanz nach vorn gedrückt, Oberkörper nach hiiiinten legen und groooße, groooße Kreise!«

Ich machte riesengroße Sonnenkreise, und Patschuli kam zu mir und lobte mich. »Du hast eine natürliche Begabung, es sieht sehr rassig bei dir aus. Probier mal die Drehung rechts rum und links rum, dann kannst du gleich sehen, was deine Lieblingshüfte ist!«

Sie lobte die anderen genauso, fand die Bewegungen rassig, gleichmäßig, sinnlich, kapriziös. Wir kreisten und kreisten, mit Sonne und Mond um die Wette.

Für die nächste Stunde kündigte sie uns die Drehung im Großen Hüftkreis, Hüftschleife, Hüftacht und Hüft-Drop an, wenn wir zu Hause fleißig übten, würden wir sogar noch bis zum doppelten Hüft-Drop wechselseitig, zum Hüft-Drop-Schritt und zur Hüft-Drop-Drehung vorstoßen.

Hildchen und ich gingen nach dem Umziehen hüftewackelnd zu Hildchens Auto und fuhren mit sonnenkreiserwärmten Becken nach Hause. »Schade, daß der Adnan heut' nicht mehr kommt«, meinte sie.

Am nächsten Morgen lernten wir in der Uni wieder einen neuen Dozenten kennen. Er hieß Harald Lamm, Professor Harald Lamm, war um die Fünfzig, klein, untersetzt und mit krausem Haarkranz um die polierte Glatze. Er führte uns in die Grundlagen des Zivilrechts ein.

Er dozierte eine Weile in einschläferndem Tonfall über die Bedeutung des Zivilrechts. Die beiden Anzugtypen Waldemar und Elmar saßen in der ersten Reihe und lauschten aufmerksam, und das Klack-klack ihrer Laptop-Tastatur drang bis zu Vanessa und mir in die sechste Reihe. Dann erzählte er vom BGB und wie man damit umzugehen hätte. Er erklärte, daß BGB Bürgerliches Gesetzbuch heißt, und ein Zivilrechtler ohne BGB sei wie ein Reiter ohne Pferd oder ein Zimmermann ohne Axt.

»Wie ein Becher ohne Henkel«, flüsterte Vanessa mir zu.

»Wie ein Mann ohne Schniedel«, flüsterte ich respektlos zurück. Uns fielen noch mehr freche Kommentare ein, aber Professor Lamm bat um Ruhe in der sechsten Reihe.

Das BGB sei in verschiedene Bücher und Teile und Abschnitte und Titel unterteilt, erzählte uns Professor Lamm. Wir mußten es alle aufschlagen und durchblättern. Aha. Erstes Buch. Allgemeiner Teil. Erster Abschnitt. Erster Titel. Dann geht's weiter mit dem Zweiten Titel. Das Prinzip ist klar. Es gibt fünf Bücher mit unzähligen Teilen, Abschnitten, Titeln. Von den Paragraphen ganz zu schweigen. Davon gibt's 2385. Ich las spaßeshalber den letzten Satz des letzten Paragraphen: »Die in § 2376 bestimmte Verpflichtung zur Gewährleistung wegen eines Mangels im Rechte trifft den Schenker nicht; hat der Schenker den Mangel arglistig verschwiegen, so ist er verpflichtet, dem Beschenkten den daraus entstehenden Schaden zu ersetzen.« Aha.

Das war also das BGB. Ich schaute auf der Deckelübersicht des dicken roten Wälzers nach, wie viele Gesetze außer dem BGB noch drinstanden. Es waren reichlich über hundert, vom AGB-Gesetz bis zum Zwangsversteigerungsgesetz. Und das war nur die Zivilrechtssammlung.

»Ein beliebter Anfängerfehler«, erklärte Professor Lamm streng, »besteht darin, daß nicht am Gesetz gearbeitet wird. Ein Fall läßt sich nicht mit Rechtsgefühl oder diffuser Dialektik lösen, sondern nur unter Anwendung gesetzlicher Vorschriften. Ich kann es nicht fassen…« – er hob die Stimme – »…wie oft ich Klausuren vorfinde, die in Form schlichter Besinnungsaufsätze gestaltet sind, ohne auch nur den Hauch einer Anspruchsgrundlage erkennen zu lassen.«

Ich notierte auf meinem Karoblock: Anspruchsgrundlage.

»Das wichtigste Rüstzeug für den Zivilrechtler ist das Erkennen möglicher Anspruchsgrundlagen und sodann das saubere Subsumieren.«

Ich notierte: Subsumieren.

Flüsternd fragte ich Vanessa: »Was meint er damit?«

»Keine Ahnung. Vielleicht erklärt er's noch!«

»Man merke sich bereits jetzt für spätere Übungen«, fuhr Professor Lamm fort, »die Frage, die bei der Bearbeitung eines Falles regelmäßig zu stellen und zu beantworten ist, lautet: Wer will was von wem woraus! Wer will was von wem woraus! Wer will was von wem woraus!«

Das Credo des am Gesetz arbeitenden Juristen. Vanessa und ich beteten es halblaut nach.

Diesmal gingen wir zum Mittagessen zu einem Italiener in der Nähe der Uni. Außer Vanessa und mir kamen noch zwei Mädchen mit, die in der Vorlesung neben uns beiden in der sechsten Reihe gesessen waren. Die eine hieß Katja; sie war klein und kompakt und trug eine rote Bürste als Frisur, die andere stellte sich als Marlene vor; sie hatte kurze dunkle Locken und große braune Augen und sprach einen merkwürdigen Dialekt, den ich noch nie gehört hatte. Vielleicht mal in einer Kabarett-Sendung im Fernsehen, aber es war bestimmt nicht bayrisch.

Wir hatten uns kaum gesetzt, als die Erste-Reihe-Typen Elmar und Waldemar aufkreuzten und sich zu uns an den Tisch setzten.

Wir bestellten alle unsere Pizza, und Waldemar erzählte, daß er und Elmar sich jetzt beim Repetitor angemeldet hätten.

»Man muß frühzeitig dafür sorgen, daß man einen Platz kriegt, sonst kann man es vergessen. Am besten fängt man gleich an, dann kann man bei den Scheinen schon davon profitieren, und das Examen ist nur noch eine Art Reflexhandlung.«

Katja winkte ab. »Das sehe ich anders, weißt du. Wenn man sich jetzt beim Repetitor anmeldet, kann das leicht zur Beschädigung der optimalen Lernbereitschaft führen. Die herkömmlichen Repetitor-Programme sind darauf ausgelegt, daß man wiederholt, was man schon gelernt hat, zumindest sollte man vorher eine gewisse juristische Bewußtseinserweiterung erfahren haben. Repetieren kommt von wiederholen.«

»Genau wie das Repetiergewehr«, meinte Marlene.

»Das könnt ihr doch wesentlich einfacher haben«, sagte Vanessa gehässig zu Waldemar und Elmar. »Schiebt euch das Laptop-Kabel ins Ohr und speichert eure Notizen direkt im Zwischenhirn.«

»Gibt's denn so was jetzt auch schon?« fragte Marlene unsicher.

Elmar sah sie lauernd an. »Sag mal, Marlene, wo kommst du eigentlich her?«

»Aus Meiningen.«

Elmar zog ein Gesicht, als hätte er in eine Zitrone gebissen. »Oh-oh! Das kenn' ich. Da war ich neulich mal. Das ist in der DDR.«

»In Thüringen«, verbesserte Marlene ihn würdevoll.

»Ihr könnt euch nicht vorstellen, in welche Gefilde man da vorstößt«, japste Elmar. »Ich war erst vor drei Wochen dort, mein Onkel leitet da vorübergehend eine Bankfiliale. Man muß den Ossis ja erst mal beibringen, was überhaupt Bankwesen ist. Also, das fängt schon an, wenn man über die Grenze kommt, direkt dahinter geht's los.«

»Es gibt keine Grenze mehr«, erklärte Marlene ärgerlich.

»Da sind die Häuser alle 'ne Nummer kleiner, die Straßen bestehen nur noch aus Schlaglöchern. Wenn man dann noch nicht gemerkt hat, daß man in der DDR ist, merkt man es spätestens an den funkelnagelneuen Telekom-Häuschen überall. Und natürlich an den Schüsseln. An jedem noch so kleinen Häuschen eine Riesensatellitenschüssel. Hahahaha«, wieherte Elmar. »Als ich neulich dort war, ist mir der Hammer passiert, das muß ich euch erzählen. Also, ich fahre, ganz ahnungslos fahre ich über die Grenze nach Ossiland, und wie gesagt, die Straßen werden miserabel, aber man muß ja da durch, und ich fahre und fahre, und dann, auf einmal: Bums! Vollsperrung! Da haben die doch mitten auf der Straße ein Riesenloch gegraben! Glaubt ja nicht, daß vorher irgendwo ein Schild gewesen wäre, von wegen Bauarbeiten oder so. Nichts! Typisch Ossis.«

»Da war ein Schild!« sagte Marlene wütend. »Du warst bloß zu blöd, um es zu sehen, darauf könnte ich wetten!«

»Wißt ihr, woran man bei den Ossis die Cafés erkennt?« fragte Elmar grinsend. »Daran, daß an der Straße eine Masse stapelbarer weißer Plastik-Obi-Stühle zu neunfünfundneunzig an weißen Plastik-Obi-Tischen rumstehen!« Er kaute genußvoll krachend auf seiner Pizza herum.

Marlene schob ihren Teller weg. »Ich finde diese Ossi-Wessi-Witze zum Kotzen!« sagte sie zornig.

Unbeeindruckt spülte Elmar mit einem Schluck Cola die Pizza runter. »Das war ja noch nicht alles. Also, ich kam an diesem Plastik-Obi-Café vorbei, und dann sah ich das Schild. Da hat's mich schier zerrissen. Ich wäre fast gegen 'nen Baum gefahren.« Er lachte schallend. »Ich krieg's kaum raus!«

»Dann laß es doch, du Blödmann!« Marlene wurde allmählich böse.

»Hahahaha!« schrie Elmar und verschluckte sich an seiner Pizza. Mit rotem Gesicht würgte er schließlich hervor: »Stellt euch vor, da steht an dieser Plastikansammlung ein selbstgemaltes Schild: Egons Caffee! Hahaha! Caffee, mit Doppel-f und Doppel-e! Zu dämlich, um richtig Café zu schreiben, wie sollen die da erst welchen kochen können! Hahaha!«

Katja grinste überlegen. »Du hast keine Ahnung, weißt du das? Das schreibt man doch in letzter Zeit überall so. Neulich war ich übers Wochenende in Paris. Die schreiben das jetzt in jedem Bistro so. Und diese Plastikstühle sind total in, das ist voll cool. Wo du hinguckst, auf die Kö, auf den Ku'damm, die holen überall ihr Marmorzeugs rein und stellen das Obizeug raus. Das ist Lifestyle, verstehst du. Das ist wie in der Mode. Je mehr Löcher in den Klamotten und je abgefetzter, desto besser.«

Elmar guckte betreten. »Echt?« fragte er dümmlich.

»Ja, echt. Mit Dämlichkeit hat das nicht die Spur zu tun, mein Lieber. Du bist einfach nicht auf dem laufenden. Die Ossis sind total in. Irgendwie finde ich, daß du dich jetzt vielleicht bei der Marlene entschuldigen solltest«, sagte Katja.

»Na gut. Es sind ja nicht alle Ossis so bekloppt. Sicher gibt's Ausnahmen«, räumte Elmar großzügig ein. Marlene musterte ihn verärgert, alles andere als besänftigt.

»Wollen wir nicht das Thema wechseln?« fragte Vanessa. Das hörte sich stinkfreundlich an, und als ich sie ansah, bemerkte ich, wie ihre Augen glitzerten. Sie bestellte für jeden eine Zabaione zum Nachtisch. »Ich lade euch ein«, erklärte sie lächelnd.

Dann sagte sie zu mir: »Franzi, erinnerst du dich noch an unsere gestrige Unterhaltung über die Nutte, die an dem Pfefferminzpariser erstickt ist?«

Ich nickte unbehaglich.

Elmar und Waldemar rangen sich ein leicht gequältes Lächeln ab, und Katja und Marlene spitzten die Ohren.

»Vielleicht sollte ich es euch beiden noch mal kurz referieren«, meinte Vanessa zu Katja und Marlene. Sie erzählte von dem tragischen Ende der armen Prostituierten. Marlene wirkte zutiefst betroffen, und ich fühlte mit ihr. Wir bildeten eine Art Nestgemeinschaft: Ein Landei neben dem anderen.

»Worauf ich eigentlich damit hinauswill«, erklärte Vanessa, »ich hatte gestern ganz vergessen, euch zu fragen, wie ihr über das Thema Kondome denkt.«

Marlene meinte eifrig: »Ich finde sie sehr praktisch und vernünftig. Sogar die katholische Kirche überlegt, ob man sie nicht besser erlauben soll, wegen Aids und dem fünften Gebot, du sollst nicht töten. Und in Irland soll man sie demnächst frei kaufen können, bisher gab's sie da nur auf Rezept, und auch nur für verheiratete Paare.«

»Im fünften Gebot steht, du sollst nicht ehebrechen«, sagte Waldemar.

Katja strich sich über die kurzen roten Bürstenhaare. »Ich finde Kondome in einer stabilen, heterosexuellen Beziehung echt beschissen. Ich bin auch total gegen Promiskuität. Das sabotiert jede natürliche Verhütung.«

Promiskuität? Was war das schon wieder? Wenn das so weiterging, würde ich mir als nächste Anschaffung ein Fremdwörterbuch zulegen müssen.

Marlene meinte: »Du sollst nicht ehebrechen steht im sechsten Gebot.«

Die Zabaione kam. Sie sah wunderbar cremig und flockig aus.

Elmar fragte: »Was steht denn dann im siebten? Ich dachte immer, da steht: Du sollst nicht töten.«

»Wie verhütest du denn?« fragte Vanessa Katja mit glitzernden Augen. Elmar und Waldemar rührten in der gelblich-weißen-schaumigen Creme. Sie war wirklich wunderbar cremig und flockig.

»Nein, im siebten steht, du sollst nicht stehlen«, sagte Marlene, »denn stehlen ist nicht so schlimm wie töten oder ehebrechen.«

»Ich verhüte mit der Billings-Methode«, meinte Katja kurz.

»Und wo steht, du sollst nicht lügen?« wollte Waldemar wissen.

»O mein Gott!« schrie Vanessa entsetzt. »Die Schleim-Methode! Das ist ja Wahnsinn! Das finde ich sagenhaft diszipliniert von dir, Katja!«

»Lügen ist keine Todsünde«, erklärte Marlene.

Billings? Schleim-Methode? Ich hatte im Zusammenhang mit Verhütung noch nie von Billings, geschweige denn von Schleim gehört.

Elmar und Waldemar rührten langsamer.

»Wie schaffst du das?« fragte Vanessa bewundernd. »Ich hab’ es auch schon mal versucht, aber da gibt’s ja so viele verschiedene Arten Schleim! Wie kannst du die auseinanderhalten?«

Elmar und Waldemar löffelten zaghaft ihre cremig-flockige Zabaione.

»Das ist Übung«, erläuterte Katja. »Direkt nach der Periode ist er noch ziemlich fest und irgendwie zäh, so wie…« sie guckte auf Elmars und Waldemars Schälchen. »Eben zäh«, sagte sie dann. »Und dann wird er langsam weniger zäh, aber er klebt an den Fingern, das ist dann wie…« Sie steckte einen Finger in ihr Schälchen und schleckte ihn ab. »Hm, schmeckt das gut. Ich steh' ja so auf Zabaione. Wo war ich? Ach ja, dann kommt die nächste Stufe. Der Schleim wird glasig, flüssiger, er zieht Fäden zwischen den Fingern.« Ich schaute auf Elmars und Waldemars Schälchen. Ihre Zabaione schien vom Rühren langsam eine leicht schlierige Konsistenz anzunehmen.

»Das nennt man dann spinnbar, ich meine, wenn er so glasig und flüssig wird. Ja, so nennt man das. Er wird spinnbar. Dann ist absolute Vorsicht angesagt. Beim ersten spinnbaren Schleim: Stop!«

»Aber Katja, hast du keine Probleme, wenn du Verkehr hattest?« wollte Vanessa wissen. »Ich meine, die Schleimprobe, wird sie dann bei dir nicht verfälscht?«

»Du, das Sperma hat eine total andere Konsistenz, das fühlt sich irgendwie viel…« – sie warf einen Blick auf Elmars und Waldemars Schälchen – »…eben ganz anders an!«

Elmar und Waldemar verfärbten sich so schlierig gelb wie die Zabaione, und wir Frauen tauschten hochzufriedene, herrlich solidarische Blicke. Diese beiden Glasbrillis waren wir bestimmt für alle Zeiten los!

7. Kapitel

Endlich war der Freitag gekommen! Endlich Schluß mit dem Gedränge morgens im Bad, mit Popeln und Pickeln und der Aussicht darauf, am Wochenende vom wilden Bullen und dem wilden Weib in meinem Gästebett in Schwingung versetzt zu werden. Heute würde ich meine Traumwohnung finden.

Ich traf mich mit Karlheinz pünktlich zur vereinbarten Zeit vor dem Rundschau-Haus in der Innenstadt. Karlheinz begrüßte mich mit roten Ohren und freundlichem Grinsen und klemmte sich sofort in eine der Telefonzellen. Er befahl mir, für sein leibliches Wohl eine Currywurst zu besorgen. Er hätte noch nicht zu Mittag gegessen, und außerdem hätten wir noch mindestens eine halbe Stunde Zeit. Ich schob mich durch das Gedränge, tiefer in die Fußgängerzone hinein, bis ich endlich nach zehn Minuten auf einen Imbißwagen stieß.

»Eine Currywurst«, bestellte ich.

Der rundbäuchige Imbißmensch wischte seine Hände an dem fleckigen Handtuch ab, das ihm als Schürze diente, holte eine Wurst vom Rost und schob sie in eine Maschine, die mundgerechte Stücke daraus schnitt und sie dann auf ein Papptellerchen fallen ließ. Aus einer gewaltigen Streudose schüttete er eine Riesenportion Curry auf die Wurststücke und ertränkte das Ganze anschließend in einem schwappenden See aus Curryketchup, den er aus einer überdimensionalen Plastikflasche auf die Wurst spritzte. Er griff sich ein Brötchen, quetschte es an den Rand des schwappenden Currysees und schob mir die Schale hin.

»Voilá, macht dreifuffzisch.«

»Das ist keine Currywurst«, sagte ich kritisch.

Er starrte auf den roten See. »Ei, was soll des dann sonst sein?«

»Sie haben da so eine rote Wurst genommen, ich habe es genau gesehen. Sie war richtig rot, die war im Leben noch nicht gar.«

»Des is e Rindscurry, Fräuleinsche, de Wörscht sin halt rod, so esse mer se hier, gell!«

Ein freundlicher Frankfurter neben mir bestätigt das. Wenn ich eine blasse Currywurst wollte, müßte ich eine »Bratcurry« bestellen, so wäre das hier eben. Er persönlich könne nicht verstehen, wie man eine bleiche Wurst vorziehen könnte. Alles Fett. Ob ich schon mal Weißwurst gegessen hätte? Ärgs, er hätte es mal in München probiert und sich sofort übergeben. Nein, nur die rote Wurst wäre die wahre Wurst.

Ich wußte selbst nicht, wieso mich das so betroffen machte. Ich fühlte mich mehr denn je fern der Heimat. Ich war mit der großen Himmelsschaukel ins Land der roten Currywürste geschwebt, in die kulinarische Fremde!

Stumm betrachtete ich das Brötchen, das sich an die curryverkleckerte rote Wurst schmiegte. Es war obendrauf kreuzweise eingeritzt. Aus dem Bergischen kannte ich bloß Brötchen, die obendrauf längs geritzt waren. Sogar die Brötchen waren hier fremdartig – genau wie bei Heidi!

Ich bezahlte die rote Wurst widerspruchslos und beeilte mich, zurück zu Karlheinz zu kommen. Inzwischen herrschte vor dem Zeitungshaus ein Auftrieb wie beim Schlußverkauf. Sämtliche Telefonzellen waren belegt, und vor dem Eingang tummelten sich die Leute in Riesenpulks. Karlheinz verzehrte seine Wurst. Er hielt mir ein Stück hin. »Willst du auch?«

»Nein danke, ich hatte heute schon meine Ekelportion in der Mensa.«

»Was gab's denn?«

»Fischbrocken in Senfmatsch aus der internationalen Küche.«

»Hast du genug Kleingeld fürs Telefon?«

Ich klimperte mit der Hand in der Jackentasche. »Mindestens für dreißig Wohnungen.«

»Okay, ich hol' die Zeitung. Laß dich bloß nicht aus der Telefonzelle wegdrängeln, die Leute kommen da mit den übelsten Tricks, von wegen sie müßten einen Unfall melden, oder sie wollen einen Krankenwagen rufen, weil sie plötzlich Wehen gekriegt haben oder so«, ermahnte mich Karlheinz.

Während er sich durch das Gewühl kämpfte, um ein druckfrisches Exemplar der gerade angelieferten *Frankfurter Rundschau* zu ergattern, hielt ich argwöhnisch nach Schwangeren oder vermeintlichen Unfallopfern Ausschau. Es strichen zwar ein paar Wohnungssuchende neidisch an meiner Telefonzelle vorbei, aber niemand versuchte, sie mir streitig zu machen.

Mit wehender Zeitung kam Karlheinz nach zwei Minuten wieder zurück, winkte hektisch, daß ich Geld einwerfen sollte. »Schnell, wählen!« schrie er und diktierte mir eine Telefonnummer. Ich wählte brav, und er riß mir sofort den Hörer aus der Hand und drängte mich aus der Zelle.

»Ja, ich rufe aufgrund Ihrer Anzeige in der *Rundschau* an. Ja, ganz recht, wegen des Apartments, vierhundertvierzig plus Umlagen.«

Mein Magen hüpfte entsetzt, und die Senffischbrocken machten einen Satz nach oben. Vierhundertvierzig kalt! Das waren mindestens hundert Mark mehr, als ich anlegen wollte!

»Ja, natürlich bin ich Nichtraucher, und berufstätig bin ich auch. Nein, nicht verheiratet und nicht verlobt, nicht verwandt und nicht verschwägert. Wie? Natürlich, drei Monatsmieten Kaution, das ist normal, das wären dann…«

»Das geht nicht!« rief ich erschrocken. »Ich hab bloß zwölfhundert auf meinem Konto!«

Karlheinz verdrehte die Augen und hängte schimpfend ein. »Mußtest du das so laut rausbrüllen? Die dumme Kuh hat sofort aufgelegt, als sie das gehört hat!«

»Wenn's aber doch wahr ist! Wie soll ich das bezahlen? Außerdem, wer will denn eine Wohnung, du oder ich? Warum kann ich nicht anrufen?«

Er gab mir keine Antwort, sondern wählte sofort die nächste Nummer. »Ja, ich rufe wegen Ihrer Annonce in der *Frankfurter Rundschau* an, wegen der Einzimmerwohnung, dreihundertachtzig kalt, stimmt's? Wie bitte? O ja, natürlich, das läßt sich machen, die Wohnung beim Einzug renovieren. Sicher, warum nicht. Beim Auszug auch? Aha. Nun ja, wieso nicht.«

Renovieren? Beim Einzug *und* beim Auszug? Ich riß Karlheinz am Ärmel, aber er stieß meine Hand einfach weg. »Wie bitte? Ja sicher, ich bin lediger Nichtraucher, vierundzwanzig Jahre alt, kein Kind, kein gar nichts, bloß ein Auto. Wochenendheimfahrer?« Er legte die Hand über die Muschel und blickte mich fragend an. »Bist du Wochenendheimfahrer?« Ich schüttelte energisch den Kopf. »Nein, leider nicht. Leider muß ich die Wohnung auch übers Wochenende haben. Was? Sie haben schon drei Wochenendheimfahrer auf Ihrer Liste? Oh, wenn das so ist, da kann ich wohl nicht konkurrieren. Tut mir ehrlich leid, wirklich. Wiederhören.«

»Karlheinz!« jammerte ich. »Die Wohnungen sind zu teuer! Und soviel Kaution! Das geht nicht.« Ich riß ihm entschlossen die Zeitung aus der Hand und überflog die Seite, die er aufgeschlagen hatte. Ja, das waren die Einzimmerwohnungen. Erfreut stellte ich fest, daß es mehrere Spalten waren. Ich ließ meinen Finger von oben nach unten rutschen, erst schnell, dann immer langsamer, und schließlich konnte ich ihn nicht mehr weiterrutschen lassen, weil ich mich am Griff der Zellentür festklammern mußte.

Karlheinz hatte mit sicherem Blick sofort die beiden günstigsten Wohnungen herausgesucht! Alle anderen, die vom Preis her vergleichbar waren, konnten nur über Makler angemietet werden! Das war doch nicht möglich!

Ich fiel schwer gegen die Glaswand der Telefonzelle und blinzelte heftig. Die Zeitung in meiner Hand zitterte, und die Buchstaben verschwammen vor meinen Augen. Ich schluckte. Die nächsten Wochen würde ich einfach unter der Tischtennisplatte im Hobbykeller zubringen, überlegte ich. Zumindest bis zur Exmatrikulation. Dann würde ich weitersehen. Vielleicht würde mein Freund Harry mich aufnehmen. Seine Eltern hatten ein vernünftiges Gästezimmer. Oder ich würde als Au-pair-Mädchen fürs erste ins Ausland gehen. Ich wollte schon immer mal nach Frankreich. In Französisch hatte ich eine Drei. Ich könnte nach Paris gehen!

Doch halt, das war vielleicht gar nicht nötig! »Guck mal«, rief ich aufgeregt, »hier ist noch eine von privat! Dreihundertfünfzig, in Bockenheim! Ruf doch da mal an!«

»Zeig mal her.« Karlheinz sah sich die Anzeige an. »Das kannst du vergessen.«

»Wieso? In Bockenheim bräuchte ich keine Fahrkarte, ich könnte zur Uni laufen! Und bloß zwei Monatsmieten Kaution, das geht doch.«

»Franzi, du Lämmchen, siehst du nicht, was da steht?«

Ich war beleidigt. Lämmchen war fast so schlimm wie Landei. Ich sah mir die Anzeige an. Zuerst kam die Telefonnummer. Dann:
›Ffm.-Bockh., 1-Zi-Whg. v. Priv. an alleinst. NR, 350,– + NK + 2 MM Kt., Abst. n. V.‹ »Na und?« meinte ich.

»Franzi, hast du nicht gesehen, was da am Schluß steht?«

Ich guckte noch mal hin. ›Abst. n. V.‹ Was das wohl hieß? Vielleicht: ›Abstellkammer nicht vorhanden?‹ Das könnte passen. Mir war es egal, ich war nicht so anspruchsvoll, daß ich unbedingt eine Abstellkammer gebraucht hätte. Zur Not konnte ich sicher was bei Hildchen unterstellen.

Aber dann fiel mir ein, daß vorhanden klein und nicht groß geschrieben wird. Ein Druckfehler? Ich überflog einige von den anderen Anzeigen und stieß mehrfach auf ›Abst. n. V.‹ Also offensichtlich kein Druckfehler, das hieß wohl, daß Abst. nichts mit Abstellkammer zu tun hatte. Ich schaute mir die Anzeigen genauer an. Ein paarmal stand dort ›Abstand‹. Aha, Abstand. Abstand von was oder wozwischen? Das stand nicht drin.

»Weißt du nicht, was das bedeutet?« fragte Karlheinz mich mitleidig.

Ich starrte auf die Zeitung. »Nein, anscheinend nicht«, antwortete ich schnippisch. »Aber vielleicht könntest du den unerschöpflichen Quell deiner herausragenden Erfahrungen anzapfen und es mir verraten!«

Karlheinz grinste. »Sicher. Es heißt: Abstand nach Vereinbarung.«

»Und was soll das bedeuten?«

»Das, liebe Franzi, bedeutet, daß diese Wohnung mit hübschen kleinen Interieurs ausgestattet ist, für deren Übernahme du ein gewisses Entgelt entrichten mußt.«

»Aber das ist doch toll!« rief ich begeistert. »Ich hab' doch sowieso keine Möbel, praktisch nichts an Einrichtung. Da hätte ich doch gleich was für mein Geld!«

»Du wirst es mir sowieso nicht glauben«, meinte Karlheinz seufzend. »Da hilft nur brutales *learning by seeing*. Gib her.« Er nahm mir die Zeitung aus der Hand, drückte sie gegen die Innenwand der Telefonzelle und wählte die Nummer. »Ja, guten Tag, ich rufe wegen Ihrer Anzeige in der *Rundschau* an. Ist die Wohnung noch zu haben? Ja? Oh, sicher, ich bin alleinstehend, ganz allein, kein Kind, kein Kegel, hahaha. Nein, natürlich auch kein Tier.«

Ich mußte an Fritzi, meinen Wellensittich denken, und das Herz schnürte sich mir zusammen. Ich war nicht bereit, mich auf Dauer von ihm zu trennen! »Ich habe einen Vogel, und dazu stehe ich auch!« rief ich tapfer.

Karlheinz verzog voller Entsetzen das Gesicht und knallte demonstrativ mit dem Hinterkopf gegen die Scheibe. Die Leute, die einen Pulk um die Nachbartelefonzelle bildeten, sahen zu uns herüber und feixten.

»Nein«, rief Karlheinz aus, »das war selbstverständlich nicht meine Frau, auch nicht meine Freundin oder Verlobte, nein, nicht was Sie denken! Das war meine Schwester, für die soll die Wohnung sein. Nein, sie kann nicht anrufen, sie ist zu schüchtern. Wie bitte? Natürlich hat sie keinen Freund. Sie ist viel zu gehemmt.«

Die Leute nebenan prusteten.

»Sie hat bloß einen ganz kleinen Vogel, der ist aber schon sehr alt und wird's nicht mehr lange machen. Ach wo, singen tut er nicht, das machen bloß ganz wenige. Was, das wußten Sie nicht? Doch, im Ernst, tatsächlich, und von denen auch nur die Männchen, die Weibchen sind zu blöd dazu.« Er kniff ein Auge zu und grinste mir eindeutig machomäßig zu. »Ja, selbstverständlich lebt meine Schwester in gesicherten finanziellen Verhältnissen, ihr Vater ist ein bekannter Brückenbauingenieur, der führende Mann in Deutschland, im Moment erstellt er in Bolivien das größte Staudammprojekt Südamerikas.« Er sah mich an und fragte ins Telefon: »Jetzt eine Frage zum Abstand, wieviel… Wie? Oh, nicht am Telefon…? Ich verstehe… persönlich vorstellig werden… Besichtigung… Wann? In einer halben Stunde? Klar, warum nicht, wenn's Ihnen paßt. Also, Wiederhören.«

Er legte auf. Ich war aufgeregt. Wir durften uns die Wohnung ansehen! Nervös blickte ich auf meine Uhr. »Wir müssen uns aber beeilen, Karlheinz, wenn wir's in einer halben Stunde schaffen wollen!«

Unterwegs, im Taxi, das Karlheinz auch privat nutzen durfte, fiel mir siedendheiß etwas ein. »Du hast gesagt, *ihr* Vater!« meinte ich ängstlich. »Wenn du mein Bruder bist, müßte er doch auch *dein* Vater sein!«

»Keine Sorge. Soweit denkt die nicht«, beruhigte mich Karlheinz. »Paß auf, wenn du erst die Wohnung siehst. Das ist eine von *denen*.«

Ich mußte unwillkürlich an Frau Doink und ihre Gurkenmaske denken. »Du meinst – eine von…« ich schluckte »…denen?«

»Genau.«

Als wir vor dem Haus hielten, mußte ich ihm recht geben. Es war zwar nicht ganz so schlimm wie bei Frau Doink, aber fast. Das Haus war ein Altbau, an dem aber auch alles alt war. Alte, schmutzige Haustür, alte Fenster, uralter, schiefer Eisenzaun, alte, morsche Briefkästen, alte, abgewetzte Klingelknöpfe. Karlheinz klingelte bei O. Neppmann.

»Nomen est omen«, sagte er leichthin über die Schulter zu mir, als wir die quietschende, ausgetretene Treppe durch eklige Küchendünste in den fünften Stock hochstiegen.

Frau O. Neppmann, eine hagere, struppig blonde Person um die

Fünfzig, empfing uns mit frostiger Miene. »Sie sind fünf Minuten zu spät«, begrüßte sie uns.

»Ist die Wohnung schon weg?« gab Karlheinz zurück. Es hörte sich patzig an, und ich riß ihn am Ärmel.

Frau Neppmann ließ uns kommentarlos ein, in einen dunklen, miefigen Flur. Sie öffnete die Tür zu einem dunklen, miefigen Drei-mal-sechs-Meter-Schlauch. »Das ist das Wohn-Schlafzimmer«, erklärte sie. Ich blinzelte und sah mich um. Die Farbe an dem Fenster war früher einmal weiß gewesen, das heißt, bevor sie begonnen hatte, abzublättern. Ausgeleierte Übergardinen mit orange-braunem Zickzackmuster hingen schlaff herab und endeten etwa dreißig Zentimeter über dem Teppich, der von einem undefinierbaren Grau war, bis auf ein paar hellere Stellen, wo die Möbel gestanden haben mußten; diese Stellen ließen vermuten, daß er irgendwann einmal rostrot gewesen war. Die Tapete war von einem einheitlichen stumpfen Braun, von geblümten Rechtecken aufgelockert. Ich dachte erst, was hat die für komische Bilder da hängen, aber dann merkte ich, daß eben keine Bilder mehr dort hingen.

Frau Neppmann ging wieder in die Diele und stieß eine weitere Tür auf. »Da wäre die Küche.«

Die Küche war ein weiterer Schlauch, vielleicht drei mal einsfünfzig. Die fettverschmierten Wände wurden durch ein winziges Fenster hoch oben an der Wand trübe erhellt. Die Küche war leer bis auf ein monströses, gefährlich aussehendes Gasherdding. Laß deine Phantasie spielen, Franzi, dachte ich. Ich schloß die Augen. Es war nicht so schwierig wie bei Frau DOINK. Der Zuschnitt der Wohnung war nicht ideal, aber ich stellte mir vor, daß sie mit Rauhfaser in zartem Aprikosenbeige, kombiniert mit beige abgetöntem Weiß sehr frisch wirken würde; wenn man diesen häßlichen, widerlich dreckigen Teppich herausgerissen hätte und überall Korkplatten verlegen würde, könnte es richtig nett aussehen. Das Fenster im Wohn-Schlafzimmer könnte ich abschmirgeln und schön weiß lackieren, die oben an der Wand verlaufenden Heizungsrohre könnte ich farblich in die Tapetengestaltung integrieren – oder sie vielleicht absetzen, als witzigen Akzent? In der Küche könnte ich das scheußliche Fenster mit einer hübschen, schneeweißen, bestickten Kaffeehausgardine aus blickdichter Baumwolle kaschieren, und die Wände und den Fußboden mit Dritte-Wahl-Fliesen von OBI kacheln…

»Ich bin heute mittag erst ausgezogen«, erzählte Frau Neppmann. Sie schien etwas aufzutauen. »Ich bin heute nachmittag bloß hier wegen der Nachmieter. Das Telefon ist noch angemeldet, aber ich nehme es nachher mit, damit nicht jemand auf dumme Gedanken kommt.«

»Wo ist das Bad?« fragte ich.

Frau Neppmann öffnete eine Tür neben dem vorsintflutlichen Gasherdding, die ich zuerst gar nicht bemerkt hatte, weil sie mit derselben gräßlich giftgrünen Ölfarbe angestrichen war wie die Küchenwände. Frau Neppmann deutete in ein winziges Gelaß. Ich schob vorsichtig den Kopf hinein. Ein Bad in der Küche? Ich drehte mich fassungslos zu Karlheinz um, aber der zuckte bloß die Achseln und hob eine Augenbraue. »Das nennt man Frankfurter Bad, Franzi.«

Aha. Ein Bad in der Küche. Ein Frankfurter Bad. Was es alles in Frankfurt gab! Rote Würste, kreuzweise geritzte Brötchen und jetzt dieses Frankfurter Bad!

Eigentlich war es eher eine Frankfurter Waschküche, strenggenommen paßte das auch von der Zuordnung her besser, und außerdem sah das Kabuff eher wie eine Waschküche aus als wie ein Bad. Wenn man die Tür weiter als einen schulterbreiten Spalt öffnete, knallte sie gegen ein winziges Waschbecken, auf dessen Wasserhahn tatsächlich ein Plastikschlauch gestülpt war! Das Email war genauso stumpf wie das der Sitzwanne, die so aussah, als könnte man nur unter extremen Verrenkungen darin Platz nehmen – nicht nur, weil sie kaum größer als ein ausgebreitetes Herrentaschentuch war, sondern weil ein riesiger, durchgerosteter Badeofen in Kopfhöhe (Kopfhöhe im Sitzen!) über der Wanne schwebte. Ich schloß wieder die Augen, aber meine Phantasie spielte diesmal nicht mit.

»Wo ist die Toilette?« fragte ich mit dünner Stimme. Zum Glück war sie nicht in der Küche, sondern hinter einer knarrenden, klemmenden Tür, die von der dunklen, miefigen Diele abging. Frau Neppmann stieß sie auf, und ich prallte zurück, als ich die sanft pendelnde Kette sah, die von oben herabhing. Eine Spülkastenkette. Ich spürte, wie ein hysterischer Lacher in mir aufstieg. Komisch, daß dieser Griff an der Spülkastenkette genauso aussah wie die Griffe an einem Springseilchen! Im selben Moment stellte ich mir Frau Neppmann vor, wie sie mit der Klokette Hüpfseil spielte. Ich hätte beinahe gelacht, aber dann fiel mein Blick auf die Toilette. Gnädigerweise war der Deckel drauf. Wenn es da drin so aussah, wie es stank... Der Senffisch machte sich bemerkbar. Ich drückte die Tür hastig wieder zu. Sie klemmte und ließ sich nicht schließen. Das Schloß war kaputt.

»Das Schloß ist kaputt«, sagte Frau Neppmann gelassen.

Aha. Es war kaputt. Ich schloß fest die Augen und bemühte meine Phantasie. Die ekelerregenden, fleckigen Ölfarben-Wände in der Toilette könnte ich mit IKEA-Tapete tapezieren. Die klebte ohne Kleister, nur mit Wasser, selbst der blutigste Amateur konnte sie verkleben. Ich würde ein ganz kleines, dezentes Muster nehmen, etwas Gedämpftes, das zu der aprikosenbeigefarbig gestrichenen Rauhfaser und zu dem Korkfußboden paßte – vielleicht ein sanft geblümtes, sonniges Gelb? Natürlich ohne Rapport, dann hätte ich keinen Verschnitt. Die Klokette könnte ich irgendwie tarnen, vielleicht könnte ich sie auch ganz abmachen und statt dessen so einen altmodischen fransigen Klingelzug anmontieren, so ein Ding, wie sie es früher in Schlössern hatten, das würde cool aussehen... Wenn die Kloschüssel wirklich so aussah, wie sie stank, könnte ich Domestos reinschütten. Notfalls würde ich sie mit Gummihandschuhen und kiloweise Ata sauberschrubben...

Ich atmete tief ein und öffnete die Augen. Frau Neppmann starrte auf meinen Busen, und ich atmete hastig wieder aus. Mit wilder Entschlossenheit behauptete ich: »Die Wohnung gefällt mir!«

Frau Neppmann nickte zufrieden. »Dann setze ich Sie auf die Liste. Wäre nur noch die Sache mit dem Abstand.«

»Ach ja.« Ich sah mich um. Wahrscheinlich hatte sie die Sachen im Keller oder auf dem Dachboden eingelagert.

»Da ist erst mal der Herd.«

Der Herd? Hatte sie Herd gesagt?

»Haben Sie Herd gesagt? Meinen Sie das... äh... den Herd in der Küche?«

Sie meinte ihn. »Ich habe ihn damals auch übernommen, vor vier Jahren. Er ist immer noch tadellos in Schuß, und außerdem habe ich ein neues Backblech dafür angeschafft.«

»Was wollen Sie denn dafür haben?«

»Ich habe damals, warten Sie mal, fünfhundert Mark dafür bezahlt.«

Sie log wie gedruckt! Dafür kriegte man schon einen funkelnagelneuen Heißluftherd mit allen Schikanen.

»Ich habe ihn immer pfleglich behandelt, er ist praktisch kaum abgenützt.« Dieses alte, abgeschabte, fettige Monstrum mit den drei rostigen Kochstellen?

»Neu hat er damals, warten Sie mal, achthundert gekostet. Ich habe ihn umgerechnet ein Drittel abgenutzt, weil er zwölf Jahre ist. Also, wenn man von achthundert ein Drittel abzieht, wäre das – warten Sie mal...«

»Sie müßten das Drittel von den Fünfhundert abziehen, die Sie damals bezahlt haben«, meinte Karlheinz frech.

»Ich will auf jeden Fall vierhundert dafür. Ich habe ihn nur fürs Nötigste benutzt, ich habe bloß für mich gekocht, praktisch immer auf einer Flamme, höchstens mal auf zwei. Und dann ist ja das neue Backblech dabei, das habe ich erst vor, warten Sie mal, zwei Jahren gekauft und höchstens sechsmal drauf gebacken, nicht mal Pflaumenkuchen, weil, Pflaumenkuchen versaut sofort jedes Backblech. Sie können sich das Blech jederzeit ansehen, es ist wie neu.« Sie starrte mich herausfordernd an. Ich sah mir den grauenhaften Monsterofen an und hätte am liebsten gesagt, hier, du Neppweib, ich geb dir zwanzig Mark, wenn du ihn bloß mitnimmst. Aber ich hatte das Prinzip »Abst. n. V.« bereits kapiert.

»Na schön«, stieß ich hervor.

»Gut«, sagte sie herablassend. »Dann wären da noch die Stores.«

Sie hatte Stores gesagt. Ich hatte mich bestimmt nicht verhört. Oder?

»Hat sie Stores gesagt, Karlheinz?« gluckste ich, an Karlheinz gewandt. Ich spürte, wie sich in meinem Magen ein wahnsinniger, rippenfellsprengender Lachkrampf zusammenballte.

»Sie hat Stores gesagt«, bestätigte Karlheinz mir augenzwinkernd. Es gelang mir mit übermenschlicher Willenskraft, die erste Lachsalve runterzuschlucken.

»Ich habe sie nicht mitgenommen, weil sie farblich so gut zu dem Teppich passen«, sagte Frau Neppmann.

Ich taumelte auf Karlheinz zu und griff haltsuchend nach seinem Arm.

»Für den Teppich kann ich Ihnen wirklich ein sehr gutes Übernahmeangebot machen«, meinte Frau Neppmann großzügig. »Das ist ein äußerst strapazierfähiger Stragula, den habe ich damals für, warten Sie mal, zweitausend Mark übernommen. Neu hat der, warten Sie mal, sechstausend gekostet. Wenn man davon ein Drittel abzieht…«

Ich brach mit einem Aufschrei in Karlheinz' Armen zusammen. Ich zuckte und schluckte und keuchte und ächzte und rang nach Luft, die Tränen liefen mir aus den Augen, und ich schwankte hin und her wie ein Stück Spargel in der Brühe. Ich weiß bis heute nicht, wie ich danach die Treppe runtergekommen bin. Karlheinz hat hinterher behauptet, er hätte mich tragen müssen. Das könnte schon stimmen, er ist ziemlich groß und muskulös. Bestimmt hat er mich getragen, denn laufen konnte ich nicht mehr.

»Das war ›Abstand nach Vereinbarung‹, ein Lehrstück für Landeier, präsentiert nach der brutalen, aber immer erfolgreichen *learning by seeing-Methode*«, kommentierte Karlheinz im Taxi trocken das Geschehen, während ich mir noch hilflos japsend die Seiten hielt und immer wieder »Stores, Stragula, Stores, Stragula« krächzte.

»He, was macht denn der Idiot da!« schimpfte Karlheinz, als er an einer auf Grün umgesprungenen Ampel wieder anfuhr. »Will der uns rammen oder was?«

Durch meine Lachtränen schaute ich blinzelnd auf die Gegenfahrbahn. Ein silbergraues Mercedes-Coupé kam uns schlingernd entgegen, der Fahrer beugte sich weit vor, seine Nase klebte fast an der Windschutzscheibe. Der gutaussehende, geheimnisvolle Fremde, der mich für eine Epileptikerin gehalten hatte. Er starrte angestrengt zu mir herüber. Schluckend versuchte ich mich zu beherrschen, aber es ging nicht. Ich lachte immer weiter, ich konnte nicht damit aufhören. Stragula! Stores!

Ich warf den Kopf zurück und prustete erneut los, gerade in dem Moment, als der Mercedes an uns vorbeifuhr.

»Was guckt der so? Kennt der dich?« fragte Karlheinz.

Ich schüttelte den Kopf und schnappte nach Luft, dann lachte ich wieder. Ich lachte und gluckste und kicherte immer noch, als Karlheinz mich bei Tante Hildchen ablud.

8. Kapitel

Hildchen war empört, als ich ihr von dem Neppweib erzählte. Wir bereiteten zusammen in der Küche das Abendessen vor, es sollte Grüne Soße geben, und da mußten pfundweise Kräuter kleingeschnippelt werden. Komisch, an die Grüne Soße erinnerte ich mich noch ganz genau. Ich hatte sie als Dreikäsehoch hier in Frankfurt gegessen, zu Rindfleisch und Bratkartoffeln. Später gab es sie nie mehr bei uns. Sonja kochte nicht allzu gern, und das typische Kräuterbündel für die »Grie Soß« gibt es nur in Frankfurt.

»Weißt du was, Hildchen«, sagte ich, während ich die hartgekochten Eier zerdrückte, die auch in die Soße kamen, »wo ich doch diese Woche noch keine Wohnung gefunden habe, möchte ich dir hundert Mark geben, für die kommende Woche, so als Unkostenbeitrag. Wäre dir das recht? Ich meine, weil ich doch hier frühstücke und zu Abend esse und meine Wäsche bei euch mitwasche. Und außerdem möchte ich dir anbieten, einmal die Woche das Haus durchzuputzen und eine Ladung Wäsche zu bügeln, ich seh' doch, wieviel Arbeit du immer hast.«

Hildchen hatte keine Haushaltshilfe, weil sie sparen mußte, und Adnan schleppte seine ganze Wäsche an, weil seine Exfreundin vorher auch immer die Wäsche für ihn gemacht hatte.

Sie seufzte. »Ich kann es mir nicht leisten, dein großzügiges Angebot abzulehnen, Franzi-Kind. In der Schule stehe ich sowieso schon unter Druck, jetzt mit der Zwei-Drittel-Stelle. Ich kann weiß Gott jede Hilfe hier im Haus gebrauchen, und die Jungs… Du weißt ja, wie sie sind. Das ist wirklich sehr, sehr anständig von dir!«

Ich sah bestürzt die Tränen in ihren Augen. Sofort bekam ich ein schlechtes Gewissen, weil sie zusätzlich zu all ihrem Ärger nun auch noch mich am Hals hatte.

Aber ihre Laune besserte sich schlagartig, als Adnan pünktlich zum Abendessen auftauchte, frisch gefönt und rasiert. Mit blitzenden Tigeraugen fiel er in der Diele über Hildchen her und knutschte sie ab. Ich konnte es durch die halboffene Küchentür sehen. Heute abend war wohl wieder eine Vorstellung fällig. Hildchen kam mit geröteten Wangen zurück in die Küche und holte die Grüne Soße, ich folgte ihr mit den Bratkartoffeln.

»Hallo, Franziska«, begrüßte er mich mit wölfischem Lächeln. Er nahm mir die Schüssel mit den Bratkartoffeln ab und berührte dabei wie zufällig meine Fingerspitzen.

Mucki, Hansi und Tommy saßen schon am Tisch, Messer in der rechten, Gabel in der linken Hand aufgestützt, ganz gefräßige, gierige Meute. Hildchen holte die Teekanne und den Brotkorb aus der Küche und ließ beides herumgehen.

Dann berichtete sie von meinem Desaster heute nachmittag, und Adnan schnalzte mitfühlend mit der Zunge. »Weißt du, ich würd' dir ja gern anbieten, bei mir zu wohnen. Ich hab' doch diese große Wohnung, drei Zimmer, wer kann das schon ausnutzen als Alleinstehender!«

»Warum kann die Franzi denn nicht bei dir schlafen?« fragte Mucki eifrig.

Nach kurzem Nachdenken setzte er hinzu: »Sie schnarcht praktisch überhaupt nicht, und gut riechen tut sie auch. Sie riecht sogar ganz toll, fast wie Vanillepudding. Und ihre Apparate sind fast so groß wie die von Mama.«

Hildchen klebte ihm eine, es ging reflexartig schnell, Mucki kam nicht mehr dazu, auszuweichen. Ich versank so gut es ging hinter dem winzigen Berg Bratkartoffeln auf meinem Teller. Hansi und Tommy grinsten einander dämlich an.

Mucki hielt sich die Wange und funkelte seine Mutter böse an.

»Tut mir leid, Mucki-Männlein«, sagte Hildchen zerknirscht. »Das war gerade eben nicht korrekt von mir. Du hast es diesmal nicht böse gemeint, gell? Du willst bloß wieder dein Zimmer für dich allein haben.«

Peng. Am liebsten wäre ich noch tiefer gesunken, unter den Tisch.

»Ja, von mir aus könnte sie liebend gerne bei mir schlafen«, meinte Adnan, »aber die Wohnung gehört doch der Gerti, weißt du.« Gerti war Adnans Ex. »Irgendwann stellt sie mir sowieso den Stuhl vor die Tür, damit muß ich ständig rechnen. Spätestens, wenn sie ihren Neuen über hat, dann braucht sie die Wohnung wieder.«

»Kommst du dann ganz zu uns?« wollte Hansi lauernd wissen.

Adnan spitzte die Lippen und warf Hildchen ein Küßchen durch die Luft zu. Sie lächelte albern, wie ein junges Mädchen. Ich spürte, wie er unter dem Tisch sein langes Bein an mir vorbei ausstreckte und mit der großen Zehe über Hildchens Wade strich. Als er es wieder zurückzog, streifte er mit der gekrümmten Zehe langsam meinen Spann. Ich beschloß augenblicklich, nach dem Essen den Hobbykeller zu inspizieren.

Im Hobbykeller roch es muffig, von der niedrigen Decke hingen Spinnweben, und unter der Tischtennisplatte sah ich etwas Langbeiniges, Haariges vorüberhuschen. Nein, dann hätte ich genausogut die Dachkammer von Frau DOINK mieten können.

Mutlos schleppte ich mich wieder nach oben. Im Wohnzimmer tobte die WWF-Fanriege. Mucki brüllte: »Wham-bam, eight-nine-ten! Gib's ihm, Sid, gib's ihm, mach ihn platt wie 'ne Flunder!«

Hansi johlte vor Begeisterung, als die ineinander verkeilten Catcher gegen die straff gespannten Seile des Rings flogen und mit gewaltigem Krachen auf die Matte zurückgefedert wurden.

Sid Justice war wie Mister Perfect im lang herabhängenden wasserstoffblonden Krissellöckchen-Look gestylt, und er war auch genauso massig und braungebrannt, bloß sein Gesicht wirkte nicht so schweinchenartig, sondern eher männlich-brutal, fast so brutal wie das seines Widersachers, The Immortal Hulk Hogan, der gewaltigste und prominenteste aller herrlichen Catcher-Krieger. Hulk Hogan richtete sich zu seiner vollen Länge auf und breitete die baumstammartigen Arme aus, dann trommelte er sich brüllend auf die Brust, packte Sid Justice, stemmte ihn hoch und schmiß ihn mit berserkerhaftem Urschrei über die Seile in die Zuschauerränge.

»Oooh!« brüllten die Männer empört. Wahrscheinlich hatte der Hulk gefoult.

»Tommy, kann ich mir heute abend mal dein Radio und deine Kopfhörer ausleihen?« schrie ich.

Tommy verfolgte gebannt, wie Sid Justice aufsprang, über die Seile flankte und sich mit einem Hechtsprung auf den Hulk warf. Dabei wurde der Schiedsrichter beiseite geschleudert und blieb k. o. in der Ringecke liegen. Sid nahm den Hulk in einen Schwitzkasten, bei dem man die Knochen knirschen hörte, zerrte ihn zu den Seilen, schob seinen Kopf hindurch und zurrte zwei der Seile stramm um den Hals des Hulk. Würgend und mit hervorquellenden Augen japste der Hulk ins Publikum, während Sid seinen Rücken mit krachenden Hieben traktierte.

»Die Kraftbombe, mach die Kraftbombe, Siddy-Boy!« schrie Tommy erregt.

»Kann ich dein Radio mal haben?« rief ich.

»Ooooh, jetzt tut er's!« stöhnte Hansi verzückt.

Sid Justice kletterte auf das oberste Seil und wippte auf und ab, wie ein Gorilla. Ich war überrascht, wie gut er dabei das Gleichgewicht bewahren konnte. Inzwischen gelang es dem Hulk mit übermenschlicher Kraft, seinen fest eingezurrten Kopf aus der Ringumspannung herauszureißen. Keuchend und nach Luft schnappend wälzte er sich auf der Matte herum. Sid kreischte siegreich ins Publikum und sprang. Er sprang hoch in die Luft, mit rudernden Armen, und er landete mit einer grauenhaften Knochenbrecher-Kraftbombe mitten auf dem armen Hulk.

»Krieg ich's oder krieg ich's nicht!« schrie ich. »Sag bloß einfach ja oder nein!«

Adnan, Tommy, Hansi und Mucki brüllten: »Yeaaahhh!«

Ich ging nach oben in Tommys Zimmer. Der verrückte schwarzweiße

Zebra-Schachbrett-Raum war ordentlich aufgeräumt, aber Tommys überdimensionaler Gettoblaster war nirgends zu sehen. Ich sah im Schreibtisch und im Schrank nach. Schließlich fand ich das Radio und die Kopfhörer unterm Bett, neben einem Stapel *Playboy*-Hefte und einer Rolle Küchenpapier.

Danach machte ich mich zum Schlafengehen fertig. Mucki staunte nicht schlecht, daß ich schon im Bett war, als er in sein Zimmer kam. Er zog sich aus, und ich sah, wie mager und schmächtig er war. Seine widerspenstigen dunklen Haare standen wirr vom Kopf ab.

»Komm mal her, Mucki«, sagte ich, von spontaner Zärtlichkeit überwältigt.

Mit großen Augen kam er an mein Bett, und ich drückte ihn heftig an mich. Er roch nach Kinderzahnpasta und Seife. »Das war lieb von dir, daß du gesagt hast, ich würde gut riechen!« sagte ich mit Wärme in der Stimme. »Du riechst auch sehr gut, Mucki!«

Er drückte sein Gesicht an meinen Busen, dann machte er sich verlegen los, hüpfte ins Bett und zog seinen Gameboy unterm Kopfkissen hervor.

Ich griff unter meine Gästeliege und nahm wahllos eine von meinen kostspieligen juristischen Neuerwerbungen heraus. Es war ein Lehrbuch älterer Auflage, ich hatte es ganz günstig bekommen, für nur fünfzig Mark. Ich blätterte müßig darin herum. Plötzlich erstarrte ich. Das gibt's doch nicht! dachte ich, als ich auf Textstellen stieß, die mir unglaublich bekannt vorkamen. Ich überlegte lange hin und her, doch dann hatte ich's: Da standen doch tatsächlich wortwörtlich die Sprüche, die dieser Dieter Stubenrauch in seiner Vorlesung abgelassen hatte! Er war *wirklich* eine Luftnummer!

Ich fand sogar die Stelle, die Vanessa so sagenhaft intelligent und gebildet zum besten gegeben hatte. Kichernd schüttelte ich den Kopf. Sie hatte sich das Buch also auch gekauft! Daß diese Leute alle nur mit Wasser kochten, baute mich ungemein auf. Aber dann hörte ich, wie Hildchen und Adnan zu Bett gingen.

Mucki fuhr senkrecht hoch, legte den Gameboy weg und holte seinen einsatzbereiten Recorder aus der Schreibtischschublade. Seufzend stand ich auf, um meine Liege ein Stück von der Wand wegzurücken, aber es ging nicht. So sehr ich auch zerrte und ruckte – es blieb dabei, daß das Zimmer genau drei Meter breit war, von denen ein Meter auf Muckis Bett, ein Meter auf seinen Schreibtisch und ein Meter auf meine Gästeliege entfielen. Es paßte kein Haar dazwischen. Mein Bett war so nah an der papierdünnen Wand, wie es nur irgend möglich war. Ich dachte, vielleicht tun sie es heute gar nicht. Vielleicht wollen sie sich bloß unterhalten. Vielleicht hat sie die Tage. Vielleicht ist er zu müde.

Dann hörte ich Adnans busenorientiertes Gegrunze: »Oh, du herrliches wildes Weib, zeig mir endlich deine Nippel! Darauf warte ich schon den ganzen Abend!«

Hildchen stöhnte körperverliebt zurück: »Wenn du mir deinen Schnulli-Bulli zeigst, du groooßer, staaarker, wilder Bulle!«

Erneut seufzend stöpselte ich die Kopfhörer im Radio ein, schob mir die schweren Dinger über die Ohren und drückte auf *On*. Ich legte mich in die Kissen zurück und versuchte das sanfte Gerüttel meines Bettes zu ignorieren, während die Musik angenehm laut in meinen Ohren dröhnte.

Es rüttelte und schüttelte. Mucki saß mit leuchtenden Augen aufrecht da, den Kassettenrecorder auf dem Schoß. Ich schloß die Augen und versuchte an nichts zu denken. Es rüttelte und schüttelte.

Das Radio dudelte in meinen Ohren. Ausgerechnet. Es war *das* Lied. Genau das Lied, bei dem ich immer weinen mußte, *Who's gonna drive you home* von den Cars. Ich hatte es zum ersten Mal gehört, als ich ungefähr so alt war wie Mucki, damals wurde es anläßlich des ersten großen Life-Aid-Konzerts uraufgeführt, und Sonja und ich hatten vor dem Fernseher gesessen und geheult wie die Schloßhunde, weil zu dem Lied ein Spot gezeigt wurde, der die ganze Grausamkeit und das ganze Elend der hungernden afrikanischen Bevölkerung auf gnadenlos realistische Weise zeigte. Ich würde niemals dieses winzige erbärmliche Bündel Mensch vergessen, das zu den Klängen des Liedes versuchte, aus der groben, zerrissenen Decke hervorzukrabbeln, unter der es zusammen mit seiner vom Hungertod gezeichneten Mutter lag, wie es sich hochstemmte, auf seine streichholzdürren Knochenbeinchen, schwankend, geschwächt vom Hunger. Wie es torkelte und schließlich kraftlos in sich zusammenfiel, die riesigen, hohlen Augen leer und verständnislos.

Who's gonna drive you home tonight...

Ich begann, leise zu schluchzen. Das Bett rüttelte und rüttelte.

Ich drehte mich um und schluchzte in meine Kissen. Das Rütteln hatte endlich aufgehört. Ich glaubte, irgendwo einen entfernten, schwachen Knall zu hören.

Who's gonna pick you up, when you fall...

Who's gonna drive you home tonight?

Ich schluchzte herzzerreißend. Einsame, verlorene Franzi in der Fremde. Rote Würste. Kreuzweise geritzte Brötchen. Frankfurter Bad. Stragula und Stores. Ich war noch viel schlimmer dran als Heidi. Niemand wollte mich haben. Ich wollte nach Hause. Aber ich hatte kein Zuhause mehr.

Who's gonna drive you home tonight?

Who's gonna come around, when you break?

You can't go on, thinking, nothing's wrong!

Who's gonna drive me home tonight?

Wer brachte mich heim?

Ich hatte einen total verrückten Traum. Zwei Frauen, Susi und Sandy, wollten nach Kairo fahren, oder besser gesagt, fliegen, in ein supertolles Fünf-Sterne-Hotel, für drei Tage, mit allen Schikanen, Sightseeing, Pyramiden, Kamele und all das. Sie hatten nur ein Problem – sie wollten unbedingt noch jemanden mitnehmen. Sie mußten jemanden mitnehmen, denn der einzige Zweck der ganzen Reise bestand darin, dem Dritten im Bunde, der sie begleiten sollte, alles zu zeigen und ihm einen herrlichen, unvergeßlichen Aufenthalt zu ermöglichen. Das Ganze würde diesen beneidenswerten Reisebegleiter natürlich nicht einen Pfennig kosten, Susi und Sandy kamen selbstverständlich für alles auf. Er mußte lediglich ein paar Sachen in den Koffer werfen, sich hinsetzen und warten, bis eine der beiden, Susi oder Sandy, herbeigeeilt kam, um ihn abzuholen, damit man sich am Flughafen einfinden konnte.

Ich träumte, daß Susi und Sandy in ganz Hessen herumtelefonierten, verzweifelt auf der Suche nach einer Reisebegleitung. Komischerweise hörte ich jedes Telefonat im Traum mit, ganz so, als würde ich direkt in der Telefonleitung sitzen.

»Jetzt rufen wir Herrn X. in Kassel an«, meinte Susi hoffnungsvoll.

Piepen. Wahlgeräusche. Rufzeichen.

Herr X., gähnend: »Ja? X. hier.«

Susi schelmisch: »Ja, Guten Morgen! Raten Sie mal, wer hier ist?«

X., total verschlafen: »Keine Ahnung.«

Susi, triumphierend: »Wir sind's. Susi und Sandy!«

X., schlecht gelaunt: »Ach.«

Susi: »Ja! Und wir wollen Sie mitnehmen! Nach Kairo, in ein Super-Luxus-Fünf-Sterne-Hotel, alles inklusive, Pyramiden, Kamele, Kuskus, Kuß-Kuß, hahaha, das war natürlich ein Scherz, hahaha, und ich komme Sie in, sagen wir, zwei Stunden abholen, und um vierzehn Uhr geht der Flieger, Sie müssen nur ein paar Sachen in die Tasche werfen...«

X., schnaubend, legt auf.

Susi, ratlos: »Vielleicht hätten wir ihm sagen sollen, wer wir sind?«

Sandy: »Haben wir das nicht gemacht? Macht nichts, wir finden schon jemanden, der mit uns nach Kairo fährt. Es wohnen ja noch mehr Leute in Hessen! Jetzt hören wir erst mal Musik.«

In meinem Traum ging das Radio an, und es dudelte: Ra-di-o Eff-Eff-Ha! Guten Morgen Hessen! Wenn bei Ihnen samstagmorgens das Telefon klingelt, überlegen Sie guuut, ob Sie drangehen. Wir könnten es sein! Und dann probierten die Dire Straits in meinem Traum, Elvis anzurufen.

Calling Elvis – is anybody home?

Calling Elvis – I'm here all alone!

Did he leave the building

Or can he come to the phone?
Calling Elvis – I'm here all alone.

Elvis ging nicht dran. Wahrscheinlich hatte er keine Lust, nach Kairo zu fahren. Ich würde sofort mit den Dire Straits nach Kairo fahren!

Well tell him I was calling just to wish him well
Let me leave my number – Heartbreak Hotel
Oh love me tender – Baby don't be cruel
Return to sender – Treat me like a fool.

»Dann nehmt mich doch mit!« rief ich den Dire Straits zu. Im Traum saß ich vor Mark Knopfler auf dem Kamel, er hielt mich zärtlich umfaßt, und wir ritten in einen prachtvollen Sonnenuntergang, der den Abendhimmel über der Cheops-Pyramide in Flammen setzte.

Dann saß ich wieder in der Telefonleitung.

Susi, zuversichtlich: »Jetzt rufen wir Herrn Y. in Wiesbaden an!«

Piepen. Wählgeräusche. Rufzeichen.

Herr Y.: »Y.«

Susi: »Guten Morgen! Sind Sie Herr Y.?«

Herr Y.: »Ja, wieso?«

Susi: »Hören Sie zufällig gerade Radio?«

Herr Y.: »Nein, wieso?«

Susi: »Hören Sie denn manchmal Radio?«

Herr Y.: »Ja, früher mal, im Auto. Aber mein Auto ist seit zwei Jahren abgemeldet, wegen… äh…«

Susi: »Hier ist Radio Eff-Eff-Ha, der größte hessische Privatsender!«

Herr Y.: »Ach!«

Susi: »Ja, und wir beide sind Susi und Sandy und möchten gerne mit Ihnen nach Kairo fliegen!«

Herr Y., mißtrauisch: »Ach!«

Susi:» Ja, der Flieger geht um vierzehn Uhr, heute mittag, und alles, was Sie tun müssen: Ein paar Sachen in den Koffer werfen…«

Herr Y., unterbricht sie: »Können da auch zwei Personen mitkommen?«

Susi: »Nein, leider nicht, bloß einer, das ist ein Preis, der ist ausgesetzt worden von dem Super-Luxus-Fünf-Sterne-Hotel in…«

Herr Y. unterbrach sie: »Für wie lange denn?«

Susi: »Bis Dienstag, ein verlängertes Wochenende also, und zwar in dem Super-Luxus-Fünf-Sterne-Hotel in…«

Herr Y. abweisend: »Ich kann nicht mitkommen, leider.«

Susi: »Ach!«

Herr Y. kühl: »Ja.«

Susi: »Wie schade, ja, da kann man nichts machen, tschüs, Herr Y.!«

Herr Y.: »Tschüs.« Er legte auf.

Sandy, seufzend: »Hier in Hessen wird's doch wohl *einen* Menschen geben, der ein kostenloses, herrliches, verlängertes Wochenende in einem Super-Luxus-Fünf-Sterne-Hotel in Kairo verbringen will!«

Susi: »Vielleicht läßt ihn seine Frau nicht mitfahren!« Pause, sie überlegte kurz. »Vielleicht sollten wir mal eine Frau anrufen!«

Warum riefen die beiden mich nicht einfach an? Ich würde sofort ein paar Sachen in meinen Rucksack werfen, und zu mir hätten Sie es lange nicht so weit vom Sender aus wie nach Kassel oder Wiesbaden. Ich würde sogar selbst zum Flughafen fahren!

Papierraschein.

Susi: »Hier, da hab' ich was. Frau Z. aus Gießen.« Schade!

Piepen. Wählgeräusche. Rufzeichen.

Frau Z.: »Ja, Z. hier!«

Susi: »Guten Morgen Frau Z., Sie haben gewonnen! Ein kostenloses verlängertes Wochenende bis Dienstag in einem Super-Luxus-Fünf-Sterne-Hotel in Kairo, zusammen mit Susi und Sandy von Radio Eff-Eff-Ha!«

Frau Z., schrie: »Waaahnsinn! Das ist ja Wahn-sinn!«

Susi, fröhlich: »Ja, toll, oder?«

Frau Z., stammelnd: »Das ist ja… ich weiß überhaupt nicht, was… Warten Sie mal, Montag und Dienstag, sind das Feiertage?«

Susi: »Nein, das sind normale Arbeitstage, Sie müßten sich Urlaub nehmen.«

Frau Z., eifrig: »Könnte ich vielleicht im Januar nach Kairo? Januar würde mir gut passen!«

Susi: »Nein, das Angebot gilt nur sofort.«

Frau Z., aufgeregt: »Könnte auch unsere Oma mit?«

Susi: »Ja, aber dann nur die Oma. Das Angebot gilt nur für eine Person...«

Frau Z., panisch: »Ich müßte erst mal meinen Mann fragen.« Brüllend: »Hei-heinz! Hein-ziiieee!« Hektisch: »Mein Mann ist gerade... er kommt gleich, dann frag' ich ihn! Rufen Sie mich doch nachher noch mal an.«

Susi, unsicher: »Ja, aber... na gut, wir rufen Sie gleich noch mal an.«

Den Leuten geht's zu gut, dachte ich im Traum. Wer wollte heutzutage schon ein kostenloses herrliches verlängertes Wochenende in einem Super-Luxus-Fünf-Sterne-Hotel in Kairo mit zwei netten charmanten Frauen verbringen? Über so was lachten die Leute heutzutage bloß! Aber ich, ich würde nicht lachen, o nein!

Everybody laughed but you – Sting hatte es genau durchschaut!

Everybody laughed when I told them
I wanted you, I wanted you.
Everybody grinned, they humored me,
They thought that someone had spiked my tea.
Everybody screamed, they told me you would cost the moon...

Ich würde nicht lachen, ich würde jubeln!

Everybody laughed till they were blue
They didn't believe my words were true
Everybody laughed but you.

Warum riefen sie mich nicht an? Dann fiel mir ein, daß ich ja nicht im Telefonbuch stand. So was Dämliches. Aber sie könnten ja auch Hildchen anrufen. Hildchen konnte sowieso nicht nach Kairo, sie mußte schließlich in die Schule. Dann würde ich einfach mitfliegen! Ruft doch bitte Hildchen an!

»Wenn bei Ihnen samstagmorgens das Telefon klingelt, überlegen Sie guuut, ob Sie drangehen...«

»Telefon!« schrie eine Stimme aus Kairo, ganz schwach und weit weg.

Ich stöhnte. Kamen sie mich jetzt abholen? Ich hatte doch noch gar nicht gepackt!

»Fran-zi! Franzi, wach auf! Telefon für dich!« brüllte die Stimme.

Sie waren schon da! Erschreckt fuhr ich auf. Der Gettoblaster polterte aus der Gästeliege und knallte auf den Boden, ebenso wie die Kopfhörer, die Mucki mir von den Ohren gerissen hatte.

Verwirrt starrte ich ihn an. »Hab' ich gewonnen? Aber ich steh' doch gar nicht im Telefonbuch!«

»Es ist ein Typ namens Harry, er will dich sprechen.«

Ich kämpfte mich schlaftrunken aus dem Bett und stolperte die Treppe runter. Vage ging mir durch den Kopf, daß Harry jetzt die Leitung blockierte, während Susi und Sandy verzweifelt versuchten, mich anzurufen. Erst als ich den eiskalten Steinfußboden in der Diele unter meinen nackten Füßen spürte, wurde ich hellwach.

»Harry!« rief ich glücklich ins Telefon. »Bist du wieder da? Wie war's in Kairo?«

Ich klemmte mir das Telefon unter den Arm, ging damit ins Wohnzimmer und hockte mich aufs Sofa, wo ich die eisigen Füße unter die Kissen schob.

»Wieso Kairo? Ich war doch in Neuseeland«, meinte Harry amüsiert.

Ach, wie gut es tat, seine sanfte, von schwachem Bergischen Platt gefärbte Stimme zu hören! Ja, natürlich war er in Neuseeland gewesen, sechs Wochen sogar, die Reise war ein Geschenk seiner Eltern zum Abi gewesen. Wie kam ich bloß auf Kairo?

»Wann bist du wiedergekommen, Harry?«

»Gestern abend. Wie geht's dir, Franzi? Hast du noch keine eigene Wohnung?«

»Nein, leider nicht. Das ist unheimlich schwierig hier in Frankfurt, weißt du.«

Nach einer Pause meinte er: »Franzi, ich hab' den Studienplatz! Während ich weg war, ist der Bescheid gekommen.«

»Harry!« schrie ich begeistert in die Muschel, »das ist ja Wahnsinn! Wo denn?«

»In Berlin.«

Peng. Der Hörer plumpste auf den Fußboden. Berlin. *Berlin!* Weiter weg ging es praktisch gar nicht mehr.

»Franzi? Bist du noch dran?« Ich hob den Hörer wieder auf.

»Ja«, sagte ich mit schwacher Stimme, »ich bin noch dran.« Er hatte sich wie ich für einen Platz in Frankfurt beworben. Unter anderem. Jetzt mußte er nach Berlin. Berlin. Das war beinahe so weit weg wie Kairo!

»Ich muß am Montag gleich hin, die Vorlesungen haben ja schon angefangen, wenn ich gewußt hätte, daß ich einen Platz kriege, wäre ich nie die ganzen sechs Wochen weggeblieben. Wahrscheinlich setze ich mich heute schon in den Zug. Ich muß mich ja um eine Unterkunft kümmern. Zum Glück wohnt da ein Onkel von mir, bei dem kann ich erst mal für 'ne Weile unterschlüpfen... Franzi? Bist du noch dran? Du sagst ja gar nichts!«

»Ja, ich bin noch dran. Harry, findest du nicht, daß Berlin unheimlich weit weg ist?«

»Franzi, klar ist das weit weg! Aber was soll ich denn machen?« Es klang traurig. Es war auch traurig. Harry, mein Freund und Seelengefährte während meiner gesamten Schulzeit, von der ersten bis zur letzten Klasse, er würde genauso wie ich in die Fremde ziehen! Warum wollte er nur Arzt werden und ich Juristin? Warum blieben wir nicht beide im Bergischen und lernten Bankkaufmann/frau? Dann hätten wir zusammenbleiben können und wären in drei Jahren gemachte Leute! Unsere Probleme mit dem Sex hätten wir bis dahin bestimmt in den Griff bekommen.

»Ach, Harry!« In meinem Seufzer schwang das ganze Elend der vergangenen Woche mit, Dachkammer-DOINK, rote Würstchen, kreuzweise geritzte Brötchen, Frankfurter Bad, wilder Bulle...

»Ich komm' dich besuchen, sobald ich kann!« versprach Harry. »Ich hab' dich vermißt, Franzi!«

Ja, er hatte mich vermißt, der liebe, gute Harry, und ich hatte ihn auch vermißt. Heute würde er sich in den Zug setzen und nach Berlin fahren. Damit war eigentlich alles gesagt. Ich fühlte mich plötzlich wie ein schwacher Baum im Sturm. Der Wind zerrte an mir, und dann knickte ich um. Alle Wurzeln waren herausgerissen.

9. Kapitel

Vanessa seufzte mitleidig, als ich ihr von meiner Pechsträhne erzählte. Sie hatte mich an diesem Nachmittag zu sich nach Hause eingeladen. Wir saßen schwitzend in der Luxus-Sauna, die sich direkt neben der Luxus-Schwimmhalle in einem Anbau der Luxus-Chefarzt-Villa im luxuriösesten Stadtteil Frankfurts befand.

Ich kam mir vor wie in einer anderen Welt, als ich mit geschlossenen Augen auf dem Luxuslaken lag und von meinem Unglück berichtete. Alles war auf einmal weit weg.

Vanessa goß aus einem Holzkübel Wasser auf den Ofen; es spritzte, und herrlich duftende Schwaden erfüllten die Schwitzkabine.

»Mhm, das riecht toll!« rief ich. »Was ist das für ein Parfüm?«

»Das ist Patschuli, was Orientalisches.«

Ich wäre vor Lachen fast von der Bank gefallen, weil sich mir sofort die Vorstellung aufdrängte, wie Vanessa die Bauchtanzlehrerin an ihren glöckchenverzierten Pluderhosen packte und sie auf die Kohlen schmiß. Ich erzählte ihr kichernd davon, und sie lachte auch.

»Weißt du, das gefällt mir so gut an dir, Franzi. Du lachst so toll. Du bist ein Mensch mit Humor, der dem Leben auch dann noch lustige Seiten abgewinnt, wenn es mal nicht zum Besten steht.«

»Ach«, sagte ich niedergeschlagen, »daß es nicht zum Besten steht, ist noch milde ausgedrückt. Es steht total beschissen! Jetzt ist Harry auch noch weg, ich hab' immer noch keine Wohnung, schlimmer kann's doch kaum noch kommen!«

»Dieser Harry ... seid ihr eng befreundet? Ich meine, was bedeutet er dir?«

»Alles!« sagte ich gefühlvoll. »Er hat mich immer abgucken lassen, bei jeder Klassenarbeit. Wenn er nicht gewesen wäre, hätte ich nie das Abi gepackt. Er hat mit mir gepaukt, und er war mit mir im Tanzkursus. Und er hat mir das Autofahren beigebracht.«

»Da spricht ja vieles für ihn«, gab Vanessa zu. Sie setzte sich auf ihrem Luxussaunalaken auf und strich sich mit silberglänzenden Fingernägeln durch die dunklen Locken. Neidisch starrte ich auf ihre hübschen winzigen Brüste. Sie schaute meine Fesselballons an und meinte: »Und sonst? Wie ist er sonst so?«

»Nett. Unheimlich lieb und nett, ein ganz wunderbarer Freund.«

»Ist er im Bett auch nett?«

Wahrscheinlich wäre ich jetzt knallrot geworden, wenn ich es nicht schon von der Hitze gewesen wäre. »Es geht«, sagte ich zurückhaltend.

»Es geht? Das geht nicht«, erklärte Vanessa. »Das heißt, er ist im Bett 'ne Luftnummer.«

»Er kann nichts dafür«, verteidigte ich Harry.

»Wieso? Wofür kann er nichts?«

»Er leidet unter… äh… *Ejaculatio praecox*.«

»Warte mal. Sag es nicht, sag es bloß nicht, ich komm sofort selbst drauf, gleich fällt's mir wieder ein, was es ist… da, ich hab's! Es kommt ihm, bevor du soweit bist, stimmt's?«

»Schlimmer. Noch bevor er… äh…« Ich war tödlich verlegen.

»Nein!« rief Vanessa.

»Doch«, sagte ich.

»Willst du damit sagen, er kommt, bevor er ihn dir…?«

Ich nickte stumm und unglücklich. Der arme, arme Harry! Er war ein sexueller Spätentwickler gewesen, erst mit siebzehn waren wir vom verliebten Anhimmeln zum Küssen übergegangen, und mit achtzehn, während des Tanzkurses, hatte er zum ersten Mal versucht, zur Sache zu kommen. Danach hatte er Monate gebraucht, um sich physisch und emotional von dieser Krise zu erholen, bevor er wieder in der Lage war, es erneut zu probieren. Das war am Abend nach dem Abschlußball gewesen, im anthrazit-metallic-farbenen Siebener-

BMW seiner Eltern. Dabei hatte er mir mein wunderbares lachsrosa Fransen-Abendkleid versaut und die Rücksitze des BMW. Diesmal war er noch tiefer geknickt gewesen, restlos am Ende, und ich hatte nicht gewußt, wie ich ihm helfen sollte. Danach hatte es bis zum Abi noch zwei dieser Katastrophen gegeben. Armer Harry!

»Arme Franzi!« sagte Vanessa.

»Es ist meine Schuld.« Meine Stimme klang düster. »Mein Busen ist zu groß. Ich meine, er ist zu groß, das überwältigt ihn einfach!«

»Hat er dir das etwa gesagt?« Vanessa war empört, als ich nickte. »So einen hirnverbrannten Schwachsinn hat der Mensch noch nicht gehört! Franzi, sag mir eins: Hast du es überhaupt schon mal gemacht?«

»Was gemacht?«

»Mit einem Mann geschlafen?«

Ich schüttelte den Kopf und kam mir dabei vor wie ein Landei, das zufällig in die hinterste Ecke des Hühnerstalls gekollert war und dort von allen vergessen vor sich hinfaulte.

»Harry und ich, wir wollten die ersten füreinander sein«, rechtfertigte ich mich. »Wir lieben uns doch!«

»Franziska, du bist zwanzig Jahre alt!« hielt sie mir vor. »Liebe hat mit dem, was du mir da erzählt hast, nicht viel zu tun. Jetzt ist mir alles klar.«

»Was ist dir klar?«

»Worin dein ganzes Elend besteht. Du bist ein Fisch ohne Fahrrad.«

»Was?«

»Das war ein Witz, Franzi! Kennst du denn das Buch nicht? Jeder kennt es doch! Oder den Spruch? Nicht? Blöder Emanzenspruch: Eine Frau ohne Mann ist wie ein Fisch ohne Fahrrad.«

»Wozu braucht ein Fisch ein Fahrrad?« wollte ich wissen.

»Das ist es ja, warum der Spruch blöd ist. Schäfchens Sprüche passen da besser.«

Mit Schäfchen meinte sie Professor Lamm, unseren Zivilrechtsdozenten. »Willst du auf den Reiter ohne Pferd hinaus?« fragte ich.

Sie grinste. »Das paßt ganz ausgezeichnet! Komm, wir kühlen uns ab und schwimmen dann 'ne Runde.« Sie stand auf und stieß die Tür auf. Auf dem Weg zu den Duschen drehte sie sich zu mir um. »Weißt du, was du viel dringender brauchst als eine Wohnung? Einen Mann! Und zwar einen richtigen!« Ihre Augen glitzerten. »Überlaß das nur mir.«

Sie leistete den ganzen Nachmittag Überzeugungsarbeit. Es gäbe nichts Besseres als entspannten, genußvollen Sex. Ein erfülltes, zufriedenstellendes Sexualleben sei die Grundvoraussetzung für jedwedes Wohlbefinden, in allen Lebensbereichen. Wenn ich *es* erst mal richtig getan hätte, wäre ich ein anderer, besserer, glücklicherer Mensch, und das übrige Glück käme dann von ganz allein, es würde quasi von dem schon vorhandenen Glück magisch angezogen. Ein einfühlsamer, zärtlicher Liebhaber würde mich auf den höchsten Wolken des Glücks schweben lassen.

Auf meinen Einwand, was denn mit der Liebe wäre, winkte Vanessa ab. Das müßte man praktisch sehen. Man müßte das Animalische, Triebhafte, das körperliche Verlangen in sich befriedigen, und schon hätte man genau die überlegene, gelassene Einstellung, die einem die Lebensprobleme abverlangten. Dann wäre man allem viel besser gewachsen. Liebe sei dazu nicht vonnöten, nur Lust und Sinnlichkeit.

Vanessa ist eine Frau von großer Überzeugungskraft und Überredungsgabe, und ich war nur ein unbedarftes Landei. Als ich am Abend ging, war ich der felsenfesten Meinung, daß alles wieder ins Lot kommen würde, wenn ich *es* erst mal richtig getan hätte. Ich würde mit einem Mann ins Bett gehen, und in Null Komma nichts hätte ich eine Wohnung, und alle Probleme wären gelöst. Vanessa versprach mir zum Abschied, sich um den geeigneten Kandidaten zur Lösung meiner Probleme zu bemühen.

An diesem Abend war die gesamte Familie aus, bis auf Mucki, den man meiner Obhut überlassen hatte. Hildchen hatte mich scheu gefragt, ob ich was dagegen hätte, wenn sie mit Adnan ausginge, sie hätte zufällig noch zwei Karten für ein Lindenberg-Konzert bekommen.

Ich hatte nichts dagegen, im Gegenteil, denn Tommy und Hansi waren auch irgendwo über Nacht eingeladen, Mucki saß brav vor dem Fernseher und feuerte begeistert Hacksaw Jim Duggan an, der hingebungsvoll damit beschäftigt war, British Bulldog umzubringen, womit ich die goldene Gelegenheit hatte, unbehelligt mein Putz- und Bügelversprechen einzulösen.

Ich ging in den Keller, holte Putzeimer, Schrubber und Staubsauger und stieg summend nach oben. In Tommys Zimmer wollte ich anfangen. Ich holte Bettwäsche aus dem Schrank, bezog das Bett, putzte das Fenster und wischte Staub. Anschließend saugte ich den schwarz-weißen Schachbrett-Teppich. Als ich unter dem Bett saugen wollte, stieß der Staubsauger gegen die Küchenrolle und den *Playboy*-Stapel.

Ich holte die Hefte hervor und blätterte eins davon auf. Ein paar von den Mädchen hatten bestimmt so große Brüste wie ich. Sie guckten alle stolz in die Kamera und streckten ihren Vorbau so weit heraus, daß sie vornüber gekippt wären, wenn sie nicht gleichzeitig ihren Hintern mindestens genausoweit in die andere Richtung herausgestreckt hätten. Aus der Mitte der Zeitschrift fiel mir ein langes Faltblatt entgegen, eine Art Poster im Spindformat. »Playmate des Monats« stand auf dem Poster. Das Mädchen darauf war ziemlich zerknittert, bestimmt war sie schon mindestens hundertmal ausgeklappt worden. Sie hatte lange blonde Haare, große blaue Augen, Stupsnase, Schmollmund – ein Gesicht wie zwölf, ähnliches Kindchenschema wie bei mir. Sie trug ein neckisches, viel zu kurzes Spitzenhemdchen, aus dem die Brüste wie Melonen oben herauskugelten, und zwar vollständig, nicht bloß im Ansatz. Armes Ding, sie würde niemals hübsche Unterwäsche tragen können, die richtig paßte, genausowenig wie ich!

Untenrum trug sie mit winzigen Seidenröschen besetzte Strapse und daran befestigte weiße Spitzenstrümpfe. Interessiert sah ich genauer hin. Das war wirklich sehr hübsch! Das würde mir auch gefallen! Ich überlegte mir, daß ich mir so was unbedingt zulegen sollte, bevor ich *es* mit dem von Vanessa Auserkorenen tat, das würde den Mangel an BH-Reizwäsche mehr als wettmachen. Wenn wir – der Auserkorene und ich – *es* tun würden, müßte ich damit rechnen, daß er mich vielleicht ausziehen wollte, oder? Dann wollte das Auge des Verführers auch was haben.

Andererseits bestand natürlich auch die Möglichkeit, daß er mit rauher, vibrierender Stimme sagte: »Da hinten ist das Bad, Kleines, ich gehe mal und kümmere mich um die Drinks. Aber laß dir nicht zu lange Zeit…«, bevor er mit einem letzten glühenden Blick über die Schulter zur Hausbar enteilte. Klar, das hieße dann: Los, ausziehen und waschen, damit wir zur Sache kommen können.

Trotzdem… auch wenn der Auserkorene von mir erwartete, daß ich mich selbst auszog – die Strapse würde ich natürlich anbehalten, das wäre herrlich verrucht und lasziv. Ich würde mich bloß mit Strapsen und Spitzenstrümpfen auf dem Diwan räkeln, wenn er mit den Drinks kam, und er würde mit vor Leidenschaft erstickter Stimme hervorstoßen: ›Liebling, du ahnst nicht, was du mir da antust!‹ bevor er mit zitternder Hand die Gläser beiseite stellte und…

Ich könnte gleich am Montag zu Hertie gehen und mich nach Seidenröschen-Strapsen umsehen und nach Spitzenstrümpfen und Spitzenhöschen, die dazu paßten.

Das Playmate des Monats trug allerdings keinen Slip; sie hatte schamhaft ein Bein leicht angewinkelt und vorgeschoben, damit man nichts Genaueres sah. Vielleicht hatte sie keinen Slip vorrätig gehabt, der zu den Strapsen und dem lächerlich engen, kurzen Hemdchen paßte? Egal, bei Hertie hätten sie sicher so was, ich würde mir zur Sicherheit das Poster mitnehmen. Ich riß das Playmate heraus, klappte das Heft wieder zu und legte es mit dem restlichen Stapel zusammen ordentlich in Tommys Bücherregal. Die Rolle Küchenpapier nahm ich mit nach unten; in Hansis schweißfüßevermieftem Zimmer riß ich etliche Stücke davon ab, um verkrumpelte, grausam stinkende Socken aus allen Ecken und Winkeln zu bergen, ohne sie anfassen zu müssen.

Für Hansis Zimmer brauchte ich doppelt so lange wie für Tommys, aber endlich war es auch hier ansprechend sauber. Sein Bett mußte nicht frisch bezogen werden, Hildchen hatte es heute morgen schon getan.

Muckis Zimmer war bereits einwandfrei aufgeräumt, dafür sorgte ich sowieso jeden Tag. Ich legte das Playmate auf meine Gästeliege und saugte. Während der Staubsauger dröhnte, ließ ich direkt daneben Muckis Recorder laufen, mit einer seiner gewinnbringenden Kassetten darin – auf *Record*, nicht auf *Play*. Ich ließ den Staubsauger weiterdröhnen, während ich das Fenster putzte und Staub wischte. Mucki würde eben nächste Woche mit weniger Geld auskommen müssen.

In Hildchens Zimmer bezog ich ebenfalls die Betten (in der Mehrzahl, eine der beiden Garnituren roch penetrant nach Adnans Rasierwasser), putzte das Fenster und saugte den Teppich. Mit dem Rest des Küchenpapiers und vielen Spritzern aus der Sidolin-Flasche brachte ich das Bad auf Hochglanz, anschließend wischte ich das Treppenhaus, mit reichlichen Mengen Emsal im Putzwasser.

Schweißgebadet, aber hochzufrieden stand ich nach drei Stunden Arbeit schließlich um Viertel vor elf unten in der Diele. Wie frisch alles roch, und wie wunderbar alles glänzte! Jetzt waren alle Zimmer sauber, bis auf die Küche und das Wohnzimmer. Ich beschloß, mich morgen darum zu kümmern und heute lieber noch ein halbes Stündchen zu bügeln.

Vergnügt pfeifend räumte ich die Putzsachen wieder weg und ging in den Haushaltskeller. Als ich die Riesenberge zerknitterter, brettharter Hemden, Blusen und T-Shirts sah und die Stapel steifer, genauso knittriger Bettwäsche und Handtücher, drehte sich mir der Magen um. Du lieber Himmel, Hildchen würde doch nicht etwa die Handtücher und die Bettwäsche bügeln wollen?

Mir fiel ein, daß es keinen Wäschetrockner in diesem Haushalt gab. Die Wäsche kam naß auf die Leine und nach ein bis zwei Tagen knochentrocken und knochenhart in den Bügelkorb. Das konnte ja heiter werden! Wenigstens stand ein modernes Dampfbügeleisen auf der Halterung des Bügelbretts. Ich schaltete es ein und schüttelte es probehalber. Verflixt, kein Wasser drin! Ich hielt nach Aquadest Ausschau, fand aber keines. Ich sah im Vorratskeller nach – auch dort kein Bügelwasser. Ich füllte kurz entschlossen normales Leitungswasser in das Bügeleisen, einmal war keinmal. Hildchen müßte eben beim nächsten Einkauf dran denken. Ich begann zu bügeln, nur um sofort festzustellen, warum es kein Aquadest gab. Die Dämpfvorrichtung war kaputt! Es zischte gewaltig, aber nicht ein einziger müder Dampfschwall kam aus den Düsen.

Als ich ratlos umherschaute, bemerkte ich schaudernd einen Gegenstand, den ich vermutlich vorher nicht gesehen hatte, weil ich nicht hatte wahrhaben wollen, was dort stand: ein Wäschesprenger. Ich schluckte. Dann sprengte ich und sprengte und sprengte. Die Hitze des Bügeleisens und der Sprühregen aus dem Wäschesprenger erzeugte ein dampfiges Treibhausklima am Bügelbrett, die Wäsche dampfte, das Brett dampfte, die Luft dampfte, der ganze Keller dampfte – vor allem ich dampfte.

Ich bügelte zuerst die Handtücher, das ging am schnellsten. Lauter schöne, gleichmäßige Rechtecke. Handtuch aufs Bügelbrett, drüberbügeln, einmal längs zusammenlegen, drüberbügeln, noch einmal zusammenlegen, drüberbügeln, noch einmal zusammenlegen, fertig. Das war gut genug. Es gibt Leute, die sind äußerst penibel, was das Handtuchzusammenlegen angeht. Uromi zum Beispiel. Selbst im Altersheim gibt es immer großes Gezeter, wenn ihre Handtücher falsch zusammengelegt sind. Bei ihr müssen die Handtücher zuerst der Länge nach zweimal zusammengelegt werden, jeweils die äußere Längskante zur Mitte hin, und dann erst durfte die nächste Falte erfolgen, wobei jetzt die beiden schmalen Außenseiten jeweils zur Mitte hin gefaltet wurden. Der Sinn dabei war, daß man nachher keine Außenkante am zusammengelegten Handtuch sah.

Während ich die Handtücher faltete und bügelte, faltete und bügelte, überlegte ich, wieviel sinnlose Zeit Uromi wohl insgesamt in ihrem Leben mit dieser Pingelfaltmethode verplempert hatte. Wenn man für diese beiden Zusatzfalten jeweils eine halbe Sekunde rechnete, also pro Handtuch eine Sekunde, dann waren das pro Wäsche bei durchschnittlich sieben Handtüchern sieben Sekunden, machte pro Woche vierzehn, im Jahr siebenhundertachtundzwanzig Sekunden, das waren… ich rechnete und bügelte und rechnete… über zwölf Minuten im Jahr. Uromi war rund siebzig Jahre lang Hausfrau gewesen, damit hatte sie – das war leichter auszurechnen – vierzehn Stunden ihres Lebens nur dafür geopfert, keine Handtuchaußenkanten im Wäscheschrank zu haben.

Ich dachte darüber nach, was man in vierzehn Stunden statt dessen im Haushalt alles machen konnte. Zum Beispiel, wie viele Hemden man in dieser Zeit bügeln konnte. Ich bügelte probehalber eins von Adnans Hemden. Es war aus feiner, weißer Baumwolle. Jeder hat seine eigene Bügeltechnik, die er für unübertroffen und die einzig ergonomische hält.

Der eine bügelt zuerst die Ärmel, der andere den Rücken. Über meine Technik kann ich nichts Besonderes sagen, außer, daß am Ende das Hemd glatt aussieht. Ich bügle Hemden wie Blusen immer auf dieselbe Weise. Zuerst den Kragen, dann die Vorderseite mit den Knöpfen, danach die Vorderseite mit den Knopflöchern, anschließend die Rückseite und die Schultern und zuletzt die Ärmel.

Bei Adnans Hemd bügelte ich die Ärmel nicht platt, wie ich es bei meinen Blusen immer machte, sondern akribisch rund, über dem Ärmelbrett, das demonstrativ neben dem Bügelbrett an der Wand hing. Die Manschetten bügelte ich besonders sorgfältig – man sieht bei einem Hemd immer zuerst auf die Manschetten und die Kragenspitzen – nachdem ich mir beim Aufknöpfen der drei engsitzenden, winzigen Knöpfe, die sich an jeder Manschette befanden, einen Fingernagel abgebrochen hatte. Ich müßte mal ein ernstes Wort mit Adnan reden; es wäre für ihn eine Kleinigkeit, die Knöpfe aufzumachen, bevor er das Hemd in den Wäsche-Oskar schmiß. Mit dem unterlassenen Aufknöpfen von Manschettenknöpfen gewannen auf der ganzen Welt sicher Heerscharen von Hemdenträgern Jahre zusätzlicher Lebenszeit, auf Kosten bügelnder Frauen. Wenn man pro Hemd nur fünf Sekunden rechnete, um vor dem Bügeln die Manschettenknöpfe aufzumachen, ergaben das bei sieben Hemden pro Woche – ich rechnete und bügelte und dampfte verbissen – in fünfzig Jahren über fünfundzwanzig Stunden. Ich war erschüttert. Jeder Manschettenaufknöpfmuffel stahl also seiner bügelnden besseren Hälfte bis zur goldenen Hochzeit mehr als einen ganzen Tag ihres Lebens!

Ich hängte das fertig gebügelte Hemd zähneknirschend auf einen Kleiderbügel an die Türklinke. Niemand würde mich jemals dazu bringen, ein Hemd zu einem dieser akkuraten Päckchen zusammenzulegen, die Uromi immer für Uropi fabriziert hatte. Ich hätte es sowieso nicht gekonnt, selbst wenn ich es gewollt hätte. Die Disziplin des Hemdenpäckchenfabrizierens erfordert größte Selbstbeherrschung und technische Raffinesse, die nur durch jahrelanges klagloses, hartes, entsagungsvolles Bügelfrauendasein erworben werden kann.

Während ich wirre Berechnungen anstellte, wieviel Zeit Uromi in ihrem Leben mit sinnlosem Hemdenpäckchenfalten vergeudet hat, nahm ich mir das nächste Hemd von Adnan vor; es fühlte sich genauso gediegen an wie das davor. Ich hatte schon festgestellt, daß er bei der Wahl seiner Kleidung ziemlich wählerisch war; alles war vom Feinsten – kein Wunder, schließlich lebte er mietfrei in der Wohnung seiner Exfreundin und futterte sich kostenlos bei seiner derzeitigen Freundin durch. Da konnte er sich natürlich teure Klamotten leisten. Seine Jeans waren softestes Denim, seine Schuhe edelstes Gucci, und in seinen Hemdkragen fand ich nur Schildchen von Bertone und Cavallo. Die Oberhemden waren wirklich von erlesener Qualität. Reine Baumwolle. Völlig ohne Kunststoff. Der hemdgewordene Bügelhorror.

Neidisch dachte ich an die gute alte Bügelzeit. Ich hatte sie zwar nicht selbst erlebt und Sonja auch nicht (Papi mußte sich seine Hemden stets selbst bügeln), aber aus Uromis Erzählungen wußte ich, daß Omi zu ihren Leb- und Bügelzeiten hervorragend davon profitiert hatte. Das Nyltesthemd kam direkt aus der Waschmaschine auf den Bügel und dann an den Mann, fertig. Trocken und glatt, ruckzuck. Andererseits hatte auch diese bügelfreundliche Errungenschaft wie jedes Ding seine zwei Seiten, eine gute und eine schlechte. Omi hatte laut Uromi immer schrecklich über die schlechte Seite gejammert. Die schlechte Seite war der Geruch. Adnan roch immer sehr gut, männlich sauber und frisch, in seinen frisch gewaschenen, frisch gebügelten, hübschen Baumwollhemden. Wie er wohl in einem Nyltesthemd riechen würde? Wahrscheinlich schlimmer als Hansi. Das Nyltest-Geruchsproblem als Kehrseite der Bügelfreundlichkeitsmedaille hatte sich mit dem Aussterben der Nyltesthemden überlebt, also darf wohl als gesicherte Erkenntnis gelten, daß Frauen lieber wie die Wilden bügeln, als stinkende Männer um sich herum zu ertragen.

Als gesicherte Erkenntnis galt ferner, daß ich in vierzehn Stunden etwa ebenso viele von Adnans Hemden würde bügeln können, wie ich nach einem Blick auf die Uhr feststellte. Es war zwölf Uhr, und ich hatte außer einem Stapel Handtücher erst eineinhalb Hemden gebügelt! Während ich die übrigen acht Hemden von Adnan und die fünfundzwanzig T-Shirts, Sweatshirts, und Poloshirts von Tommy, Hansi und Mucki sowie die fünf Blusen von mir und die sechs von Hildchen einsprengte und zu ordentlichen Würsten zusammenrollte, bedachte ich den Erfinder von »Reine Baumwolle« mit tausend Verwünschungen. Das konnte nur ein Mann gewesen sein, der niemals einen Korb voll stocksteifer, gräßlich harter, knittriger Bügelwäsche gesehen hatte.

Ich schaltete das Bügeleisen aus und ging müde nach oben. Durch die geöffnete Wohnzimmertür fiel der flackernde Lichtschein vom Fernseher in die Diele, und vor lauter Schreck stolperte ich. Mucki! Ich hatte ihn völlig vergessen! Ich hätte ihn spätestens um halb zehn ins Bett stecken müssen! Besorgt ging ich ins Wohnzimmer.

Mit schlechtem Gewissen sah ich, daß Mucki sich auf dem Sofa zu einer Kugel zusammengerollt hatte. Er schlief tief und fest. Ich ging zum Fernseher, um ihn auszuschalten, bevor ich Mucki nach oben brachte. Als mein Blick auf den Bildschirm fiel, erstarrte ich vor Entsetzen. Großer Gott! Aufstöhnend riß ich die Programmzeitschrift auseinander und suchte fieberhaft. Da. O mein Gott! *Die wilden Nackten im tiefen Tal der Lust!*

Der Film lief seit halb elf! Halb elf! Um halb elf hatte ich… In meinem Kopf rotierten die Gedanken. Ich hatte die Treppe geputzt, und ich hatte mich noch gewundert, warum Mucki so keckerte, dieses typische Lachsack-Gekeckere! Lieber Himmel, er hatte es gesehen! Ich starrte auf den dunklen Wuschelkopf auf dem Sofa. Vielleicht hatte es ihn überhaupt nicht interessiert. Er hatte sich bestimmt nicht dafür interessiert! Wahrscheinlich hatte er sich sogar schrecklich gelangweilt. Schließlich war er eingeschlafen, oder nicht? Blieb nur die Frage: Wann war er eingeschlafen? Ich stand vor dem schlafenden Mucki und rang nervös die Hände. Dann sah ich, was er im Arm hielt, wie einen Kuschelteddy an seine Brust gedrückt. Ich blinzelte, einmal, zweimal, so, als könnte ich es wegblinzeln. Aber es blieb, was es war. Sein Kassettenrecorder.

10. Kapitel

Als ich Karlheinz am nächsten Nachmittag davon erzählte, lachte er nur. »Mach dir darüber keine Gedanken, Franzi. Wir waren doch genauso in dem Alter.«

Waren wir das? Ich konnte mich nicht erinnern, im Alter von zehn Jahren auch nur die blasseste Vorstellung davon gehabt zu haben, wie *es* sich abspielte. Sonja hatte mir zwar mit klinischer Anschaulichkeit erläutert, daß man den Penis in die Vagina stecken mußte, und daß nach neun Monaten ein Baby herauskam. Genausogut hätte mir jedoch ein Automechaniker erklären können, wie man Kolben A in Zylinder B schieben müßte, damit das Auto fuhr. Mit Sex oder Leidenschaft hatte das nicht das geringste zu tun gehabt. Mucki dagegen wußte darüber sicher mindestens soviel wie ich heute, schon allein vom Zuhören, und jetzt sicher auch vom Zusehen.

Ich starrte nachdenklich aus dem Fenster von Karlheinz' Küche, in der wir am Tisch saßen und Kaffee tranken. Er hatte mich eingeladen, weil er mir seine Wohnung zeigen wollte – um mir eine Vorstellung vom Preis-Leistungs-Verhältnis bei der Anmietung von Wohnraum zu vermitteln, wie er gesagt hatte. Es interessierte mich wirklich. Ich vertraute mittlerweile voll auf Karlheinz' Urteil über das Für und Wider bei der alles entscheidenden Frage: Nehmen oder nicht nehmen? Vorausgesetzt natürlich, die Frage stellte sich überhaupt. Meist war es ja genau umgekehrt. In der Regel stellte sich nicht der Mieter, sondern der Vermieter diese Frage.

Was Karlheinz' Wohnung anging, so hatte er in jedem Fall richtig entschieden, als er sie seinem Vormieter »aus dem Kreuz geleiert«

hatte. Sie war wirklich jede Mark von den zwölfhundert kalt wert, die er dafür bezahlte. Sie befand sich im zweiten Stock eines dreistöckigen, relativ neuen Hauses in einer verkehrsberuhigten Nebenstraße, nur fünfzehn Minuten zu Fuß von der Uni entfernt. In der Wohnung gab es eine geräumige, helle Wohnküche mit eingebauter Küchenzeile – sogar mit Geschirrspüler! – und einer hübschen Kiefernholz-Eßgruppe (vom Vormieter günstig übernommen), ein großes, weiß gekacheltes Bad und zwei gleich große Zimmer von jeweils etwa fünfundzwanzig Quadratmetern, mit schönen breiten Fenstern (neue Holzfenster!).

Die Zimmer waren weiß gestrichen und mit hellgrauem Softvelours ausgelegt, ein günstiger Restposten vom Teppich-Abholmarkt, erzählte Karlheinz. Es gab nur wenig Mobiliar; in dem einen Zimmer lag eine Matratze mit Bettzeug auf dem Fußboden, und eine auf zwei Tischböcken montierte Platte vor dem Fenster diente ihm als Schreibtisch. Ich staunte, als ich den Kleiderschrank sah. Es war ein normaler, langweiliger kastenförmiger Schrank, wie jeder irgendwo einen herumstehen hat, aber Karlheinz hatte daraus ein witziges, originelles Möbelstück gemacht, indem er die Türen mit Spiegelfliesen in verschiedenen Größen beklebt hatte und die Seitenteile mit passend zugeschnittenen Stücken von dem Veloursteppich. Es sah aus, als würde der Schrank aus dem Boden herauswachsen. An der Wand neben dem Schrank hing ein beeindruckendes, überdimensionales Kunstdruckposter von Miró hinter einem Glasbildhalter, dessen Rand aus verschiedenen unregelmäßig gezackten, zusammengepuzzelten kleinen Spiegelscherben bestand, wie ein verrücktes, ausgefallenes Passepartout. Das waren die Reste von den Fliesen am Schrank, sagte Karlheinz, und die Fliesen hätte er von OBI, dritte Wahl, ein Super-Angebot. Der Schrank und das Bild sahen nicht wie dritte Wahl aus. Es sah aus wie eine Seite aus einer Möbeldesignerbroschüre.

In dem anderen Raum stand außer ein paar weißen IKEA-Bücherregalen und einer teuer aussehenden Stereoanlage nur ein Sofa mit einem taubenblauen Überwurf aus Samt, der wunderbar mit dem grauen Velours harmonierte. Das Sofa sei uralt, von seiner Oma geerbt, erklärte Karlheinz, und den Samt hätte er vom Kaufhof, billigst bei den letzten Haushaltswochen erstanden. Ich lobte ihn für die gute Idee mit dem Überwurf. Und überhaupt fände ich es toll, daß er so sparsam möbliert hatte, dadurch würde es erst recht gut wirken.

Von diesem Zimmer aus gelangte man auf einen großen Balkon mit Aussicht auf einen wild eingewachsenen Garten. Außerdem gehörten zu der Wohnung ein Kellerraum und ein Teil vom Dachboden. Und es gab eine Abstellkammer.

»Schön hast du's hier«, seufzte ich neidisch. Die Wohnung war wirklich toll. Wenn ich das nötige Kleingeld gehabt hätte – ich hätte sie sofort genommen, so wie sie war. Es fehlten nur noch ein paar hauchdünne, schimmernde, schneeweiße Gardinen, mit leichter Überlänge, sie müßten etwas auf dem glänzenden Velours aufliegen, das würde perfekt wirken. Und neben dem Sofa mit dem Samtüberwurf müßte eine große Zimmerpalme stehen, und an der Wand dahinter würde sich ein antiker Spiegel mit gehämmerter Silberauflage gut machen...

»Ja, schön ist es, aber auch schön teuer.« Karlheinz goß mir Kaffee nach und legte mir ein Stück Marmorkuchen auf den Teller. Ich probierte den Kuchen. Er schmeckte ausgezeichnet.

»Mhm«, lobte ich ihn, »hast du den etwa selbst gemacht?«

Er nickte lächelnd.

Ich war gerührt. Er hatte extra für mich Kuchen gebacken!

»Ich backe jede Woche einen«, erklärte er. »Ich eß' gerne Kuchen.«

Aha. Na ja.

»Sag mal, Karlheinz, wie willst du eigentlich das Studium schaffen, wenn du immerzu Taxi fährst?«

Er zuckte die Achseln. »Ich spare mir meist die Vorlesungen, das dumpfe Geblubber läßt mich nur einschlafen, das kann ich auch im Lehrbuch lesen. In der Zeit fahre ich lieber Taxi.«

Ich nickte. Dieses Gefühl hatte ich auch kennengelernt.

»Ich geh' in die Seminare und Arbeitsgemeinschaften, das läßt sich nicht umgehen«, fuhr er fort. »Außerdem lernt man da wirklich was.

Und ich habe mir ein paar gebrauchte Lernbücher besorgt, so zum Pauken. Nächstes Jahr will ich mich beim Repetitor anmelden, dann muß ich weitersehen. Bis dahin will ich meine kleinen Scheine machen und wenigstens zwei von den großen. Ich schreibe jetzt während des Semesters Klausuren für die kleinen Scheine, und in den Ferien will ich zwei Hausarbeiten machen.«

»Ja, das hattest du mir schon erzählt. Und das Taxi?«

Er blickte gequält drein. »Es wird schwierig werden«, gab er zu. Aber dann lachte er mich unvermittelt an und murmelte etwas, das ich nicht verstand. Ich sah seine makellosen weißen Zähne und dachte, wie gut er doch aussieht, wenn er so lacht, trotz der roten Segelohren!

»Was hast du gesagt?« fragte ich verwirrt.

»Ich fragte dich, ob du vielleicht Schreibmaschine schreiben kannst?«

»Ja, sehr gut sogar, ich hab' es in der Schule gelernt.«

Er war erstaunt. »Gibt's das jetzt auch als Schulfach?«

»Nein, aber an unserer Schule gab es Informatik-Kurse. Ich habe alles mitgemacht, und dazu gehörte natürlich auch die Arbeit am Computer. Man ist viel besser und kann schneller und sicherer arbeiten, wenn man mit zehn Fingern schreiben kann. Unsere Lehrerin vertrat den Standpunkt, daß ein Schreibprogramm zum Beispiel nur so gut ist wie sein Benutzer. Also hat sie dafür gesorgt, daß ein halbes Jahr lang zweimal die Woche eine nette Frau zu uns in den Kurs kam, die uns Zehnfinger-Schreiben beibrachte. Ich bin ziemlich fit in allen gängigen *Word*-Programmen.«

Karlheinz sah mich überrascht an. »Das hätte ich dir gar nicht zugetraut«, meinte er.

Ich stellte klirrend meine Tasse hin. Warum traute er es mir nicht zu? Weil ich ein Landei war? Weil mein Gehirn vom Kopf in den Busen gerutscht war? Weil ich ein Gesicht wie ein zwölfjähriges Playmate hatte? Der Kuchen schmeckte mir plötzlich nicht mehr, und ich schob ihn weg.

Karlheinz hob die Brauen, sagte aber nichts. Seine Ohren leuchteten in verlegenem Himbeerlutscherrot. Er merkte anscheinend selbst, was er da eben von sich gegeben hatte. Ich stand auf, trat ans Fenster und blickte in den herbstlichen Garten. Der Wind fegte in die Bäume, ein Regen gelb und braun verfärbter Blätter stob herab und wirbelte durch die Luft. Ein paar von ihnen wurden zu uns herübergetrieben, gegen die Scheibe geweht, dort ein, zwei Sekunden vom Druck des Windes festgehalten, bis sie von der nächsten Bö weitergerissen wurden.

Karlheinz räusperte sich. »Franzi, ich möchte dir gerne ein Angebot machen.«

Ich wartete stillschweigend.

»Es soll eine Art Übereinkommen sein, ein... Vertrag, etwas, das auf Gegenseitigkeit basiert.«

Ich blickte immer noch aus dem Fenster und hörte stumm zu.

»Du hattest recht vorhin, ich kann nicht die zwei Hausarbeiten in den Ferien schreiben und gleichzeitig Taxi fahren. Ich muß aber die Hausarbeiten schreiben, weil ich in den nächsten anderthalb Jahren die großen Scheine machen will, alle. Ich will mich danach voll aufs Repetitorium konzentrieren, fürs Examen pauken. Ich will es schaffen, Franzi.«

Es hörte sich seltsam eindringlich an, fast beschwörend. Ich drehte mich um und sah ihn an. Er war ebenfalls aufgestanden und trat zu mir ans Fenster. Als er so dicht neben mir stand, fiel mir zum ersten Mal auf, wie groß und breitschultrig er war, und daß seine brünetten Locken in der Herbstsonne einen rötlichen Schimmer hatten.

»Auf der anderen Seite steht die zwingende Notwendigkeit, daß ich Taxi fahren muß. Ich muß Taxi fahren, weil ich sonst die Wohnung nicht halten kann. Andererseits bin ich nicht gewillt, in ein Loch zu ziehen, nicht für die zwei Jahre, die ich noch bis zum Examen brauche. Es wäre außerdem völlig sinnlos, weil die Ersparnis lachhaft wäre. Du hast ja mitgekriegt, wie das mit dem Abstand, der Kaution, der Renovierung und der Courtage funktioniert. Vermutlich würde ich am Ende noch drauflegen, selbst, wenn ich in irgendeinen Kaninchenstall ziehen würde. Es ist ein Teufelskreis, Franzi.«

»Kriegst du eigentlich kein Geld von deinen Eltern?«

»Meine Mutter ist vor vier Jahren bei einem Unfall gestorben, kurz nachdem ich mit der Schule fertig war. Meine Eltern waren aber schon Jahre vorher geschieden. Keine Ahnung, wo mein Vater ist, ich hab' ihn vielleicht vor dreizehn, vierzehn Jahren das letzte Mal gesehen. Ich halte mich selbst über Wasser.«

Ich musterte ihn mit neu erwachtem Respekt. Wenn ich das nächste Mal in Selbstmitleid schwelgte, würde ich mir an ihm ein Beispiel nehmen. »Und was ist das für ein Übereinkommen, das du mir vorschlagen willst?«

»Ich könnte weiter die notwendige Anzahl an Fuhren machen, wenn du mir bei den Hausarbeiten helfen würdest. Das wäre einmal das Tippen. Ich kann einen PC bei einem Bekannten borgen, aber ich bin völlig hilflos an so einem Ding. Ich kann auch bloß mit zwei Fingern Schreibmaschine schreiben, ich würde eine Woche Tag und Nacht nur tippen müssen, um es in Reinschrift zu bringen. Wenn ich es zum Tippen weggebe, würde es ein Vermögen kosten. Und dann das Zusammentragen der benötigten Literatur. Kommentare, Lehrbücher, Zeitschriften, Dissertationen. Alles vergriffen, versteckt, verstellt. Es ist jedesmal eine richtige Detektivarbeit, bis man alles hat.«

Ich nickte verständnisvoll. Unser Tutor cand. iur. Hermann Hohmann hatte uns das alles haargenau geschildert.

»Man kann in den Hausarbeiten nicht nur mit einem Kommentar arbeiten«, fuhr Karlheinz fort. »Es wird erwartet, daß so viel Literatur wie möglich in die Fallbearbeitung einbezogen wird, das ist ja gerade das wissenschaftliche Arbeiten.«

»Du möchtest, daß ich für dich die Arbeit abtippe und dir die Literatur zusammensuche«, stellte ich fest.

»Ja. Natürlich sollst du es nicht umsonst tun. Wenn du nächstes Jahr mit deinen kleinen Scheinen anfängst, helf' ich dir bei der Lösung der Fälle. Ich geh' auch mit dir in die Klausuren und helfe dir dabei, wenn du willst.«

»Darfst du das denn?« fragte ich erstaunt.

Einen Moment lang starrte er mich stumm an, dann warf er den Kopf zurück und lachte mit blitzenden Zähnen. »Ach, Franzi, du Lämmchen!« Er grinste mich an, seine braunen Augen funkelten belustigt. Ich drehte ihm beleidigt den Rücken zu, und er seufzte.

»Ich denk' darüber nach«, sagte ich spröde. Ich schwieg eine Weile. Wir standen nebeneinander vor dem Fenster und schauten in die wirbelnden Blätter. Dann sah ich ihn an und fragte langsam: »Sag mal, hast du eine Ahnung, was subsumieren bedeutet?«

Er lächelte. »Es heißt soviel wie begrifflich unterordnen, zusammenfassen, und im juristischen Sinne bedeutet es, einen bestimmten Lebenssachverhalt anhand der einzelnen Tatbestandsmerkmale einer Rechtsnorm zu untersuchen. Das geschieht in Form eines Syllogismus, wobei die Rechtsnorm den Obersatz und der Sachverhalt den Untersatz bildet.«

Aha. Das hatte sich ziemlich gescheit angehört. Aber ich war noch nicht überzeugt. Zögernd fragte ich: »Und was bedeutet Promiskuität?«

Seine Mundwinkel zuckten, so, als versuchte er, sich zu beherrschen, dann wurde sein Lächeln breiter, und schließlich lachte er herzlich. »Willst du das wirklich wissen, Franzi?«

Ich spürte, wie mir das Blut in die Wangen stieg. Mir fiel wieder ein, in welchem Zusammenhang die rothaarige Katja das Wort benutzt hatte. Es hatte irgendwas mit Sex und Schleim zu tun. Eigentlich wollte ich es schon wissen, aber ich beschloß, lieber Katja danach zu fragen. »Schon gut«, sagte ich steif. »Ich helf' dir bei deinen blöden Hausarbeiten.«

Als ich abends nach Hause – besser: zu meinem vorübergehenden Zuhause – kam, stellte ich mit Unbehagen fest, daß Adnan zum Abendessen gekommen war. Ich hoffte nur, daß er seinen Kulturbeutel nicht dabei hatte, der Kulturbeutel war immer ein untrüglicher Hinweis auf die Übernachtungsabsicht. Ich rannte nach oben und guckte in Hildchens Zimmer. Kein Kulturbeutel. Kein frisches Hemd. Gott sei Dank! Ich ging erleichtert nach unten.

Adnan saß am Küchentisch und sah Hildchen beim Zwiebelschneiden zu. Hildchen trällerte unter Tränen: »Hi-hin-term Ho-ri-zont geht's wei-ter, ein neu-er Tag…« und Adnan fiel mit passablem Bariton ein: »Das mit uns, geht ganz tief rein, das wird nie zu Ende sein…«

Tommy und Hansi saßen am Eßtisch im Wohnzimmer und begeierten sich bei dem Geträller. »Diese Grufties, bis die geschnallt haben, was der Lindenberg unter seinem Sombrero spazieren trägt, hat die nächste Eiszeit angefangen«, lästerte Hansi.

»Bis dahin ist das Ozonloch so groß, daß wir alle mit 'ner Platte rumlaufen«, setzte Tommy noch eins drauf. Die beiden wieherten hämisch.

Mucki saß auf dem Sofa und fieberte mit Bully Busick, der im Begriff war, Colonel Mustafa langsam und genüßlich den Kopf abzuschrauben.

»Hör mal, Mucki«, rief ich, »hast du das… äh… Bild gesehen, das ich gestern abend auf mein Bett gelegt hatte?«

»Welches Bild?«

Colonel Mustafa kriegte Bully Busicks Fuß zu fassen und riß ruckartig daran. Bully knallte auf die Matte und brüllte voller Pein.

»Das Bild mit der Frau drauf.«

Mucki starrte auf den Bildschirm. »Jetzt!« brüllte er.

Mustafa donnerte mit einem krachenden Double-knee-breaker auf Bullys Kreuz, bog dessen Fuß nach hinten hoch bis auf den Hintern und versuchte, ihn am Knöchel abzureißen. Bully schrie wie am Spieß.

»Mucki, das Bild!« rief ich.

Bully biß in höchster Not in Mustafas muskulösen, behaarten Schenkel. Mustafa kreischte auf und ließ Bully los. Bully sprang auf und rammte seinen Schädel gegen den von Mustafa, der daraufhin wie vom Blitz getroffen umfiel.

»Mucki!« schrie ich wütend.

Jetzt blickte er endlich auf. »Was ist los?«

»Das Bild! Ich will wissen, wo das Bild auf meinem Bett ist!«

»Ach so. Ich hab's mir eingepackt.«

»Warum denn? Ich brauch's noch!«

»Ich will den Jungs in der Schule zeigen, wie meine Cousine aussieht. Das ist ein schönes Foto von dir.«

Tommy und Hansi hörten auf einmal sehr interessiert zu.

Ich wand mich. »Mucki, das ist doch kein Foto von mir…«

»Doch, ist es wohl«, beharrte Mucki. Er schrie begeistert, als Bully Busick Colonel Mustafa zwischen die Stricke klemmte, ihn bei den Ohren packte und ihm das Knie gegen die Nase donnerte.

»Was ist das für ein Foto?« wollte Tommy wissen.

»Das, was du abends immer im Bett benutzt«, sagte Mucki.

Tommys Brauen gingen in die Höhe. »Was ich benutze?«

»Ja, sie hat's rausgerissen und mit runtergebracht. Und dein Küchenpapier hat sie zum Fensterputzen gebraucht. Wieso ist die Franzi in deiner Zeitung, Tommy?«

Peng. Der Abend war gelaufen. Mit hochroten Ohren rannte ich die Treppe rauf und verbrachte mit knurrendem Magen zwei wütende Stunden auf meiner Gästeliege, bis ich endlich einschlafen konnte.

11. Kapitel

Unser Strafrechtsprofessor hieß O. Wurm. Von Anfang an war er für alle der ›Ohrwurm‹. Er war mittelgroß, hatte eine Dreiviertelglatze mit fusseligen Haarinseln auf den kahlen Stellen und trug eine runde Goldrandbrille, durch die er verträumte Blicke in die Bankreihen warf. Er dozierte weitschweifig und umständlich, brach manchmal mitten im Satz ab und starrte sekundenlang in die Luft, um unvermittelt ganz neue Gedankenblitze loszuwerden, die mit den vorangegangenen nicht das geringste zu tun hatten. Der typische »zerstreute Professor«.

Der Ohrwurm malte vertrackte, wilde Zeichnungen an die Tafel, zog mit quietschender Kreide zittrige Linien zwischen bedeutungsschwangeren Worten wie Kriminalphänomenologie, Kriminalätiologie, Kriminalbiologie und Kriminalsoziologie.

Die Linien auf meinem grauen Karo-Block waren nicht minder zittrig. Ich verstand von all dem bloß Bahnhof. Als der Ohrwurm mit verklärtem Blick anhob, die Vergeltungstheorie, die Spezialpräventionstheorie und die Generalpräventionstheorie in allen unzähligen Einzelheiten vor uns plastisch aufleuchten zu lassen, bekam ich einen Schreibkrampf.

Ich legte den Bleistift weg, massierte meine schmerzenden Finger und lauschte verzweifelt dem Klacken der Laptops aus der ersten Reihe. Vanessa saß unbeteiligt neben mir und kaute geistesabwesend auf ihrer silbernen Zigarettenspitze (ohne Zigarette) herum. Ihre Fingernägel waren diesmal abwechselnd lila und silbern lackiert, einer lila, einer silbern, einer lila, und so weiter, passend zu ihrer silberbestickten lila Betty-Barclay-Bluse und der frisch gefärbten, lilaroten Strähne in ihren dunklen Locken, direkt über der rechten Schläfe. Es sah todschick aus.

»Du schreibst ja gar nicht mit!« flüsterte ich.

»Wozu?« flüsterte sie zurück. »Guck mal, was ich mir gekauft habe!« Sie zog ein paar winzige Heftchen aus ihrer pflaumenlilablauen, handschuhlederweichen Umhängetasche, sie waren kaum doppelt so groß wie eine Zigarettenschachtel.

Ich las: »Strafrecht – leicht gemacht.« »Strafprozeßrecht – leicht gemacht.« »Strafrecht – Definitionenkalender.« »Klausurenschreiben – leicht gemacht.«

»Was ist das?« Ich blätterte neugierig die kleinen Heftchen durch.

»Das ist für ungefähr fünfzig Mark Papier«, meinte Vanessa. »Damit werde ich mein Examen machen, genau wie meine Schwester und mein Bruder. Und wie Hunderte, Tausende anderer Juristen auch.« Sie kicherte, und der Ohrwurm guckte irritiert hoch und verlor den Faden. Er blinzelte ein paarmal ratlos und fing dann mit einem völlig anderen Gedankengang wieder an.

»Franzi, hör zu, es wird ernst«, flüsterte Vanessa mir verschwörerisch zu. »Ich habe einen Initiator für dich!«

Initiator? Wovon, zum Teufel redete sie da? Initiator… das hörte sich unangenehm an. Ob es was mit Injizieren zu tun hatte? Ich fragte sie, ob es etwas damit zu tun hätte, und sie prustete ihre Zigarettenspitze über drei Bankreihen, genau in Elmars Genick. Elmar drehte sich empört um, und Vanessas Gesicht war genauso lila wie ihre Bluse, so sehr versuchte sie, die Luft anzuhalten. Sie schluckte und keuchte, aber dann kam trotzdem ein schriller, hysterischer Lacher heraus.

Dem Ohrwurm fiel vor Schreck die Kreide aus der Hand. Bis er sie wiedergefunden hatte, war sein Gedankenfluß vollständig versiegt, und er starrte mindestens eine Minute auf die verrückte Zeichnung an der Tafel, bis ihm etwas Neues einfiel.

»Franziska, du machst das Leben erst lebenswert«, stieß Vanessa schließlich atemlos hervor.

»Was soll der Quatsch mit Initiator und so? Was ist das überhaupt für ein Blödsinn?« fragte ich ärgerlich.

»Hast du vergessen, worüber wir zwei uns vorgestern unterhalten haben?« flüsterte sie.

»Du meinst…«

»Ja, genau. Initiator. Das ist jemand, der eine Sache anregt, den ersten Anstoß gibt… Der dir den ersten Stoß gibt, Franzi!« Sie kicherte unbeherrscht.

»Das geht nicht. Ich muß mir erst Strapse kaufen«, platzte ich gedankenlos heraus.

Vanessa fiel mit zuckenden Gliedern unter die Bank.

»Ich kann es nicht tun«, sagte ich eine Woche später laut und starrte die halbnackte, in Reizwäsche gewandete Franzi im Spiegel der Umkleidekabine an. Die Strapse waren genau richtig, wie bei dem Playmate, cremefarben, üppig mit schneeweißer Spitze garniert und mit winzigen, perlmuttschimmernden Röschen besetzt. Ich hielt den dazu passenden Slip hoch und musterte ihn. Es war nicht mehr als ein paar Seidenschnüre, die sich vorn zu einem dürftigen Dreieck verbreiterten. Es war nicht mal breit genug für das obligatorische, zum Zwecke der hygienischen Anprobe eingenähte Plastikstückchen.

Und erst das Hemdchen! Schaudernd blickte ich auf meinen Busen, der oben rausquoll, fast so schlimm wie bei dem Playmate. »Das Hemd ist zu klein«, sagte ich entschuldigend zu meinem Busen. Und: »Ich kann es nicht tun« zu den Strapsen.

»Klar kannst du es tun.« Vanessa steckte ihren Kopf am Vorhang vorbei in die Kabine. »Guck mal, was ich da noch für dich gefunden habe!« Triumphierend hielt sie ein Doppelriesenzelt aus Spitze hoch. »Für den Fall, daß du dich in dem Hemdchen nicht sicher genug fühlst. Du läßt das Hemdchen weg und nimmst dafür das hier.«

»Das hier« war ein BH in meiner Größe. Ich konnte es nicht fassen! In meiner Größe! Und aus Spitze! Ich entriß ihr das Ding und schaute es gierig an. Das Modell hieß »Blues«. Ich dehnte es unschlüssig zwischen den Fingern. Wieso hieß es »Blues«? Blues war gleichbedeutend mit Katzenjammer, fand ich. Man sagt: Ich habe den Blues. Ich bin down, traurig, matt, melancholisch, wenn ich den Blues habe. Vielleicht dachten die von Triumph, daß man Grund zum Blues hätte bei dieser Oberweite? Egal. Ich hatte noch nie einen Spitzen-BH in meiner Größe gekauft, und als ich ihn anprobierte, war ich entzückt, daß er paßte.

»Es sieht wahnsinnig geil aus!« rief Vanessa. Zwei Verkäuferinnen, die an der Kasse tratschten, blickten mißbilligend herüber.

»Ehrlich, du siehst aus wie ... wie das Playmate des Monats«, erklärte Vanessa im Brustton der Überzeugung. »Adrian wird dich mit Haut und Haaren auffressen.«

Mit Haut und Haaren auffressen? Ich sah mich sofort als Rotkäppchen, ein Rotkäppchen mit Strapsen und Blues, und Adrian pirschte sich wölfisch an mich heran, um an mir zu knabbern. Ein leichter, nicht unangenehmer Schauer überlief mich. Ich drehte mich vor dem Spiegel und versuchte den Busen einzuziehen. Es ging nicht.

»Es geht nicht. Ich kann's nicht tun«, sagte ich. Ich liebte doch Harry, und er liebte mich. Wie konnte ich ihm das antun? Wie konnte ich ihm jemals wieder unter die Augen treten? Und dann der Initiator, dieser Adrian. Ich hatte ihn noch nie gesehen und wußte überhaupt nicht, was er für ein Mensch war. Vanessa hatte ihn mir in den leuchtendsten Farben geschildert, als eine Art Mischung aus Bruce Willis und Kevin Costner, nur zehn Jahre jünger, ein begnadeter Liebhaber, gesegnet mit Ausdauer und Einfallsreichtum. Auf die Frage, woher sie das wüßte, hatte sie erklärt, sie hätte ihn selbstverständlich ausprobiert, schließlich könnte sie mein erstes intimes Erlebnis nicht von irgendeinem Stümper versauen lassen. Am kommenden Samstag sollte der große Abend mit dem Wolf und Initiator Bruce-Kevin stattfinden, bei Vanessa zu Hause. Ihre Eltern waren verreist, und deshalb würde er mich ungestört mit Haut und Haaren auffressen können.

»Ich kann's nicht!« sagte ich zaudernd.

»Wenn du an Harry denkst, vergiß ihn doch einfach!«

»Spinnst du? Ich liebe ihn doch!«

»Das ist keine Liebe, das ist Masochismus. Wie lange willst du denn warten, bis du es zu tun gedenkst? Zehn Jahre? Zwanzig Jahre? Du wirst vor Frust vertrocknen, Franzi, und deinem Harry tust du keinen Gefallen damit. Du mußt es mal so sehen: Wenn du ein bißchen Erfahrung hast, wirst du mit Harry besser klarkommen, du könntest ihm zeigen, wo's langgeht, damit ihr beide ein bißchen Spaß habt.«

Ich zupfte gedankenverloren an den Strapsen. An dem, was sie sagte, war was dran. Eigentlich hatte sie vollkommen recht. Ich würde Harry nicht eigentlich untreu, ich würde mich gewissermaßen bloß weiterbilden, meinen Horizont erweitern, und davon könnten wir beide nur profitieren. Vielleicht könnte mir dieser Adrian so viel erklären, daß ich beim nächsten Mal mit Harry das perfekte Liebeserlebnis inszenieren konnte, auch ohne vorherige Mammareduktion!

»Jetzt hol' ich dir noch ein paar wahnsinnig tolle Spitzenstrümpfe dazu, dann bist du dessousmäßig perfekt. Und danach sehen wir uns nach einem Kleid um, es muß eins mit einem tierischen Dekolleté sein.«

»Bist du verrückt? Diese Unterwäsche kostet schon fast zweihundert Mark, das ist mein Kleiderbudget für zwei Monate!«

»Das macht nichts, dafür hab' ich mein Budget vom letzten Monat noch nicht aufgebraucht«, erklärte Vanessa praktisch. »Ich habe vorige Woche bei C & A ein schulterfreies Cocktailkleid gesehen, reduziert, bloß neunundneunzig Mark, apricotfarben, gerüschter Rock mit Petticoat, mit Pailletten bestickt, das ist wie gemacht für dich. Das Oberteil ist versteift, da kann nichts rutschen.«

Ich schüttelte den Kopf. »Dann brauche ich ja den BH nicht!«

»Kauf ihn trotzdem, man weiß nie, wie man so was noch brauchen kann.«

Ich kaufte ihn natürlich. Ein BH in Größe 95 D, in Spitze! Damit würde ich bestimmt nicht den Blues kriegen!

Statt dessen bekam ich am Mittwochabend den Blues – fast jedenfalls. Unsere Bauchtanztruppe traf sich pünktlich um acht in der miefigen Turnhalle, und als Hildchen und ich reinkamen, hatten wir das Gefühl, in einen Harem geraten zu sein. Überall bimmelte, rasselte, klapperte und schepperte es, als wäre eine Horde Schelleäffchen unterwegs.

Bis auf Hildchen und mich waren heute abend alle Teilnehmerinnen im Haremskostüm erschienen, in schlabbrigen Pumphosen aus Satin oder indischer Baumwolle, neckisch kurzen, bauchfreien Oberteilen, über und über behängt mit Glöckchen, Bimmelchen, Perlen und Münzen.

Hildchen und ich kamen uns mit unserem Polyacryl-Tuch und den Schimmerleggings wie die armen Cousinen vom Lande vor. Hildchen marschierte zu Patschuli und erklärte, daß sie das wahnsinnig unsolidarisch fände, daß Patschuli allen anderen gesagt hätte, sie sollten sich verkleiden, bloß uns nicht. Patschuli stritt das sofort ab, das wäre allein die Idee der anderen gewesen, vielleicht hätten die sich ja abgesprochen, manche würden sich eben untereinander kennen, weil sie auch zusammen zum *Qi Gong* und *Tai Chi* gingen. Aber das wäre überhaupt nicht schlimm, denn sie würde uns nachher einen ganz tollen Schnitt aufschreiben, nach dem wir unser eigenes Kostüm nähen könnten, schon beim Nähen könnten wir uns unheimlich gut ausdrücken und unsere unterdrückte weibliche Phantasie und Kreativität spielen lassen. Das Kostüm wäre ein künstlerisches Ausdrucksmittel, das beim Tanz unentbehrlich ist, bereits die Pygmäen hätten sich besondere Blätter zum Tanzen umgehängt, und die alten Stämme in Peru hätten sich dazu Pumafelle übergeworfen.

Hildchen war versöhnt.

Patschuli stellte das arabische Flötengedudel an, und alle lockerten sich rasselnd und bimmelnd, bis auf Hildchen und mich, wir beide flatterten dabei bloß geräuschlos mit dem Tuch, das wir uns um die Hüfte gebunden hatten.

Nach den Dehnübungen gab es wieder die arabische Tanzmusik. Eine von den Frauen, eine sonnenbankbraune, in schwarzes, paillettenübersätes Satin gehüllte Mittdreißigerin namens Barbara, beschwerte sich bei Patschuli, warum wir denn unbedingt zu diesem Gejaule tanzen müßten, es hörte sich ja an wie Ali Baba unter der Bastonnade. Ich hatte keine Ahnung, was Bastonnade war, aber so, wie die Musik und der schaurig jammernde Gesang klang, konnte ich mir vorstellen, daß es was Schlimmes sein mußte. Barbara schlug vor, beim nächsten Mal eine MC von Sade mitzubringen, die Songs wären wahnsinnig erotisch und voll von jahrhundertelang unterdrückter Leidenschaft, und außerdem käme Sade aus Afrika und würde auch total exotisch aussehen, irgendwie richtig orientalisch.

Patschuli fertigte Barbara kurz ab, indem sie ihr nahelegte, aus dem Kurs auszutreten, wenn sie nicht in der Lage sei, sich an die arabischen Rhythmen zu gewöhnen. »Diese Musik ist von edler Vollkommenheit«, erklärte sie von oben herab, »sie ist von monophoner Struktur und hat bestimmte vorgegebene Melodielinien, die nennt man *Maqam*, und gerade aus den unmerklichen Variationen ergibt sich eine raffinierte musikalische Linienführung, eine bis ins Unendliche verfeinerte Arabeske.«

»Das hat sie aus dem Bauchtanzbuch, wortwörtlich«, sagte Barbara halblaut zu Hildchen.

»Vor allem die fremdartige, horizontale Struktur der arabischen Musik lockt uns in Verzauberung und Ekstase«, sagte Patschuli mit erhobener Stimme.

»Das steht auch da drin«, flüsterte Barbara sarkastisch. Allerdings fügte sie sich, wenn auch achselzuckend, als Patschuli in die Hände klatschte und uns aufforderte, Mond- und Sonnenkreise zu üben.

Patschuli ging von einer zur anderen, korrigierte, lobte, gab Anregungen.

Danach lernten wir eine neue Hüftbewegung, die Hüftschleife, bei der man abwechselnd die rechte und die linke Hüfte herausdrücken und dabei von einem Fuß auf den anderen treten mußte. Als wir die Schleife alle zu Patschulis Zufriedenheit beherrschten, führte sie uns vor, wie man mit den Hüften Achten machte. Sie beschrieb wippend und rasselnd ein paar schwungvolle Achten und ging dabei in die Knie, diese Figur hieße Schlangenacht, erklärte sie uns.

Wir versuchten, es ihr nachzumachen. Hildchen schnaubte und stöhnte: »Morgen werd’ ich schrecklichen Muskelkater haben, ich spür’ schon, wie’s in die Knochen geht!«

Patschuli wippte hüftpendelnd um uns herum. »Gell, ihr spürt schon, wie's in die Knochen geht«, meinte sie wohlgefällig.

Zum Schluß übten wir noch den Hüftdrop, bei dem man die Hüfte ruckartig nach oben werfen mußte, aber ohne den Oberkörper dabei zu bewegen. Wir droppten und droppten, und ich merkte, daß ich an Stellen Muskeln hatte, wo ich nie welche vermutet hatte.

Patschuli zeigte uns, wie man den doppelten Hüftdrop wechselseitig ausführte und wie man ihn mit langsamen Schritten kombinieren konnte. Ich war begeistert, als sie es uns vormachte. Es sah wirklich sagenhaft bauchtanzmäßig aus.

»Zu Hause müßt ihr fleißig üben, dann werdet ihr wunderbar locker und entspannt, ganz weich und geschmeidig in den Hüften, genau das, was wir brauchen; für das Hüftdrop-Schwenken, das Hüftwippen im Laufen, auch mit Zwischenhüpfer, und für das Hüftpendel, das einfache, das horizontale und das vertikale!«

Am nächsten Morgen hatte ich den erwarteten Muskelkater. Ich wankte mit schmerzenden Hüftgelenken in den Hörsaal und ließ mich neben Vanessa auf die Bank fallen. Wir saßen wie immer in der sechsten Reihe, zusammen mit Marlene und Katja, das war weit genug vorn, um ab und zu von der Vorlesung was mitzukriegen, aber gleichzeitig auch so weit hinten, daß man sich ungestört die Nägel lackieren konnte. Vanessa war gerade damit beschäftigt, ihre lila-silbernen Nägel umzudekorieren, passend zu ihrer rosa-weiß gestreiften Bluse. Einen Nagel rosa, einen weiß. Zum Schluß applizierte sie auf jeden Nagel einen kleinen Plastikbrilli.

Ich stöhnte, als ich versuchte, mich bequemer hinzusetzen.

»Was ist los mit dir?« wollte sie wissen und betrachtete kritisch eine fertige Hand.

»Ich hab' Muskelkater, vom Bauchtanz. Ich glaub', aus der Sache am Samstag, mit diesem Adrian, da wird nichts.«

»Quatsch. Das ist doch erst übermorgen. Bis dahin bist du wieder fit. Komm heute abend noch mal zu mir, ein paar Gänge in der Sauna, und du bist geschmeidig wie eine Gazelle.«

Ich kicherte, als ich mir vorstellte, was ich für eine Gazelle abgeben würde mit meinen Riesentitten. Die afrikanische Steppe würde dröhnen unter meinen Sprüngen.

Vanessa fing mit dem Lackieren der anderen Hand an, als unser Dozent hereinkam. Heute war Donnerstag, und donnerstags hatten wir immer öffentliches Recht. Was öffentliches Recht ist, läßt sich nicht mit einfachen Worten ausdrücken. Wir waren seit Wochen eifrig dabei, es zu lernen.

Unser Dozent im öffentlichen Recht hieß Macke, wie die Macke, oder wie August Macke, der Maler. Wir nannten ihn immer Mackie Messer, weil er rasiermesserscharfe Bügelfalten hatte. Er gab sich redlich, aber vergeblich Mühe, uns zu vermitteln, was öffentliches Recht ist, indem er die Tafel mit ähnlich unverständlichen Kreidediagrammen überzog wie der Ohrwurm. Trotzdem waren seine Vorlesungen gut besucht, weil es immer was zu lachen gab. Er ließ andauernd unabsichtlich irgendwelche Knaller los, die witzigsten Stilblüten. Heute erklärte er uns den Unterschied zwischen dem öffentlichen und dem privaten Recht.

Im öffentlichen Recht gab es wie im Strafrecht jede Menge Theorien, und die mußte man draufhaben, um überhaupt erst mal rauszukriegen, ob man es mit öffentlichem Recht oder mit Privatrecht zu tun hatte. Es gab eine Interessentheorie, eine Subjektionstheorie und eine Subjektstheorie.

»An der Interessentheorie ist im wesentlichen die Kritik zu üben, daß auch bei fiskalischer Tätigkeit die öffentliche Hand das öffentliche Interesse im Auge haben sollte.«

Alles kicherte, und Vanessa rutschte der Pinsel aus. Mackie Messer guckte leicht beleidigt.

Ich notierte auf meinem umweltfreundlichen Altpapierblock: »Öff. Hand hat öff. Interesse im Auge.« Während ich den Blödsinn anstarrte, den ich da geschrieben hatte, überlegte ich dumpf, daß meine Notizen immer nachlässiger wurden. Ich kriegte jetzt fünf Vorlesungen auf eine karierte Seite. Inzwischen war ich wieder mal in der Buchhandlung gewesen und hatte festgestellt, daß es nicht nur

»Strafrecht leicht gemacht« gab, sondern auch »BGB leicht gemacht« und »Verwaltungsrecht leicht gemacht«. Es gab alle möglichen Rechtsgebiete leicht gemacht. Die Dinger verkauften sich rasend, sie mußten ständig nachbestellt werden. Zu den Vorlesungen kamen nur noch halb so viele Erstsemester wie am Anfang des Studiums.

Ich kaute auf meinem Sparkassenkuli herum und dachte nach. Ich hatte Sorgen, ganz bestimmte Sorgen, aber ich scheute mich, mit Vanessa darüber zu sprechen. Schließlich faßte ich mir ein Herz und räusperte mich. »Hör zu«, flüsterte ich, »es gibt da noch ein kleines Problem wegen Samstag.«

»Welches denn?«

Ich stotterte verlegen. »Ich kann nicht… ich habe nicht…«

»Hast du die Tage?«

»Nein. Aber es ist so… ich kenne mich doch mit diesen Sachen nicht aus…«

»Franzi, der Adrian ist echt toll! Er ist wahnsinnig einfühlsam, ehrlich! Du mußt bloß einfach ganz locker daliegen und ihn machen lassen! Er wird dir schon genau zeigen, wo's langgeht! Und du brauchst auch keine Angst zu haben, daß er vor dir soweit ist. Das passiert garantiert nicht!«

»Ja, schon«, flüsterte ich. »Aber das meine ich doch gar nicht. Ich meine… äh… weißt du, worüber wir uns neulich mal beim Italiener unterhalten haben, als Katja und Marlene und Elmar und Waldemar dabeiwaren? Diese Verhütungskiste?«

Katja und Marlene, die rechts von mir saßen, spitzten die Ohren.

Ich blickte sie strafend an und beugte mich dichter zu Vanessas Ohr, damit die beiden nicht mithören konnten. »Ich habe keine Ahnung von dieser Schleimgeschichte!« wisperte ich.

Mackie Messer sagte mit erhobener Stimme: »An der Subjektstheorie ist auszusetzen, daß der Unterschied zwischen dem Privat- und dem öffentlichen Recht oft historisch gewachsen ist. Zum Beispiel stellt sich dieses Problem bei der Frage, ob die Eisenbahn und der Postbus fiskalisch oder hoheitlich fahren.«

Vanessa kicherte und fluchte gleichzeitig, weil sie wieder mit dem Pinsel ausrutschte.

Ich wandte mich wütend ab und notierte auf meinem Block: »Bus/Bahn – hoh./fisk.?«

»Hör mal, ich hab' nicht über dich gelacht«, besänftigte sie mich grinsend und pustete mit gespitzten Lippen ihre rosa-weißen Nägel trocken.

»Was ist jetzt damit?« fauchte ich.

»Was ist womit?«

»Na, mit der Verhütung? Ich habe ehrlich keinen Bock, gleich beim ersten Mal schwanger zu werden.«

»Glaubst du, daran haben Adrian und ich nicht schon gedacht?« flüsterte sie. »Er wird selbstverständlich ein Kondom benutzen!«

Aha. Na ja. Ich war halbwegs beruhigt. Dann fiel mir auf einmal siedendheiß etwas Fürchterliches ein. Ich beugte mich noch näher zu Vanessas Ohr und zischte hinein: »Es darf aber kein Pfefferminzkondom sein!«

12. Kapitel

Meine Ängste wegen Samstagabend waren damit nur zum Teil beschwichtigt. Gewisse Fragen, die mir Kummer machten, waren keineswegs geklärt. Ich dachte während der ganzen restlichen Vorlesung intensiv darüber nach. Vanessa hatte gut reden. Egal, was sie sagte, aber ich konnte mich doch schlecht stumm wie ein Fisch ohne Fahrrad aufs Sofa legen und der Dinge harren, die da kamen. Irgend etwas mußte ich vorher wenigstens sagen. Aber was?

Ich hatte keine Ahnung, was ich mit dem Initiator bereden sollte. Sicher würde er sich mit mir unterhalten wollen, bevor er zur Sache kommen und *es* mit mir tun würde. Damit war ich bei der ersten Frage: Wofür interessierte er sich? Natürlich, in erster Linie war er daran interessiert, mit mir ins Bett zu steigen, dazu wollten wir uns ja schließlich treffen, aber das gab für eine Unterhaltung nicht viel her. Oder doch? Nein, sicher nicht. Wenn er mich zum Beispiel fragen würde, welche Stellung ich bevorzuge, wäre das schon der Todesstoß für unsere Konversation, denn das gehörte ja zu den Sachen, die er mir erst beibringen sollte.

Ich könnte mich natürlich über Themen mit ihm unterhalten, die alle Männer – abgesehen vom Sex – interessant fanden. Fußball zum Beispiel. Nur hatte ich leider vom Fußball keine Ahnung, außer daß man einen Ball dabei verwendete, den man mittels rasenzerfetzender Stollenschuhe in eines von zwei Toren schoß.

Oder Autos. An Autos interessierte mich nur, daß sie fuhren, wenn ich einen Schlüssel ins Zündschloß steckte. Das würde höchstens Gesprächsstoff für zwei Sätze ergeben.

Blieb noch das Wetter. Das war als Thema immer unverfänglich und uneingeschränkt geeignet. Wildfremde Menschen konnten sich ohne weiteres angeregt und stundenlang über das Wetter unterhalten.

Ich stellte mir also vor, wie ich mit dem potentiellen Verführer über das Wetter redete und wie wir von diesem Thema ganz unmerklich und zwanglos zur Erotik kamen.

Sie: »Heute war's ganz schön kalt.«

Er: »Ja, das stimmt. Soll ich dich wärmen?«

Oder:

Sie: »Hier drin ist es unheimlich heiß.«

Er: »Dann ziehen wir uns doch aus!«

Nein. So lief das nicht. Das wäre total plump, und ich würde mich sofort schrecklich verkrampfen. Ich mußte ganz locker an die Sache rangehen. Wir mußten miteinander flirten, damit sich die anschließende Initiation ganz natürlich und spontan ergab, quasi wie zufällig.

Das Problem war nur, daß ich vom Flirten ungefähr so viel Ahnung hatte wie ein Fisch vom Fahrradfahren. Mit Harry hatte ich nie flirten müssen, das war völlig überflüssig. Es kam im Abstand von ein paar Monaten ganz von allein immer mal wieder über ihn. Dann fiel er mit feuchten Händen und noch feuchteren Lippen über mich her, und brach fünfundzwanzig Sekunden später stöhnend zusammen.

Außerdem kannte ich ihn schon seit meiner frühen Kindheit, da wäre es sowieso blödsinnig gewesen, mit ihm zu flirten. Also war ich nie in die Verlegenheit gekommen, das Flirten lernen zu müssen.

Aber dagegen konnte ich was tun. Anstatt nach der Vorlesung mit Vanessa in die Mensa zu gehen, fuhr ich mit der Bahn in die Stadt und ging in einen Buchladen. Im Lebenshilferegal fand ich sofort, was ich suchte: »Die fünfzig goldenen Regeln für das richtige Anmachen – so flirten Sie erfolgreich.«

Ich sah mich hastig um, und als gerade niemand hinsah, riß ich zwischen *Zärtliche Partnermassage* und *Laß es uns mal anders tun* rasch noch einen anderen Band aus dem Regal, versteckte ihn unter den fünfzig goldenen Anmachregeln und ging zur Kasse.

Die Angestellte zog das zweite Buch, das ich ihr verschämt unter dem anderen hingeschoben hatte, hervor und wendete es hin und her. Ich zog den Kopf zwischen die Schultern, als sie dabei den verräterischen Umschlag für jeden deutlich sichtbar aufblitzen ließ.

»Da ist ja kein Preis drauf«, wunderte sie sich.

»Ach«, meinte ich lahm und drehte mich nervös um. Hinter mir warteten schätzungsweise ein halbes Dutzend Leute. Ich zuckte zusammen und stöhnte, als die Verkäuferin an der Kasse das Buch hoch in die Luft hielt. »Was kostet *Hundert Wege auf den Gipfel der Lust*«? schrie sie durch den Laden.

Aus einer Ecke brüllte es zurück: »Das gibt's nur zusammen mit der Videobegleitkassette, im Kombipack, für neunundsiebzigneunundneunzig!«

Die Leute, die hinter mir an der Kasse anstanden, feixten.

Ich kriegte eine Wahnsinnsbombe, bestimmt war ich so rot wie eine Tomate kurz vorm Anschneiden.

»Ich brauch' aber die Kassette nicht!« flüsterte ich.

»Was?«

»Ich brauche keine Kassette, ich hab' überhaupt keinen Videorecorder.«

»Die Kundin will die *Hundert Wege auf den Gipfel der Lust* ohne das Video, geht das?« schrie die Verkäuferin.

Allgemeines Feixen. Ein besonders ekelhafter Glasbrillityp kicherte albern.

»Da müßte ich mal den Chef fragen gehen«, kam die gebrüllte Antwort aus der hintersten Ecke des Ladens.

»Ich hab's mir anders überlegt!« stammelte ich. Ich ließ die fünfzig goldenen Anmachregeln zusammen mit den hundert Wegen auf den Gipfel der Lust an der Kasse liegen und verließ fluchtartig den Ort meiner Schande.

Auf der Heimfahrt knirschte ich innerlich noch eine Weile mit den Zähnen, doch dann fiel mir ein, daß ich neulich bei Hildchen in einer Illustrierten einen Artikel übers Anmachen entdeckt hatte. Das würde mir bestimmt weiterhelfen. Tatsächlich, im Keller fand ich die Zeitschrift, ganz unten im Altpapierstapel. Ich nahm sie mit nach oben, machte es mir auf meiner Gästeliege bequem und schmökerte.

Die Kunst des Anmachens war anscheinend nicht so schwierig, wie ich gedacht hatte. Als erstes lernte ich, daß man gewisse Themen vermeiden sollte, wenn man jemanden anmachen wollte. Zum Beispiel sollte man nicht über Krankheiten reden. Das leuchtete mir ohne weiteres ein. Wen macht es schon an, wenn der Anmachende zu berichten weiß, daß sein Fußpilz widerlich juckt oder daß er seit letzter Woche wahnsinnigen Durchfall hat?

Außerdem sollte man sich tunlichst nicht über gescheiterte Ehen/ Partnerschaften auslassen. Das lag auf der Hand, fand ich sofort. Ausgeleierte oder in die Binsen gegangene Beziehungskisten machten niemanden an. Sie schrecken bloß ab. Der/die Anzumachende vermittelte sofort den Eindruck, ein Beziehungskrüppel und/oder Streithammel zu sein.

Empfohlen waren statt dessen unverfängliche Themen wie Sport oder das Wetter. Aha. Na ja.

Ich entdeckte auch Ausführungen über die korrekte Flirtdistanz. Beim gegenseitigen Anmachen sollte ein Abstand zwischen sechzig Zentimetern und einem Meter fünfzig eingehalten werden, und besonders wichtig war, daß der Anmachende den Angemachten nie von hinten ansprach. Und für den männlichen Anmacher war es absolut verboten, der anzumachenden Frau auf den Busen zu gucken. Das war besonders hervorgehoben, was mich sofort für den Autor einnahm. Allerdings war ich Realistin. Wohin sollte der Anmacher sonst gucken, wenn ich in sechzig Zentimeter Entfernung vor ihm saß, in dem schulterfreien C&A-Kleid mit dem tierischen Dekolleté? Um das zu verhindern, müßte ich ihm schon den Rücken zukehren, und das war ja genauso verboten. Oder ich müßte weiter weg sitzen. Nein, das ging nicht, überlegte ich mir. Die höchstzulässige Anmachdistanz von einem Meter fünfzig war für den Initiationsabend wenig geeignet. Schließlich wollte man einander ja näherkommen.

Vom Übergang des Anmachens zur Berührung erfuhr ich: Es war strengstens verboten, daß der männliche Anmacher zuerst berührte. Das durfte nur die Frau. Geraten wurde zu dezenten Berührungen, etwa wenn der Anmacher der Anzumachenden Feuer gab. Oder ganz beiläufig, zum Beispiel wenn man/frau einen Witz riß und die Anmachpartner daraufhin schallend lachten. Das böte der Angemachten die Gelegenheit, ganz natürlich und unauffällig die Hand auf den Arm des Anmachers zu legen.

Du lieber Himmel! Das würde ich nicht fertigbringen! Ich rauchte schließlich überhaupt nicht. Wenn ich jetzt damit anfinge, würde ich bestimmt einen Erstickungsanfall kriegen, und die Sache mit der zwanglosen Berührung wäre Essig. Ich stellte mir vor, wie ich dem Initiator-Wolf den Rauch ins Gesicht spuckte, gerade in dem Moment, wo er sich anschickte, mich mit Haut und Haaren zu fressen.

Dann doch besser die Geschichte mit dem Witzereißen. Ja, ich würde einen Witz erzählen, schallend lachen und dabei ganz dezent meine Hand auf seinen Arm legen. Damit wäre das Eis gebrochen, und er dürfte zur Sache kommen. Vielleicht sollte ich mir schon mal einen Witz überlegen, damit ich nicht erst krampfhaft nachdenken mußte, wenn es soweit war. Meine Güte, mir fiel jetzt schon kein Witz ein! Dafür fiel mir sofort was anderes ein, nämlich, daß die Sache mit dem Witzereißen auch nichts taugte. Wenn ich erst mal soweit war, daß ich schallend lachen mußte, war es völlig ausgeschlossen, daß ich den Anmacher ganz dezent und beiläufig berührte. Ich würde beide Hände dafür brauchen, mir die Rippen zu halten.

Das mit der ersten Berührung war alles Mist, entschied ich und las weiter.

Ich kam zur Körpersprache. Das war bestimmt nicht schlecht. Vielleicht konnte ich damit anmachen. Zuallererst erfuhr ich allgemeines über die Körpersprache, zum Beispiel, daß es dabei im Zuge internationaler Verständigung leicht zu verbreiteten Mißverständnissen kommen konnte. Da gab es früher einen russischen Typen namens Leonid Breschnew, der vor zwanzig Jahren mal den amerikanischen Präsidenten besucht hatte. Immer, wenn er sich über irgendwas freute, hob er die Hände in Augenhöhe und klatschte. Die Russen finden das cool, es gilt als Zeichen der Freundschaft, aber bei den Amerikanern machen das nur Boxer, wenn sie rauskehren wollen, daß sie der Champion sind. Aha. Das konnte ich wohl auslassen. Ich hatte nicht vor, in Augenhöhe in die Hände zu klatschen, um auf diese Weise meiner Freude über den netten Abend Ausdruck zu verleihen.

Weniger interessant fand ich auch, daß ein Puertoricaner Schwierigkeiten hat, sich mit einem Engländer zu unterhalten, weil jemand aus Puerto Rico seinen Gesprächspartner pro Stunde durchschnittlich ungefähr hundertachtzigmal berührt, aber Engländer dieses Begrapschen auf den Tod nicht ausstehen können.

Genausowenig konnte ich mit der nächsten Körpersprache-Information anfangen, dem mit Daumen und Zeigefinger geformten O. Es heißt in Japan ›Geld‹, in Frankreich ›nicht viel wert‹, in den USA ›okay‹ und in Deutschland auf der Autobahn ›Arschloch‹. Das war nur für die Anmache im negativen Sinne von Bedeutung, und es würde auch höchstens dann zur internationalen Krise führen, wenn ein Japaner auf einem amerikanischen Highway einen Deutschen ausbremste.

Ich las weiter und kam endlich zu dem interessanten Teil, der Körpersprache beim Anmachen.

Ich erfuhr, daß Paare beim Anmachen dreißig Stufen der Annäherung durchlaufen, bevor es zum Geschlechtsverkehr kommt. Auch hier gab es bemerkenswerte internationale Unterschiede, zum Beispiel beim Kuß. Er stand in den USA schon an fünfter, in England aber erst an fünfundzwanzigster Stelle. Was lernte ich daraus? Anscheinend waren die Engländer im Gegensatz zu den Puertoricanern und Amerikanern total verklemmt. Oder sie küßten sich erst, wenn sie praktisch schon beim Koitus waren. Über die Deutschen stand nichts drin, ich war so schlau wie vorher. Das brachte alles nichts. Ich schob die Zeitschrift unter die Liege und rollte mich zu einem Nickerchen zusammen.

Ich verzichtete darauf, an diesem Abend Vanessa zu besuchen, um meine verspannten Hüftmuskeln in der Sauna aufzuheizen. Statt dessen half ich Hildchen beim Kochen. Sonja hatte ich dabei nie helfen können, aus dem einfachen Grund, weil sie es so gut wie überhaupt nicht konnte, genauso wenig wie Hemdenbügeln. Meist gab es Schnellfraß aus der Truhe, Tütensuppe oder Spaghetti. Seitdem Eberhard unseren Haushalt bereicherte, war auch ab und zu mal ein Restaurantbesuch drin.

Hildchen kochte sehr gut, und ich lernte gern dazu. Bei ihr schmeckte das Essen wesentlich besser als das aus der Truhe oder aus »Mutters Küche« in der Mensa. Heute gab es Wiener Schnitzel.

Hansi und Mucki hingen vor der Glotze, Tommy lernte für eine Mathe-Arbeit. Hildchen beschwerte sich bitter, daß ihre Kinder sie im Haushalt so schnöde im Stich ließen, und sie wäre ja so froh, daß ich so sagenhaft solidarisch wäre.

Ich verklepperte das Ei und klopfte und würzte das Fleisch. »Du hast sie total verzogen«, erklärte ich. »Mir kommt es so vor, als würden sie immer bloß auf ihrem Hintern hocken und fernsehen. Hast du eigentlich schon bemerkt, daß Tommy sich noch nicht mal allein Tee oder Kaffee eingießt?«

»Das ist es ja«, jammerte sie, »es steckt so in mir drin! Das war schon so, als ich klein war! Sonja hat immer dagesessen und sich bedienen lassen, von hinten und vorne, und ich bin rumgerannt und habe geputzt und gekocht und gemacht. Ich habe neulich mal im Frühstücksfernsehen gehört, daß es dafür einen Fachausdruck gibt. Die Psychologen nennen das Helfersyndrom. Das heißt, daß man wahnsinnig happy ist, wenn man für irgend jemanden den Dreck wegputzen darf. Man ist dem hilflos ausgeliefert. Ohne Therapie sowieso.«

Ich wälzte das Fleisch zuerst in Mehl, dann in dem verschlagenen Ei und zuletzt in den Semmelbröseln. »Das kann mir nicht passieren«, behauptete ich im Brustton der Überzeugung. »Männer haben für so was einen siebten Sinn. Wenn man denen einmal das Bett bezieht oder das Hemd bügelt, wollen sie es immer wieder. Das sagt die Sonja andauernd.«

»Sie hat ja so recht«, seufzte Hildchen. Sie pellte die Kartoffeln und putzte den Salat. Als die Schnitzel brodelnd und zischend in der Pfanne brieten, setzten wir uns an den Küchentisch und genehmigten uns ein Glas Wein.

»Das ist nicht nur im Haushalt so«, meinte Hildchen. »Gib ihnen den kleinen Finger, und sie nehmen alles!«

Der Wein beflügelte mich zu der Frage: »Auch im Bett?«

»Besonders da.«

Sie starrte trübsinnig in ihr Glas, und ich konnte mich nicht zu weiteren Fragen durchringen. Ich dachte an die Story von dem Pfefferminzpariser. Und dann an den wilden Bullen und das wilde Weib.

Hildchen fuhr traurig fort: »Wußtest du, daß bei vorgetäuschten Orgasmen nachgewiesenermaßen in vierzehn Prozent aller Fälle die Männer wissen, daß die Frau keinen hatte?«

»Echt?« Ich war erschüttert.

»Ja, echt. Vierzehn Prozent, in denen beide davon wissen, Mann und Frau. Das hab' ich neulich erst gelesen.«

»Und? Gibt's dann Zoff, oder was?«

»Wo denkst du hin. Das ist ja das Schlimme. Beide wissen es, aber sie reden nicht drüber. Es ist so eine Art stillschweigender Übereinkunft.«

Ich war noch erschütterter. Ich konnte es gar nicht glauben. Vierzehn Prozent, in denen beide wußten, daß es für die Frau eine Luftnummer war! Lieber Himmel, wie groß mußte da erst die Dunkelziffer der vorgetäuschten Höhepunkte sein, die der Mann für echt und sich selbst deswegen für den Allergrößten hielt! Aber, Moment mal, das war ja ganz leicht, ich mußte kaum rechnen. Wenn die Männer es bei vierzehn Prozent der vorgespielten Orgasmen wußten, gingen sechsundachtzig als echt durch. Mein Hals wurde ganz eng. Das waren ja zusammen hundert! Großer Gott, das hieße ja, daß in hundert Prozent aller Fälle der einzige Lustgewinn, den die Frauen beim Bumsen erzielten, ein befriedigter Pascha war. Oder? Nein, das konnte nicht stimmen, irgendwo mußte ich mich verrechnet haben. Ich war vollkommen durcheinander. Dann dachte ich wieder an den wilden Bullen und das wilde Weib. Ob Hildchen bei Adnan…?

»Und das ist noch nicht mal das Schlimme daran«, meinte Hildchen düster. »Das Schlimme ist, daß es den Männern völlig egal ist. Ob echt oder falsch, das kratzt sie überhaupt nicht. Hauptsache, Orgasmus. Die Männer brauchen das, sonst können sie selber nicht.«

Als wir später im Wohnzimmer am Eßtisch saßen und Schnitzel mit Bratkartoffeln und Salat aßen, dachte ich fieberhaft nach. Wenn ich jetzt zu den hundert Prozent gehörte und keinen Orgasmus kriegte, was dann? Vielleicht war ich ja total frigide. Dann würde Adrian, der Initiator, sich womöglich stundenlang vergeblich auf mir abrackern, und wir würden nie zum Ende kommen – weil er nicht konnte, weil ich nicht konnte.

Großer Gott! Vanessa hatte ja sogar gesagt, daß er garantiert nicht soweit wäre, bevor ich es wäre! Darüber hatte ich bisher noch gar nicht nachtgedacht! Ich fühlte, wie die Panik in mir hochkroch. Ob ich es im Bedarfsfall richtig hinkriegen würde, das Vortäuschen? Ich malte mir entsetzt aus, was passieren würde, wenn ich verkehrt stöhnte, wenn es sich nicht lustvoll genug anhörte. Vielleicht erwartete er auch irgendwelche verzückten Kommentare, wie beim wilden Bullen und dem wilden Weib, so in dem Stil: »O, duuu, gib's mir!« Oder: »Jaaaa, tiefer!« oder irgendwas Hirnrissiges in dieser Art. Was, wenn ich nun nicht die der jeweiligen Situation angemessene, leidenschaftliche Bemerkung hervorstoßen konnte? Damit würde ich mich sofort als unbedarftes, rettungslos beklopptes Landei outen, und der Initiator würde sich kaputtlachen.

Der Fernseher lief, die Wrestlemania war in vollem Gange, und ein riesiger, verfetteter Japaner namens Yokozuma erklärte großspurig, daß er demnächst den Hulk zu Kleinholz verarbeiten und ihn in Grund und Boden slammen würde, eine seiner leichtesten Übungen, weil er seit dem letzten Kampf zugenommen hätte. Jetzt brächte er nicht mehr bloß zweihundertdreißig, sondern zweihundertfünfzig Kilo auf die Waage, und er würde den Hulk mit unmenschlich grausamen Sideback-Breakern und gräßlichen Fallaway-Slams zu Wakkelpeter zerknallen. Er grunzte tierisch. Wie Adnan beim Orgasmus. Ich war versucht, es ihm gleichzutun, beherrschte mich aber im letzten Moment. Schließlich waren alle dabei. Ich kaute hektisch auf einem Bissen Schnitzel herum. Meine Güte, übermorgen war schon Samstag, wann und wo sollte ich da noch üben?

Tatanka, ein wilder Indianer-Catcher-Typ mit rot-schwarz gestreiften Haaren und farbenfrohen, fransenbesetzten Indianerleggings nahm den hilflosen Bill Baker – der trug nur einen schlichten, ärmlichen schwarzen Ringeranzug und war daher von vornherein klar als Verlierer gebrandmarkt – nach einem brutalen Elbow-Drop mit seinen befransten, baumstammdicken Schenkeln in eine gnadenlose Kopfschere. Bill Baker keuchte und ächzte und röchelte. Ich hörte genau zu. Plötzlich hatte ich die zündende Idee! Muckis Kassetten! Ich hätte noch diesen ganzen Abend und den nächsten Abend Zeit, sie mir genau anzuhören, wieder und wieder. Das wäre doch gelacht! Leichten Herzens sah ich zusammen mit den Jungs dem nächsten Kampf zu, bei dem die Steiner Brothers im Tac-Team – das hieß soviel wie Doppel – gegen Scott Amore und Otis Apollo antraten. Während sie stöhnend und schnaufend und grunzend übereinander herfielen und sich gegenseitig durch den Ring schmissen und auch den Schiedsrichter nicht verschonten, frohlockte ich innerlich. Muckis Kassette würde mir schon den letzten Schliff für den Initiationsabend geben, davon war ich restlos überzeugt.

Eine Stunde später lag Mucki mit großen Augen im Bett und konnte es nicht fassen, daß ich mir seine gewinnbringenden Kassetten anhören wollte, wo ich es doch sonst gar nicht abwarten konnte, sie ihm wegzunehmen oder zu überspielen. Er hatte sie nur zögernd rausgerückt, wahrscheinlich hatte er Angst, daß ich sie wieder löschen wollte. Zuerst hatte er steif und fest behauptet, er hätte keine mehr, aber dann holte er doch noch eine Endlosaufnahme aus den Tiefen seines Schulranzens – nachdem ich zehn Mark Pfand bezahlt und ihm erlaubt hatte, genauso lange Gameboy zu spielen, wie ich an diesem Abend noch lesen würde. Ich wurde rasch mit ihm handelseinig, aber nur unter der Bedingung, daß er morgen – da war Freitag, und freitags übernachtete Adnan immer hier – wieder neue Aufnahmen machen durfte.

Mein geschäftstüchtiger Cousin schob ein Catcher-Spiel in seinen Gameboy; ich kriegte gerade noch mit, wie er mit blutrünstigen Ausrufen den Ultimate Warrior anfeuerte, bevor ich die Kopfhörer überstülpte, um mir das Hörspiel vom wilden Bullen und dem wilden Weib zu Gemüte zu führen. Ich verinnerlichte die Dialoge bis zum Letzten und guckte dabei auf meine Uhr, um mir das richtige Timing zu merken.

Als ich an diesem Abend einschlief, waren meine Ohren unter den Kopfhörern feuerrot.

13. Kapitel

Am nächsten Abend rief mich Harry aus Berlin an; er hatte schon die ersten Vorlesungen besucht, sich Bücher gekauft und sich wie ich die Hacken vergeblich nach einer Wohnung abgelaufen. Er hörte sich trotzdem gut aufgelegt an, ganz der liebe, optimistische Harry.

»Stell dir vor, Franzi, wer auch hier in Berlin gelandet ist! Rate mal!« forderte er mich auf.

»Keine Ahnung.«

»Du wirst es nicht glauben!«

»Sag' es mir, dann sag' ich dir, ob ich dir glaube.«

»Tanja, stell' dir das vor! Sie hat doch tatsächlich hier einen Studienplatz gekriegt! Sie kennt hier niemanden, deshalb wohnt sie auch so lange bei meinem Onkel, der hat ja ein Riesenhaus, er hat gesagt, wir können so lange bei ihm wohnen, bis wir was gefunden haben. Auf lange Sicht ist es natürlich nichts, weil es so weit außerhalb von Berlin ist, aber vorläufig sind wir froh, daß wir überhaupt eine Unterkunft haben.«

Tanja, in Berlin? Meine beste Freundin, sie studierte in Berlin? Ich war platt von dieser Neuigkeit.

»Komisch«, sagte ich, »ich hab' erst am Wochenende mit ihr telefoniert, sie hat mir überhaupt nichts davon gesagt! Ich dachte, sie wollte sich erst fürs nächste Semester nach einem Studienplatz umtun! Und jetzt geht sie auch nach Berlin! Wieso hat sie mir nichts davon erzählt?«

Harry schwieg ein paar Sekunden lang.

»Harry? Bist du noch dran?«

»Ja... Vielleicht wollte sie dich überraschen...«

»Ich bin überrascht, soviel steht fest! Zuerst du, und jetzt Tanja, und beide in Berlin... Das ist wirklich ein toller Zufall!« rief ich erstaunt aus.

»Äh... ja, das könnte man vielleicht so sagen. Ach, Franzi, weshalb ich dich überhaupt anrufe. Es ist wegen Fritzi.«

Fritzi, mein Wellensittich! Ich hielt vor Schreck den Atem an, voller Angst, daß ihm etwas passiert sein könnte.

»Mit dem Vogel ist alles in bester Ordnung, keine Sorge. Aber es ist so: Tanjas Mutter will sich nicht um den Vogel kümmern. Ich würde ihn ja nehmen, aber ich weiß nicht, ob ich nicht irgendwann vergessen würde, ihm Futter zu geben. Du kennst mich ja, ich bin manchmal vergeßlich. Außerdem steht mein Onkel nicht auf Haustiere, und Tanja hat im Moment auch genug um die Ohren, Vorlesungen, Wohnungssuche, all das, du weißt ja, wie das zugeht. Also, der langen Rede kurzer Sinn: Wir möchten dir Fritzi bringen, gleich am nächsten Samstag, wenn du nichts dagegen hast.«

Ich war außer mir vor Freude. Harry, mein lieber Harry, und Tanja, meine allerbeste Freundin, sie wollten mich besuchen kommen! Und ich würde endlich Fritzi wiedersehen! Hildchen erklärte sogleich, sie hätte nichts gegen Wellensittiche, vorausgesetzt, er würde in seinem Käfig bleiben und sie müßte sich nicht um ihn kümmern. Mucki bestand voller Begeisterung sofort darauf, daß Fritzi in seinem Zimmer schlafen sollte, er hätte schon immer ein Tier haben wollen, aber seine gemeine Mutter hätte es nie erlauben wollen.

In dieser Nacht schlief ich schlecht. Das lag nicht an Adnan, obwohl er wieder bei Hildchen übernachtete; das Gerüttel störte mich nicht mehr annähernd so stark wie beim ersten Mal. Ich machte die Augen zu, um Muckis begeistertes Gesicht nicht sehen zu müssen, während er entsprechend unserer Abmachung die glücklichen Lustschreie von nebenan mitschnitt. Hören konnte ich sowieso nichts; Tommy hatte anstandslos seinen Gettoblaster herausgerückt, als ich ihm angedroht hatte, Kniffe in seine zwei guten Lacoste-Shirts zu bügeln. Nein, meine nächtliche Unruhe hatte ihre Ursache in schlechtem Gewissen. Die von Vanessa hervorgerufene Überzeugung, daß ich morgen etwas völlig Normales und Naheliegendes, ja, etwas dringend Erforderliches tun würde, verflüchtigte sich von Stunde zu Stunde. Ich hatte sofort nach Harrys Anruf die Plastiktüte mit meinen neuen Dessous ganz hinten unter meiner Gästeliege vergraben und mein hübsches, apricotfarbiges, schulterfreies Cocktailkleid in Hildchens Weichholzbauernschrank verschwinden lassen, zwischen zwei alten schwarzen Matronenkleidern von ihr, die sie vor zehn Jahren mal getragen hatte, zu Beerdigungen.

Meine Gästeliege rüttelte und rüttelte, und ich quälte mich mit Selbstvorwürfen. Du liebe Güte, was hatte ich da bloß vor? Was bildete ich mir nur für Schwachheiten ein?

Das Rütteln wurde immer schneller und schneller, bis es endlich schlagartig abriß, begleitet von einem schwachen, durch die Kopfhörer gedämpften Knall. In diesem Augenblick beschloß ich endgültig: Ich würde es nicht tun.

Am nächsten Morgen wachte ich schon um fünf Uhr auf, völlig zerschlagen, mit dem Gefühl, kaum ein Auge zugekriegt zu haben. Draußen war es noch stockfinster. Ich wälzte mich auf meiner Liege herum und dachte darüber nach, wie ich es heute Vanessa beibringen sollte, daß aus der großen Verführungsszene mit dem Initiator nichts werden würde. Ich machte mir immer noch Vorwürfe, daß ich überhaupt nur daran gedacht hatte, *es* mit einem anderen zu tun, selbst wenn der hundertmal so aussah wie Bruce Willis und Kevin Costner. Harry sah weder wie Bruce noch wie Kevin aus, sondern ein bißchen wie Alfred E. Neumann, er hatte ein rundes, verschmitztes Gesicht und auch die kleine Zahnlücke zwischen den beiden vorderen Schneidezähnen, aber wir liebten uns ja schließlich.

Nach Harrys Anruf am vergangenen Abend hatte meine mentale Treulosigkeit mir völlig zu Recht eine schlaflose Nacht beschert; ich war heilfroh darüber, daß Harry seinen Besuch angekündigt hatte, das war wie ein Wink des Schicksals, eine stumme Aufforderung: Tu es nicht, Franzi, bleib standhaft! Und ich würde standhaft bleiben, ich würde mich nicht dem Initiator hingeben, mochte er auch noch so ausgefallene Techniken beherrschen, um mich auf den Gipfel der Lust im Reich der Sinne zu entführen!

Harry und Tanja wollten zwar am späten Nachmittag wieder fahren, theoretisch wäre abends Zeit gewesen zur Ausführung von Vanessas Initiationsplänen, aber davon wollte ich nun nichts mehr wissen. Die Dessous und das Kleid würde ich für Harry aufbewahren. Vielleicht, wenn ich ihn in ein paar Wochen in Berlin besuchte, sobald er seine eigene Wohnung hatte, oder er mich in Frankfurt, in meiner zukünftigen Wohnung... Ich merkte, wie ich wieder eindöste.

Kurz bevor ich richtig einschlief, malte ich mir aus, wie Harry die Verführungsszene gestalten würde, überlegen, selbstsicher, männlich, ganz ohne Hektik und Panik. Er würde diesmal zwar leidenschaftlich sein, aber in Maßen, er würde sich zu zähmen wissen, gerade soviel, daß er mir auf gar keinen Fall Flecke auf das schöne neue Kleid machte. Ich sah mich auf einem Lotterbett liegen, mit meinen hübschen Strapsen und dem Spitzen-Blues-BH, Harry kam mit den Gläsern von der Bar zurück, beugte sich über mich und sagte rauh: »Du ahnst nicht, was du mir da antust, Kleines!« Mit mühsam gebändigter Leidenschaft ließ er seine erfahrenen Hände über meinen Körper gleiten...

Ich seufzte, stülpte mir mit vor Müdigkeit schweren Fingern die Kopfhörer über und schaltete den Gettoblaster ein. Starship jubelte: *Nothing's gonna stop us now*, o ja, wieder ein Wink des Schicksals, so würde es sein, genau so. Ich nippte von dem perlenden Champagner und schloß in ekstatischer Verzückung die Augen, als ich seine heißen Hände auf meinen Schenkeln fühlte. Er knöpfte die Strapse auf, einen nach dem anderen, ganz genießerisch, er ließ sich bewußt Zeit dabei. Als er beim letzten Straps angekommen war, schlief ich beseligt ein.

Harry und Tanja kamen später als erwartet; es war schon fast zwei Uhr, als sie endlich mit Fritzis Käfig vor der Tür standen. Ich hatte bereits voller Unruhe gewartet, besorgt, daß sie auf der Fahrt einen Unfall gehabt haben könnten, nervös und beunruhigt, weil sie doch um vier schon wieder fahren wollten. Als es endlich klingelte, öffnete ich die Tür und fiel Harry jubelnd um den Hals. Er umarmte mich vorsichtig, irgendwie hölzern, und sofort löste ich mich von ihm. Ich hatte gar nicht mehr an meinen Busen gedacht und daran, wie sehr ihn meine Fesselballons irritierten.

Tanja lächelte, als ich ihr Küßchen auf beide Wangen hauchte, ein kleines, schiefes, typisches Tanja-Lächeln. »Wie geht's immer so, Franzi?«

»Ach, jetzt, wo ihr da seid, geht's mir wunderbar!« rief ich glücklich. Ich ging mit den beiden hoch in Muckis Zimmer; Hildchen und der Rest der Familie mitsamt Adnan hatten das Wohnzimmer belegt, da wäre für mich und meinen Besuch kein Platz mehr gewesen. Ich setzte mich auf Muckis Bett, Tanja setzte sich auf die Gästeliege, und Harry blieb mit unbehaglichem Gesichtsausdruck mitten in dem engen Zimmerschlauch stehen.

»Hier übernachtest du?« fragte er und schaute sich stirnrunzelnd um.

»Ja, es ist nur provisorisch, so ähnlich wie bei dir und deiner Bleibe bei deinem Onkel. Sag mal, Tanja, das ist ja ein Ding, daß du jetzt auch in Berlin studierst! Wieso hast du mir davon nicht ein einziges Sterbenswörtchen erzählt? Du bist ja eine richtige Geheimniskrämerin!«

Tanja zuckte mit den Schultern und fuhr sich durch die dichten, blondgesträhnten kurzen Haare. »Das ist eine Sache, die hat sich ganz kurzfristig ergeben, weißt du.«

Mehr sagte sie nicht darüber. Ich blickte strahlend zu Harry auf. »Du siehst gut aus, irgendwie… richtig gut und toll erholt!« Das stimmte. Er war braungebrannt, seine Haare hatte er ganz kurz schneiden lassen, dadurch wirkte sein Gesicht nicht mehr so rund. Wie er so dastand, wirkte er lässig und selbstsicher.

»Hör mal, Franzi«, meinte er und tauschte mit Tanja einen Blick, »kennst du nicht irgendwo ein nettes Lokal, wohin wir gehen könnten? Da könnten wir uns besser… unterhalten als hier in diesem mickrigen Kinderzimmer.«

»Klar«, sagte ich eifrig, »es gibt da ein hübsches Café, in der Innenstadt, das ist toll, wir könnten Kaffee trinken, und hinterher zeige ich euch noch ein bißchen was von der Stadt!«

Ich schmuste noch kurz mit Fritzi; er guckte mich aufmerksam mit seinen winzigen dunklen Vogelaugen an, so, als wollte er sagen, schön, daß ich wieder bei dir bin. Dann stiegen wir in Tanjas knallroten Panda und fuhren in die Stadt. In dem Café setzten sich die beiden mir gegenüber. Ich hätte gern neben Harry gesessen, da hätte ich seine Hand halten können, aber so war es auch nicht schlecht, immerhin konnte ich meine beiden besten Freunde ansehen, ihre vertrauten Gesichter betrachten, ihr Lächeln in mich aufnehmen. Nur – die beiden lächelten überhaupt nicht. Genaugenommen sahen sie ziemlich ernst aus. Sie sahen mich auch nicht an, sondern blickten fortwährend aus dem Fenster oder auf den Tisch. Was war los mit ihnen?

»Seid ihr angenervt wegen Berlin?« fragte ich mitfühlend. »Ihr Ärmsten, ich weiß, wie das ist! In einer wildfremden Stadt, keine Wohnung, tausend neue Gesichter, man kennt niemanden … Obwohl, ihr habt's ja noch ganz gut im Vergleich zu mir, ihr habt ja wenigstens euch beide.«

Harry lief dunkelrot an bei diesen Worten, und Tanja schaute rasch zur Seite.

»Franzi, ich …«, begann Harry stockend.

»Franzi, wir …«, meinte Tanja gleichzeitig.

Sie verstummten beide wieder. Ich blickte fassungslos von einem zum anderen. Nein, es war nicht wahr. Es konnte nicht sein. Nicht Harry. Nicht mit Tanja. Nicht meine beiden besten Freunde!

»Sagt, daß es nicht wahr ist!« verlangte ich mit schwankender Stimme.

»Franzi …« Harry erwiderte verzweifelt meinen anklagenden Blick. Tanja räusperte sich. »Franzi, du, das hat sich unserem Einfluß einfach entzogen. Es war wie eine Naturgewalt, schon beim ersten Mal. Aber wir haben dich unheimlich gern, wir beide, weißt du. Das mußt du uns glauben! Deshalb war es für uns ganz selbstverständlich, daß

wir hergekommen sind, um es dir persönlich zu sagen, um dir klarzumachen, wie es geschehen konnte. Das kam so über uns, ehrlich! Du
kannst dir nicht vorstellen, wie mies wir beide uns gefühlt haben,
aber...«

»Aber wir müssen nun mal den Tatsachen ins Gesicht sehen«, sagte
Harry.

Aha. Das waren die Tatsachen. Und sie hatten sich mies gefühlt.
Mies gefühlt!

»Ihr habt euch mies gefühlt?« rief ich schrill. »Habt ihr euch auch im
Bett mies gefühlt?«

Harry verzog verlegen das Gesicht, und Tanja hob die Schultern.
»Wenn du's schon wissen willst. Nein«, sagte sie gelassen.

»Was? Nein? Sag bloß, du hast ein Mittel dagegen gefunden!«
höhnte ich in Harrys Richtung. Ich wollte ihn verletzen, ich wollte
ihn töten, ihn und Tanja, alle beide, ich wünschte mir in diesem Moment bloß noch, daß die beiden Schmeißfliegen wären und ich eine
Fliegenpatsche, die auf sie niedersauste, um Mus aus ihnen zu machen.

»Du solltest dir keine Vorwürfe machen, Franzi«, sagte Harry milde
zu meinem Busen, »aber wir müssen nun mal...«

»...den Tatsachen ins Gesicht sehen«, ergänzte ich mechanisch. Ich
war wie tot. Der Kaffee stieg mir bitter in die Kehle, und Harrys und
Tanjas Gesichter verschwammen vor meinen Augen. Meine beiden
besten Freunde. In Berlin. Ganz zufällig. Ganz kurzfristig. Und ganz
erfolgreich, so, wie es aussah. Tränen liefen mir plötzlich übers Gesicht und verschleierten meinen Blick. Es waren Tränen der Trauer
und Enttäuschung. Ich empfand tiefen Schmerz, weil ich auf einen
Schlag meine beiden besten Freunde verloren hatte, und weil Tanja
das bei Harry geschafft hatte, was ich nicht fertiggebracht hatte,
trotz jahrelanger anhänglicher, zärtlicher Freundschaft.

Und es waren Tränen der Hoffnungslosigkeit; der bereits entwur-
zelte Baum wurde von einer Sturmbö vollständig aus dem Erdreich
gezerrt und in einem Schauer von abgerissenen Blättern davongewir-
belt.

Es waren schließlich Tränen der Kränkung, Tränen eines verletzten, hintergangenen Menschen. Ich war betrogen worden, und zwar doppelt, von zwei Menschen, die mir etwas bedeuteten, gleichzeitig. Das war der schlimmste Betrug, den ich mir vorstellen konnte.

Das ist die Strafe, dachte ich plötzlich. Ja! Es war wie eine Erleuchtung. Es war die Strafe dafür, daß ich vorgehabt hatte, mich mit dem Initiator zu vergnügen! Während ich tränenblind die Umrisse der beiden Betrüger vor mir anblinzelte, machte ich mir klar, daß ich es nicht anders verdient hatte.

Ich war im Grunde ein zutiefst ruchloses Geschöpf, ich hatte es wirklich fest vorgehabt, die Strapse und der Blues waren der untrügliche Beweis für meine verderbten Pläne! Ich schluchzte qualvoll auf, und Tanja und Harry tauschten bestürzte Blicke.

»Du lieber Himmel, Franzi!« rief Tanja mitleidig aus. Ich schüttelte den Kopf. Ich verdiente ihr Mitleid nicht!

»Sagt mir nur eins!« bat ich mit dumpfer Stimme. »Wann hat es angefangen?«

Tanjas Miene hellte sich auf. »Ich weiß, was du jetzt denkst, Franzi, aber so war es nicht! Während der Schulzeit hat sich nichts abgespielt, ehrlich nicht! Es ist erst zwei Tage nach deiner Abreise passiert!« Sie blickte mich freudestrahlend an, als hätte sie mir damit einen Riesengefallen getan.

Ich zwinkerte gegen meine Tränenflut an und begann fieberhaft zu rechnen. »Moment mal«, sagte ich langsam zu Harry. »Als du mich das erste Mal angerufen hast, hast du behauptet, du wärst am Abend vorher aus Neuseeland zurückgekommen. Das war, warte mal, vorletzten Samstag, danach müßtest du am Freitag davor zurückgekommen sein.« Ich zählte an den Fingern rückwärts, wann ich nach Frankfurt gekommen war. Es paßte eindeutig nicht zusammen. Es sei denn… »Warst du in Neuseeland?« fragte ich Tanja mit gepreßter Stimme. Sie guckte mich verständnislos an. »Nein, wieso…«

Harry wand sich wie ein Wurm und versuchte, ihr Zeichen zu geben.

Aha. Alles klar.

»Wann bist du wirklich aus Neuseeland zurückgekommen?« fragte ich ihn ausdruckslos.

Der Wurm wäre am liebsten unter den Tisch gekrochen. »Ich bin schon die Woche davor zurückgekommen«, gab er schließlich widerstrebend zu, »meine Mutter hatte mir am Telefon von dem Studienplatz erzählt, da habe ich mich sofort ins Flugzeug gesetzt. Tanja hat mich vom Flughafen abgeholt. Sie war an dem Abend eingeladen, und ich bin mitgegangen, weil ich nichts Besseres zu tun hatte...«

Meine Augen hatten sich zu Schlitzen verengt. »Ich verstehe.« Zu dem Zeitpunkt, als Vanessa mit der Fisch-ohne-Fahrrad-Geschichte angefangen hatte, waren die beiden also schon längst liiert gewesen! Rasende Wut stieg in mir hoch, sämtliche Schuldgefühle waren auf einmal wie weggeblasen, ich war sozusagen exkulpiert, so nannte man das mit einem juristisch-lateinischen Fachausdruck. Rein wie ein frischgewaschenes Lämmchen.

Ich sprang auf. »Ich will euch nie, nie, nie wiedersehen!« schrie ich. Wieder liefen mir Tränen übers Gesicht, aber diesmal waren es Tränen des Zorns.

Die beiden waren zusammen ins Bett gestiegen! Sie hatten betrügerisch der Fleischeslust gefrönt, und ich dämliches Landei, ich hatte entsagt, mit eherner Treue hatte ich allen Anfechtungen zum Trotz meine Keuschheit verteidigt, nur um mich für diesen wankelmütigen Schuft aufzubewahren, der meinem Busen die Schuld für seine sexuellen Mißerfolge gegeben hatte! Aber damit war jetzt Schluß! Was Harry konnte, konnte ich schon lange. Und sogar viel besser! Ich würd's ihm schon zeigen, ich würde die *femme fatale par excellence* werden! Wozu hatte ich die Strapse und den Blues? Mein Gott, jetzt hatte ich wirklich den Blues. Ich rannte tränenüberströmt aus dem Lokal, zur nächsten Telefonzelle, um mir ein Taxi zu rufen.

Immer noch schluchzend ließ ich mich auf den Beifahrersitz fallen, und das Taxi fuhr sanft an.

»Ich hatte gerade ein grauenhaftes Erlebnis!« weinte ich laut.

»Was war denn los?«

»Mein bester Freund und meine beste Freundin haben mich betrogen! Miteinander!«

»Das ist wirklich sehr schlimm!« meinte Karlheinz betroffen. In der Telefonzelle war mir sofort seine Telefonnummer eingefallen, und ich hatte gedacht, wenn ich schon mit dem Taxi heimfahren will, kann ich auch seins nehmen, dann verdient er wenigstens was dabei. Ich hatte ihm irgendwas Unzusammenhängendes vorgeheult, und er hatte knapp gesagt: »Bleib, wo du bist, ich komme in fünf Minuten.« Er war fünf Minuten später vorgefahren.

»Du kannst dir nicht vorstellen, wie gemein ich das finde«, schluchzte ich. »Das ist so eine wahnsinnige Enttäuschung! Ich habe mich jahrelang für diesen Typ aufgespart, und kaum bin ich in Frankfurt, geht er mit meiner besten Freundin ins Bett!« Er sah mich mit hochgezogenen Brauen an, während ich in meiner Tasche nach Tempos wühlte.

»Aufgespart?«

»Ja!« weinte ich. »Bis heute, stell dir vor! Ich dumme Gans, ich!«

Er sagte nichts, sondern hielt an und zog mich in seine Arme. Ich umklammerte ihn und schluchzte in seinen Kragen. Er hielt mich tröstlich umfangen, und ich weinte sein ganzes Hemd naß. Beruhigend strich er mir über den Rücken und die Arme, bis ich nur noch schluckte und schniefte. Ich preßte die Nase gegen die Stelle unter seinem Ohr; er roch gut, schwach nach Rasierwasser und noch etwas anderem, das ich nicht identifizieren konnte, und seine Wange war kratzig, er hatte sich heute noch nicht rasiert, wahrscheinlich, weil Wochenende war.

»Franzi«, murmelte er mit belegter Stimme und hielt mich fester. Ich machte mich seufzend los und lehnte mich zurück in meinen Sitz.

»Ach, Karlheinz, du bist ein wahrer Freund, du ahnst nicht, wie gut mir das eben getan hat. Ich meine, daß du mich in den Arm genommen hast!«

Er sagte nichts, sondern fuhr wieder an. Nach einer Weile fragte er: »Willst du nach Hause? Du könntest auch mit zu mir kommen, wenn du willst. Ich hab' heute nichts vor, wir könnten zusammen was unternehmen.« Er blickte mich mit unergründlichem Gesichtsausdruck von der Seite an.

Ich fand doch noch die Tempos in meiner Tasche. Entschlossen putzte ich mir die Nase und wischte mir die geschwollenen Augen trocken. Dann schüttelte ich den Kopf. »Danke, das ist unheimlich lieb von dir. Aber ich habe heute abend noch etwas vor, da muß ich rechtzeitig zu Hause sein.«

Ich dachte an die Strapse unter meinem Bett, an das schulterfreie Cocktailkleid zwischen Hildchens alten Matronenkitteln. Dann dachte ich an den Blues, aber an den aus Spitze. O ja, ich hatte noch was vor heute abend! Ich wollte mich sorgfältig darauf vorbereiten, ein leckeres Festmahl zu sein. Bruce-Kevin-Adrian, der Initiator-Wolf, er sollte mich mit Haut und Haaren fressen! Meine Augen glitzerten.

14. Kapitel

Zuerst mußte das potentielle Festmahl von lästigen Haaren befreit werden. Eine behaarte Frau mit Strapsen, das wäre wie ein Spanferkel mit Borsten. Ich riegelte mich im Badezimmer ein und verschmierte eine ganze Tube Enthaarungscreme auf meinen Beinen, unter den Achseln und untenrum. Auf der Packung nannte sich dieser Bereich nicht Schamgegend, sondern schamhaft Bikinizone. Ich nannte es immer untenrum, das hörte sich am nettesten an. Untenrum würde es in ein paar Tagen höllisch pieksen, aber zwei, drei Tage lang würde es glatt wie ein Kinderpopo sein, vor allen Dingen heute, am Initationsabend, und nur darauf kam es an. Ich hoffte nur, daß es keine roten Punkte geben würde, sonst würde ich dort aussehen wie ein gerupftes Huhn. Aber das war immer noch besser, als wenn bei diesem tollen Spitzentangaslip rechts und links die Wolle rausguckte, in dem Moment, wenn der Initiator sich bebend vor Leidenschaft über mich beugte und nach den Knöpfen meiner Strapse tastete. Er würde mich vielleicht mit Haut und Haaren fressen, aber nicht mit so vielen Haaren.

Ich saß auf dem Wannenrand, eingeschmiert mit Enthaarungscreme, zu allem entschlossen, als Hildchen mich von unten rief. »Franzi-Kind, die Sonja ist am Telefon!«

Auch das noch! Wir hatten am vergangenen Wochenende kurz miteinander telefoniert, aber die Verbindung nach Bolivien war miserabel gewesen, sie hatte mir nur kurz etwas von Kakerlaken und tellergroßen Spinnen im Bungalow erzählt, und Eberhard wäre von Moskitos zerstochen und würde wie Quasimodo aussehen mit den

Beulen, da war das Gespräch auch schon zu Ende gewesen. Ich war nur froh, daß sie vor ihrer Abreise per Dauerauftrag die Überweisungen auf mein frischeröffnetes Girokonto sichergestellt hatte. Wenn etwas Sonja aus der Ruhe bringen konnte, dann war das Ungeziefer. Vor allem Spinnen, je größer, desto schlimmer. Ich hätte monatelang kein Geld bekommen, nicht, solange Spinnen sich in ihrer unmittelbaren Umgebung aufhielten.

»Fraaanziiii, die Soonjaaaa!« schrie Hildchen von unten. Ich guckte an mir runter. Ausgeschlossen, es mußte wenigstens noch fünf Minuten einwirken. Auf dem Beipackzettel steht, je nach Haartyp bis zu zehn Minuten. Ich bin ein blonder Typ mit dünnen, weichen Haaren, die gehen schneller aus als harte, schwarze Haare, habe ich mir sagen lassen, aber sicher ist sicher. Wenn ich die Creme zu früh abwusch, würden die Haare nicht richtig abgehen, und ich müßte mit dem Rasiergerät nachhelfen, das würde auf jeden Fall rote Punkte hinterlassen.

»Fra-ha-hanziii! Deine Mu-hu-tter!«

Ich drehte das Wasser an der Wanne an und schrie: »Ich sitze gerade in der Wanne, ich kann jetzt nicht!«

»Waaaas??«

»Es geeeeht nicht, ich baaaade!«

»Waaaaas?«

»Sie hat sich gerade überall mit dem Enthaarungszeug eingeschmiert, überall, sie kann jetzt nicht!« brüllte Hansi, der pubertierende Widerling, direkt vor der Badezimmertür. Er konnte es unmöglich bis draußen riechen, oder? Ich schnüffelte. Es stank grauenvoll, wie immer, trotz gegenteiliger Behauptung auf der Packung. Vielleicht roch er es doch? Ich starrte auf das Schlüsselloch. Er hatte gesagt: Überall. Überall! Das konnte er unmöglich gerochen haben! Er hatte durchs Schlüsselloch gelinst!

»Hansiii!« brüllte ich außer mir. »Warte, bis ich fertig bin, dann ist was los, mein Freund!«

Er keckerte, genauso lachsackmäßig wie Mucki, als ich ein Handtuch über die Klinke hängte. Ich starrte mein zornrotes Gesicht im Spiegel an. Augenblicklich erstarrte ich. Meine Haare! Die auf dem Kopf! So konnte ich mich unmöglich dem Initiator präsentieren, nicht mit solchen Haaren, nicht zu diesem wunderbaren Kleid und den Strapsen!

An meinen Haaren habe ich normalerweise nichts auszusetzen, außer, daß sie glatt und langweilig herabhängen. Strack, sagt man bei uns im Bergischen. Stangenlocken hatte Harry immer gesagt. Harry! Ich spürte einen dicken Kloß in der Kehle. Rasch trank ich einen Schluck Wasser aus der Leitung, aber der Klumpen wollte nicht rutschen. Ich biß mir auf die Unterlippe, bis es weh tat, aber dann kamen mir doch wieder die Tränen. Sie tropften auf meine Fesselballons und liefen daran herunter, über meinen Bauch, bis auf das eklige, enthaarungscremeverschmierte Gestrüpp untenrum, zwischen meinen Beinen.

Probehalber zupfte ich daran, es ging schon ab. Während ich mich in der Wanne geistesabwesend abduschte (man mußte reichlich Duschgel nehmen, sonst wurde man den Gestank nicht los, und hinterher mußte man mit dem Waschlappen noch mal ordentlich rubbeln, weil sonst überall noch Haare herumhingen) überlegte ich, was ich mit meinen langweiligen langen Schulmädchenhaaren anfangen sollte. Vielleicht sollte ich sie straff aus dem Gesicht nach hinten kämmen und aufstecken. Aber den Gedanken verwarf ich sofort wieder, als ich an das Kleid dachte, und wieviel man darin von mir sehen konnte. Mein Kopf würde bloß wie eine dritte Kugel über zwei anderen, annähernd ebenso großen Kugeln wirken. Nein, das war nichts. Ich schrubbte mir mit dem Waschlappen die Achselhaare ab und dachte weiter nach. Locken. Das war die Idee! Ich könnte mir nach dem Haarewaschen Zöpfchen machen, ganz viele, à la Traumfrau, und sie später wieder aufmachen, dann hätte ich Locken wie ein Rauschgoldengel. Aber Zöpfe trocknen unheimlich schlecht, sie würden bis zum Abend nicht mehr trocken werden, selbst wenn ich sie ewig fönte.

Hildchens halblanger glatter Pagenkopf sah nicht danach aus, als hätte sie eine Trockenhaube. Allerdings – ich könnte sie immerhin fragen. Ich konnte unmöglich mit diesen glatten, unschuldig langen Haaren bei Vanessa aufkreuzen. Mein Kopf würde zu dem Kleid aussehen wie

– ja, wie? Mir fiel sofort ein Spiel ein, das ich als kleines Mädchen gehabt hatte, man konnte mit verschiedenen Kleidern aus Papier eine Papierfrau anziehen, indem man überstehende Zipfel hinter die Schultern knickte, damit es hielt, aber es wirkte irgendwie falsch, nicht wie richtig angezogen. Meine Barbiepuppen waren mir hundertmal lieber gewesen. Ja, solche Locken wollte ich haben, eine richtige Riesel-Wallemähne, wie meine Barbies!

Ich wusch mir die Haare, wand ein Handtuch darum und stieg aus der Wanne. Dann rieb ich mich von oben bis unten mit Body-Lotion ein, Vanessa hatte sie mir Anfang der Woche in die Hand gedrückt, das würde Adrian scharfmachen, *Nuit d'été* von Joop, sie bräuchte sie nicht mehr, weil sie jetzt auf *Berlin* von Joop umgestiegen sei... Berlin! Mir wurde der Hals wieder eng, und ich schluckte und schluckte. Harry war auch auf Berlin umgestiegen. Und auf Tanja.

Immer noch schluckend zog ich mir den Bademantel an. Als ich aus dem Bad kam, fiel mir wieder ein, was das Pubertätsekel sich vorhin geleistet hatte. Wutschnaubend riß ich die Tür von Hansis Zimmer auf und schrie hinein: »Glaub bloß nicht, daß ich noch mal *ein* Hemd von dir bügle oder auch nur noch *einmal* deine dreckigen, ekelhaft stinkigen Socken aufsammle, du widerlicher, perverser Spanner!« Sofort knallte ich die Tür wieder zu. Das hatte mir gutgetan! Etwas beruhigt ging ich nach unten, bloß um festzustellen, daß Hansi gar nicht oben in seinem Zimmer war, sondern bei Hildchen in der Küche saß und Spaghetti in sich reinschaufelte.

»Du kannst auch gleich was essen, Franzi-Kind. Heute gibt's bloß schnelle Küche, die Kinder gehen nachher fürs Wochenende zu Herbert, der geht meistens später am Abend noch mal mit ihnen zum Burger King oder zum Italiener.«

»Nein danke, ich bin nicht hungrig.« Nach der Katastrophe heute nachmittag würde ich sicher wochenlang keinen Appetit mehr haben.

»Hildchen, sag mal, hast du eigentlich Lockenwickler und eine Haube?«

»Willst du heute abend ausgehen?«

»Ja.«

»Hm, ich hab' irgendwo im Keller noch eine uralte Trockenhaube, aber ich weiß nicht, ob sie noch geht. Wir müßten's mal probieren. Aber Lockenwickler?« Sie überlegte stirnrunzelnd. »Nein, ich glaub', dieser alte Kram ist irgendwann mal auf den Sperrmüll gewandert. Aber wenn du willst, mach' ich dir Papilloten in die Haare. Von den Dingern habe ich jede Menge.«

Klar, das war die Lösung! »Du brauchst sie ja nicht so fest zu machen«, meinte ich, »dann werden die Haare schneller trocken.«

»Und während du unter der Haube sitzt, kannst du dir die Nägel lackieren!«

Hildchen war Feuer und Flamme. Sie holte die Trockenhaube, und siehe da, sie ging sogar noch, etwas rumpelnd zwar, aber sie tat es. Während sie mir im Wohnzimmer die Papilloten in die Haare drehte, seufzte sie. »Ich hätte auch gern eine Tochter gehabt, Franzi, weißt du das? Der Mucki ist bloß deswegen auf der Welt, weil Herbert und ich gedacht haben, es würde doch noch was werden aus unserem Mädchen.«

»Wie geht's Onkel Herbert eigentlich?«

»Wenn er morgen abend heimkommt, um die Jungs zurückzubringen, kannst du ihn selbst fragen. Meistens bleibt er noch ein Viertelstündchen oder so, dann kramt er in den Büchern und Schallplatten rum, er nimmt sich immer wieder mal was mit.«

»Sag mal, ich darf dich doch fragen, oder? Wieso habt ihr euch eigentlich getrennt?«

»Er hatte 'ne andere«, meinte Hildchen knapp. »Eine nette junge Kollegin, immer hübsch und gepflegt, kein Kinderstreß, immer Zeit und immer gute Laune und immer Lust aufs Bett. Da konnte ich nicht mithalten, damals jedenfalls nicht. Am Anfang war's hart, das erste Jahr hab' ich bloß geheult und mit dem Gedanken gespielt, mich umzubringen. Ich hätt's getan, wenn da nicht noch die Kinder gewesen wären. Für die war das ja auch alles wahnsinnig schlimm. Dann, nach ein paar Monaten, hab' ich angefangen, mir vorzustellen, wie ich die Frau ermorden könnte, ohne daß ich dabei erwischt würde. Dann wollte ich alle beide ermorden, die Frau und Herbert auch, und schließlich nur noch Herbert. Ich hab' getrunken in der Zeit, Franzi, ich bin manchmal mittags aus der Schule heimgekommen und hab' schon angefangen damit, und dann hab' ich bis zum Abend weitergemacht, bis ich irgendwo umgefallen und eingeschlafen bin.«

Ich war erschüttert. Von all dem hatte ich nicht das geringste gewußt! Mit einemmal war ich unglaublich ärgerlich auf Sonja, weil sie die ganzen Jahre den Kontakt mit ihrer Schwester auf das allernotwendigste beschränkt hatte. Hildchen war eine warmherzige, liebe Person. Sie hatte ihre Macken, aber die hatten wir alle, und nicht zuletzt Sonja. Ich hatte Hildchen während der paar Wochen meines Hierseins schon richtig liebgewonnen, das wurde mir in diesem Augenblick klar.

»Wie bist du von der Trinkerei wieder losgekommen?« fragte ich sie.

»Eines Morgens, das war vor ungefähr zweieinhalb Jahren, stand ich vor dem Spiegel und sah mich. Ich sah mich, wie ich wirklich aussah, blutunterlaufene Säuferaugen, geplatzte Äderchen, schlaffe, graue Haut, strähnige, zottige Haare. Ich war zum Kotzen. Ich hab' gekotzt, Franzi. Dann hab' ich mir geschworen, daß es ab jetzt aufwärts ging. Ich bin in eine Selbsterfahrungsgruppe getrennt lebender Frauen gegangen, die waren alle in einer ähnlichen Situation wie ich. Das hat mich aufgebaut. Ich habe dreißig Pfund abgenommen, mir eine neue Frisur und einen neuen Mann zugelegt. Der neue Mann hat bei mir Wunder gewirkt. Der Adnan hat mich so richtig wieder in Schwung gebracht.«

Ich dachte an mein rüttelndes Gästebett und unterdrückte mühsam ein Kichern. Ja, er hatte sie wahrhaftig in Schwung gebracht!

»Und Herbert, vermißt du ihn nicht manchmal?«

»Nicht mehr. Oder, sagen wir, nur noch wenig und auch nur noch ganz selten. Er lebt wieder allein, seine Freundin hat sich vor zwei Jahren von ihm getrennt. Er wollte natürlich zu uns zurück, aber ich mochte nicht mehr. Olle Kamellen. Das hat dein Vater immer gesagt, Franzi, olle Kamellen. Ich fand's jedesmal lustig, wenn er so was sagte, dieses witzige Platt. Dein Vater, das war ein feiner Mann.«

Ja, das war er gewesen. Ich dachte an Papa. Er war wirklich ein feiner Kerl gewesen, immer lustig und gutmütig, auch wenn er nach einem langen, anstrengenden Tag in der Praxis abends noch seine Hemden bügeln mußte. ›Kuck dich dat an, Franzi‹, hatte er gesagt, ›kuck nur jut hin, wat ich hier mach! Dat musse dir jut merken, datte dich auch ma'n Kääl anschaffs, der dat tut, sine Kledasche selwer büjeln!‹ Beinahe hätte ich wieder angefangen zu heulen, als ich daran dachte.

»So, fertig«, sagte Hildchen, als sie die letzte Papillote festgemacht hatte. »Du wirst toll aussehen, wart's nur ab!« Sie schaltete die Trokkenhaube an und schob sie mir über den Kopf, drückte mir den Nagellack in die Hand und schrie gegen das Dröhnen der Heißluft an: »Morgen will ich die Hosen für das Bauchtanzkostüm zuschneiden, ich hab' für dich auch Stoff besorgt, der war sehr günstig, er wird dir gefallen! Außerdem hab' ich allerhand Zeug zum Draufsticken, Perlen, Pailletten, Glöckchen und so 'n Zeug. Wenn du die kommende Woche Zeit und Lust hast, können wir beide alles zusammen fertig machen, was hältst du davon?«

Ich nickte und lächelte sie an. Sie war wirklich lieb!

Als ich mir die Nägel lackierte, dachte ich nicht an Bruce-Kevin. Ich dachte an Harry. An Harry und Tanja und Berlin. Meine Tränen tropften auf den frischen Lack und verursachten matte Stellen.

Als ich zwei Stunden später um kurz vor acht frisch parfümiert und frisiert und mit großem Make-up ins Wohnzimmer kam, fiel Tommy die Kinnlade runter. Er starrte mich an wie das achte Weltwunder. Ich schüttelte meine schicken Kim-Basinger-Engelslocken über die Schultern und guckte an mir runter, ob irgendwo was raushing. Aber alles war ordentlich, wenn auch knapp verpackt; das apricotfarbige schulterfreie Cocktailkleid von C&A saß wie angegossen. Es endete eine Handbreit über dem Knie, die Strapse waren gut versteckt. Der Ausschnitt war gewagt, eigentlich war er extrem, meine Fesselballons wölbten sich über dem gerafften Oberteil und wurden durch die eingenähte, versteifte Korsage noch höher gedrückt. Tommy klappte langsam den Mund wieder zu. »Du … äh … hast du ein neues Kleid?«

Dämliche Frage. Er hatte mich überhaupt noch nie im Kleid gesehen.

»Ja«, sagte ich und stöckelte vor ihm auf und ab. »Gefällt's dir?«

»Ja«, antwortete er und räusperte sich.

»Was ist? Wollen wir?« fragte ich ungeduldig.

Er starrte mich an und befeuchtete sich die Lippen. »Äh, was denn?«

»Du hast versprochen, daß du mich hinfährst, hast du's vergessen?«

Hildchen hatte ihm ihr Auto geborgt, aber nur unter der Bedingung, daß er mich zu Vanessa fahren würde. Er nickte und sprang auf. Er entdeckte sogar seine gute Erziehung und half mir in den Mantel, und am Wagen öffnete er mir galant die Tür. Was so ein Kleid doch ausmachte!

Auf der Fahrt sah er mich mehrmals von der Seite an. »Du bist sehr hübsch, Franzi. Ehrlich, du siehst supertoll aus!«

»Danke.« Ich war geschmeichelt. »Sag mal, Tommy, wieso besuchst du deinen Vater eigentlich nicht?«

Er zuckte die Achseln. »Ich weiß nicht. Am Anfang war ich ein paarmal mit, Mutti wollte es, sie hat darauf bestanden, daß ich's wenigstens probiere. Aber es hat keinen Wert gehabt. Diese Ziege, seine Freundin, sie war immer dabei und schwirrte um uns rum, ich konnte sie nicht ausstehen. Ich mußte immer an Mutti denken. Papa hat sich dann ein paarmal mit mir außerhalb seiner Wohnung getroffen, aber es kam keine richtige Stimmung auf. Ist nicht mein Ding, diese Besuchsregelungsscheiße. Hatte keinen Bock mehr drauf, das ist alles.«

Ich sah, daß er das Lenkrad fester umklammerte, wie seine Knöchel weiß wurden. Armer Tommy. Armer, großer Junge. Er blickte auf und sah mich mit großen Augen an. In diesem Augenblick sah er genau wie Mucki aus, trotzig und verletzlich.

»Wenn du willst, hol' ich dich nach der Fete wieder ab«, meinte er eifrig. »Ich kann dir die Telefonnummer geben, ich würde auch nichts trinken, ich muß nicht unbedingt dort übernachten…«

Ich schüttelte den Kopf; ich wußte, daß er zu seiner Freundin wollte, und normalerweise übernachtete er am Wochenende bei ihr. »Das ist nett, Tommy«, sagte ich lächelnd, »aber es ist nicht nötig. Ich werde schon heimgefahren.«

Das war das mindeste, was der Initiator für mich tun konnte, nachdem ich ihm meine Jungfräulichkeit zum Geschenk gemacht hätte. Obwohl – vielleicht fühlte er sich hinterher zu nichts verpflichtet, was wäre dann? Heutzutage dachten die meisten Typen doch, dem Mädchen mit der Defloration einen Gefallen zu tun, vor allem, wenn eine so spät dran war wie ich. Neulich hatte ich in einer Zeitschrift gelesen, daß das Durchschnittsalter für den ersten GV bei achtzehn Jahren lag. Ich war also schon zwei Jahre über der Verfallzeit, praktisch eine alte Jungfer. Ein spätes Mädchen. Vielleicht glaubte der Initiator, ich müßte ihm hinterher die Füße küssen, weil er mich von der unerträglichen Bürde meiner Jungfräulichkeit erlöst hatte? Womöglich würde er von mir erwarten, daß ich ihn nach Hause fuhr?

Ich stand vor der Luxuspforte der Chefarztluxusvilla im Luxusstadtteil Lerchesberg und blickte unschlüssig auf die Klingel in der Marmoreinfassung des Eingangsbereichs. Tommy wartete artig und gutgerzogen in Hildchens Wagen, bis ich hinter der Pforte verschwunden wäre. Schließlich stieß ich entschlossen die Luft aus und klingelte. Hildchens Wagen fuhr an, wurde schneller und verschwand, während die Pforte mit langsamer Endgültigkeit hinter mir ins Schloß fiel.

15. Kapitel

Ich stöckelte die mit Sandsteinmosaiken belegte Auffahrt entlang, auf das ausladende Luxusanwesen zu. Die Haustür stand offen, und eine männliche Silhouette hob sich gegen die matte Innenbeleuchtung ab. Kein Zweifel, er war es. Bruce-Kevin-Adrian, etwa Ende Zwanzig, dunkelhaariger Wuschelkopf, Brilli im Ohr (garantiert nicht aus Glas), blitzende weiße Zähne im braungebrannten Gesicht, lässiges Hemd (oben zwei Knöpfe offen, damit man die dunkle, krause Brustbehaarung ahnte), Jeans, Turnschuhe. Ich wäre am liebsten sofort wieder umgekehrt. Ich war eindeutig overdressed! Diese blöde Vanessa, warum hatte sie ihm nichts von meinem tollen Kleid erzählt! Wo war sie überhaupt?

»Guten Abend!« Seine Stimme klang sinnlich rauh, genau wie in meinen Träumen, und sein Händedruck war männlich fest und angenehm.

»Ich . . . ich . . . Guten Abend.« Meine Stimme klang so zittrig wie ich mich fühlte. Wo war Vanessa bloß?

»Äh . . . wo ist denn Vanessa?« fragte ich unsicher.

»Keine Ahnung«, meinte er achselzuckend. Er ergriff zuvorkommend meinen Ellbogen und führte mich in die Eingangshalle. Zum Glück kannte ich mich hier etwas aus, ich war schon vorher ein paarmal hiergewesen. Er nahm mir den Mantel ab und schluckte. Ich sah seinen Adamsapfel hüpfen, und dann sagte er zu meinem Busen: »Hübsches Kleid. Sehr schön, wirklich sehr schön!«

Ich nickte und nestelte an meiner Halskette herum, mit beiden Händen. »Was sagten Sie, wo Vanessa ist?«

»Bitte nicht ›Sie‹. Wenn du Vanessas Freundin bist, sollten wir uns duzen. Okay?« Er lächelte wieder. Er sah wirklich sehr gut aus, eigentlich kein bißchen wie ein Wolf. Viel eher wie ein Tiger. Ein Tiger, der die Beute erspäht hat und sich anschleicht, um sie anzuspringen.

»O-okay«, stotterte ich. Er nahm meine Hand und führte mich in den Salon. Im Kamin flackerte ein Feuer. Vor dem Kamin stand ein breites Samtsofa. Davor, zwischen dem Sofa und dem Kamin, lag ein riesiges, flauschiges Fell. Das hatte bei meinem letzten Besuch noch nicht dagelegen. Wo, zum Teufel, war diese dämliche Vanessa? Aus versteckten Lautsprechern rieselte irgendwelche Soft-Musik. Er drückte mich in das Sofa und lächelte mich verheißungsvoll an. »Hier kannst du warten, so ist es am gemütlichsten. Möchtest du etwas trinken? Ich hole schnell was.« Er warf mir einen glühenden Blick zu, bevor er zur Hausbar hinüberging.

Verzweifelt überlegte ich, ob ich mich jetzt ausziehen mußte. Hatte er was davon gesagt? Ich konnte mich nicht erinnern. Andererseits – er war gegangen, um sich um die Drinks zu kümmern, oder nicht? War das nicht ein untrügliches Zeichen, ein dezent verpackter Hinweis: Liebling, zieh dich rasch aus und tu, was Frauen in solchen Situationen noch tun müssen, bevor…

Aber wie würde ich dastehen, beziehungsweise, dasitzen, bloß mit Strapsen und Seidenstrümpfen, oben ohne (den Blues konnte ich zu diesem Kleid nicht tragen, weil es ja schulterfrei war), und gerade in diesem Moment würde Vanessa hereinkommen? Wo war dieses treulose Weib überhaupt? Ich hatte zu lange mit dem Ausziehen gewartet! Er kam schon zurück, in jeder Hand einen Champagnerkelch.

Ich sprang auf. »Ich bin noch nicht ausgezogen!« stammelte ich peinlich berührt. Er starrte mich einen Augenblick lang verständnislos an, dann warf er den Kopf in den Nacken und lachte schallend. Etwas von dem Champagner schwappte über und tropfte auf das Fell. Ich war tödlich beleidigt. Mit hochrotem Kopf wich ich zurück. Er trat mit den Gläsern auf mich zu. Ich wich weiter zurück. Da ließ er mit gräßlichem Raubtiergebrüll plötzlich beide Gläser fallen, warf sich mit einem Hechtsprung auf mich und streckte mich zu Boden.

Donnerwetter, das ging aber schnell! Der Tiger hat die Beute erlegt, dachte ich mit merkwürdiger Teilnahmslosigkeit. Jetzt würde er mich mit Haut und Haaren fressen, oder vielmehr ohne Haare. Und ich hatte noch nicht mal was von dem Champagner gekriegt, und bestimmt würde er mir das Kleid ruinieren, wenn er es so eilig hatte. Aber er fraß mich nicht, er schlug mich. Er schlug mich! Mit rasendem Eifer rollte er mich hin und her, riß mich herum wie eine Lumpenpuppe und prügelte auf meine Rückseite ein.

Ich wehrte mich schwächlich, aber er war viel stärker als ich. Mit einemmal stieg der Geruch von versengtem Stoff in meine Nase, und Ascheflöckchen rieselten in meinem Mund. Ich hustete und richtete mich benommen auf, als er von mir abließ.

»Du liebe Zeit!« stieß er hervor. »Alles in Ordnung?«

Ich nickte entsetzt. Meine Unterlippe zitterte, und ich biß fest darauf, damit es aufhörte. Ich zog meinen Kleidsaum unter mir heraus. Da hatte ich die Bescherung! Ein Loch, so groß wie ein Fußball! Ich war zu nah an den Kamin herangekommen! Er hatte mir das Leben gerettet! Meine Augen schwammen in Tränen der Dankbarkeit. Er stand geschmeidig auf und zog mich auf die Füße. »Du fängst ja wirklich schnell Feuer!« sagte er anzüglich.

»Ich glaube, ich werde uns auf den Schreck erst mal neue Drinks besorgen. Vielleicht…« – er senkte mit einem Blick auf mein Kleid bedeutungsvoll die Stimme – »…möchtest du dich inzwischen im Bad etwas frisch machen…«

Aha. Das war jetzt eindeutig gewesen. Oder nicht? Meinte er jetzt, daß ich mich ausziehen sollte, oder meinte er, daß ich mich frisch machen sollte? Aber ich war doch frisch! Frisch gewaschen, frisch parfümiert, frisch frisiert. Oder roch ich nicht mehr frisch? Ich roch an mir. Es roch nach verbranntem *Nuit d'été*. Aber das konnte ich mit Frischmachen nicht abstellen. Also doch ausziehen. Ich stand vor dem Kamin und preßte in höchster Verwirrung die Hände zusammen. Was sollte ich jetzt tun? Wo war die blöde Vanessa?

Ich rannte vorsorglich ins Bad. Aus dem Spiegel glotzte mich ein zwölfjähriger Rauschgoldengel mit riesengroßen himmelblauen Augen an. Und die beiden Fesselballons! Sie waren aus dem Kleid gerutscht!! Ich zog keuchend vor Entsetzen die Luft ein. Großer Gott, das hatte er mit Frischmachen gemeint! Oder doch nicht? Ich wußte nicht mehr aus noch ein. Als erstes verstaute ich den Busen wieder im Kleid. Dann wusch ich mir die Hände. So, jetzt war ich frisch genug. Wenn ich ihm nicht frisch genug war, sollte er mir doch das Kleid ausziehen! Außerdem – vielleicht war ihm ja die Lust vergangen, nach dieser blöden Balgerei vor dem Kamin, und dann wäre es ihm schrecklich peinlich, wenn ich bloß mit Strapsen und Spitzenhöschen in den Salon marschiert käme.

Mit hoch erhobenem Kopf ging ich zurück. Er saß schon auf dem Sofa und wartete mit dem Champagner auf mich. Ich blieb unbeholfen vor ihm stehen. Lächelnd reichte er mir eines der Gläser. »Setz dich doch ruhig zu mir«, forderte er mich mit rauher Stimme auf. Ich setzte mich gehorsam neben ihn, das Glas mit beiden Händen umklammernd. Verlegen starrte ich auf meine Knie. Er machte keine Anstalten, anzufangen. Die Musik rieselte romantisch, die Flammen flackerten romantisch, der Champagner prickelte romantisch. Die Anmachdistanz stimmte auch. Aber es passierte nichts!

Ich überlegte krampfhaft, welches Thema ich anschneiden sollte, aber sosehr ich mir auch den Kopf wegen einer lässigen Bemerkung zerbrach, ich kam nur darauf, daß mir heiß war. Ich dachte: Jetzt müßte ich einen Witz machen und schallend lachen oder mir Feuer geben lassen, dann könnte ich ganz dezent und zwanglos meine Hand auf seinen Arm legen und ihn damit anmachen. Aber ich brachte es nicht über mich. Außerdem hatte ich keine Zigaretten dabei, denn ich rauchte ja nicht. Und ein Witz wollte mir auch nicht einfallen.

Schließlich nahm ich meinen ganzen Mut zusammen und meinte schüchtern: »Wenn Sie wollen... äh, wenn du willst...« ich räusperte mich heftig, »...ich wäre bereit. Sie... äh... du könntest jetzt ruhig anfangen, ich meine mit dem Küssen und so...«

Er blickte mich irgendwie erstaunt von der Seite an, dann grinste er. »Wenn du willst, warum nicht. Ich bin nicht abgeneigt, wirklich nicht.«

Ich zuckte erschrocken zusammen, als er seine Hand in meinen Nakken legte und mit den Fingerspitzen langsam die empfindliche Stelle unter meinem linken Ohr zu streicheln begann. Ich hob instinktiv ein bißchen den Kopf, damit er mehr von meiner Haut erreichen konnte.

Er lachte leise. »Du bist süß.«

Ich trank hastig von meinem Champagner, und er streichelte meinen Hals, sanft und zärtlich. Dann nahm er mir das Glas weg und stellte es zusammen mit seinem irgendwo ab. Er rutschte näher an mich heran, legte seine Arme um mich und zog mich an sich. Dann war sein Mund auf meiner Wange, seine Lippen waren warm und fest. Sie wanderten hinab zu meinem Hals, und ich spürte seine Zunge an meinem Ohrläppchen. Ich erschauerte vor Wonne, und als seine Zunge in mein Ohr rutschte, stöhnte ich unwillkürlich. Das Stöhnen war völlig echt, ich mußte nicht im geringsten auf das Kassetten-Anschauungsmaterial zurückgreifen. Es war ein tolles Gefühl, so was hatte Harry nie mit mir gemacht. Ich zerschmolz förmlich. Gott sei Dank, bis jetzt war ich kein bißchen frigide! Seine Lippen glitten weiter, in meinen Nacken, und er biß mich spielerisch. Ich gab einen schwachen Laut des Entzückens von mir. Dieser Adrian war wirklich ein Experte! Ich hätte stundenlang so dasitzen und mich von ihm streicheln und küssen lassen mögen! Das war ja alles viel einfacher, als ich gedacht hatte!

Eifrig streichelte ich ihn ebenfalls, seine Schultern, seinen Hals, seine Wange. Er fing meine Hand ein und küßte sie, knabberte an meinen Fingerspitzen, steckte sie in den Mund und liebkoste sie mit der Zunge. Als er anfing, an meinem Zeigefinger zu saugen, starrte ich ihn in hilfloser Erregung an. Er erwiderte meinen Blick, und bevor er an dem nächsten Finger saugte, fragte er heiser: »Wie heißt du überhaupt?«

O Gott, wie peinlich! Er hatte es vergessen! Oder hatte Vanessa es ihm am Ende gar nicht gesagt? Verdammt, wo war sie nur? Sie hatte mir versprochen, daß sie auch dasein würde und mich mit ihm bekannt machen würde. Dieses gemeine Biest! »Ich... hat Vanessa es dir nicht gesagt?« Ich verhaspelte mich vor Aufregung. »Ich heiße Franziska!« Mein Herz klopfte rasend gegen meine Rippen, als er zum nächsten Finger überging. Das hatte Vanessa gemeint, als sie sagte, er würde mich mit Haut und Haaren fressen! Es war wundervoll! »Adrian!« seufzte ich, als er sich zu mir beugte, um mich auf den Mund zu küssen.

»Ich heiße Klaus«, flüsterte er an meinen Lippen, bevor er sie mit seiner Zunge streichelte.

Ich war wie elektrisiert von diesem herrlichen, erregenden Gefühl. »Das macht nichts«, hauchte ich selig. Dann prallte ich zu Tode erschrocken zurück. Klaus? Klaus??!!

»Du bist gar nicht Adrian?« rief ich entgeistert.

Er zog mich näher zu sich heran. »Was sind schon Namen«, wisperte er.

Ich stieß ihn von mir und sprang auf. Mit fliegenden Fingern glättete ich meine Haare und mein Kleid. »Das ist ein Irrtum!« brachte ich mühsam heraus. »Ich wollte es mit Adrian tun... ich meine, Vanessa hat doch gesagt... Wo ist sie denn überhaupt, und wo ist Adrian? Und wer sind Sie?«

Er stand ebenfalls auf und trat näher. Ich wich zurück. »Paß auf den Kamin auf«, warnte er. Dann hob er ratlos die Hände. »Ich blick' nicht mehr durch, ehrlich. Du kommst hier an und willst mit mir ins Bett. Ich bin doch nicht blind, und auch nicht taub. Du hast es selbst gesagt. Also, was ist denn jetzt?«

Ich schüttelte eigensinnig den Kopf und ging langsam rückwärts in Richtung Eingangshalle.

»Dieser komische Adrian, du kennst ihn doch noch nicht mal, stimmt's?« versuchte er mich zu überzeugen. »Wieso wolltest du es dann mit ihm machen? Wenn es dir sowieso egal ist, ob du einen Kerl kennst oder nicht. Ich bin auch nicht schlecht, ehrlich. Es würde dir Spaß machen. Es hat dir doch schon Spaß gemacht!« Er streckte die

Hand nach mir aus, und ich drehte mich um und rannte mit klappernden Absätzen hinaus. Meine Hände zitterten, als ich mir den Mantel überwarf, meine Handtasche von der Garderobe riß und zur Haustür lief. Er machte keine Anstalten, mir zu folgen, sondern blieb zurückgelehnt im Türrahmen stehen, die Hände in den Hosentaschen vergraben, und blickte mir verwirrt nach.

Als ich heulend in der nächsten Telefonzelle stand, fiel mir wieder nur die Nummer von Karlheinz ein. Er sagte dasselbe wie am Nachmittag, als er mein hysterisches Schluchzen hörte, bloß, daß er diesmal zehn Minuten brauchen würde. Er hatte sich nicht verschätzt. Zehn Minuten später kam er. Ich weinte wieder an seiner Brust, und er tröstete mich.

Als ich mir hinterher schniefend das Gesicht mit einem Tempo abrieb, fragte er mich ungläubig: »Und du wolltest wirklich mit diesem wildfremden Typen schlafen? Bloß, weil diese Ziege Vanessa dir eingeredet hat, daß du dich dann besser fühlst?«

Ich schluchzte wieder auf. »Ich hab' mich doch besser gefühlt, das ist ja das Schlimme! Er hat mich so schön gestreichelt, das hat Harry nie gemacht, und wie er mich auf den Hals und aufs Ohr geküßt hat…«

Ich heulte erneut und fischte ein frisches Tempo aus der Packung. »Karlheinz, glaubst du, daß ich pervers bin oder so?« fragte ich verzweifelt. »Ich meine, weil's mir doch Spaß gemacht hat, obwohl ich ihn überhaupt nicht kannte?«

Sein Gesicht war ausdruckslos. Dann wandte er sich mir zu und meinte unsicher: »Franzi, hör mal, was würdest du davon halten, wenn jemand anders dir beibringt…« Der Rest seiner Worte ging in dem ohrenbetäubenden Lärm unter, den meine Nase verursachte, als ich sie putzte.

»Hast du verstanden, was ich gerade gesagt habe?« fragte er mich seltsam eindringlich.

»Was? Nein«, schniefte ich. »Karlheinz, ich schwöre dir, bei allem was mir heilig ist…«, ich preßte das Tempo laut aufweinend gegen meine nassen Augen und ergriff seine Hand »…daß ich mich niemals einem Mann hingeben werde, den ich nicht liebe! Nie, nie, nie! Egal, ob es Spaß macht oder nicht! Ich will kein leichtes Mädchen werden, das für jeden zu haben ist! Du bist Zeuge, daß ich das gesagt habe!«

»Ja«, sagte er seufzend, »ich bin dein Zeuge.«

»Franzi, jetzt hör mir doch bitte mal zu!« flehte Vanessa mich am nächsten Montag in der ersten Vorlesung an. Sie hatte das ganze Wochenende versucht, mich anzurufen, aber ich hatte mich verleugnen lassen.

»Ich will's gar nicht wissen.« Demonstrativ starrte ich geradeaus, aufs Podium, wo Dieter Stubenrauch, die Luftnummer, seine Luftblasen abdrückte. Ich hatte mich extra in die erste Reihe gesetzt, direkt neben Elmar und Waldemar, bloß damit Vanessa mich in Ruhe ließ. Sie war fünf Minuten zu spät gekommen, hatte hastig den schwach besetzten Hörsaal nach mir abgesucht, und als sie mich in der ersten Reihe erspäht hatte, machte sie mir verzweifelte Zeichen, daß ich mit ihr nach hinten kommen sollte, wo wir uns besser unterhalten konnten. Ich hatte nicht darauf reagiert und stur nach vorne geschaut, als wäre Dieter Stubenrauch alles, was sich ein Mädchen je erträumen konnte. Seufzend hatte sie sich auf den freien Platz neben mich gesetzt.

»Franzi, ich hab' das nicht gewußt, ehrlich, ich hatte keine Ahnung, daß mein Bruder an diesem Abend nach Hause kommt. Er war für vier Monate in Brüssel, du weißt doch, ich hab' dir doch erzählt, daß er da als Verwaltungsjurist arbeitet!«

»Wenn schon«, sagte ich böse.

Dieter Stubenrauch sagte salbungsvoll: »Man hat den Positivismus, insbesondere weil sein vorderstes und wichtigstes Ansinnen die Negierung jeder metaphysischen Fragestellung, damit aber auch die Außerachtlassung der Frage nach einem objektiv festgelegten Sinn oder Wert aus der Jurisprudenz war, geradezu als eine überwiegend negierende Geistesrichtung, als Negativismus, deklariert.«

Ich schrieb auf meinen Karo-Block: Positivismus, Negativismus. Der Rest würde wortwörtlich in meinem antiquarischen Lehrbuch stehen, soviel war sicher.

»Franzi, du, es hätte alles reibungslos geklappt, wenn Adrian unterwegs nicht diesen dämlichen Unfall gehabt hätte, und ich hatte gedacht, die Zeit würde dreimal reichen, um ihn zu holen, sein Wagen war doch hin, aber dann hat sich dieser andere Typ, dem Adrian reingefahren war, so bescheuert angestellt, er hat darauf bestanden, daß zuerst die Polizei kommen sollte, da konnten wir nicht einfach abdüsen, das wäre doch Fahrerflucht gewesen!« Sie sah mich außer Atem an.

»Das ist mir ganz egal«, erklärte ich unversöhnlich.

Dieter Stubenrauch fuhr lässig fort: »Die Wissenschaft hat das Anliegen, die spezifischen Gesetze zu ergründen, aufgrund derer sich die Begriffsbestimmung im einzelnen darstellt, und danach die Geschehnisse zu bestimmen. Zwischen der ursächlichen Verbindung in der unbelebten Natur, lebendigen Prozessen und der geistigen Zielgerichtetheit, der Motivation, besteht nach der Auffassung des Positivismus kein grundsätzlicher Unterschied.«

»Dieser miese Auswendiglerner«, schnaubte Vanessa verächtlich, »er zitiert aber wirklich alles aus ein und demselben Buch. Wahrscheinlich schreibt er seine Habilitationsschrift auch daraus ab!«

Ich notierte auf meinem Block: Kausal, unbelebt, lebendig, geistig. Ich hatte keine Zweifel, daß ich die Stelle in meinem Buch wiederfinden würde.

Elmar und Waldemar klackten lässig-schnell auf ihren Laptops, auf den Displays leuchteten merkwürdige Zahlen. Ich rätselte eine Weile herum, zuerst dachte ich, sie hätten irgendeinen Code entwickelt, um ihre schmutzigen Unterhaltungen zu verschlüsseln, aber dann stellte ich fest, daß sie Schiffe versenken spielten.

»Franzi«, bettelte Vanessa, »es tut mir doch leid, und ich hab' Klaus alles erklärt, und ihm tut es auch leid, jedenfalls ein bißchen, und Adrian tut's auch ziemlich leid!«

»Wieso tut's Adrian leid, er hat doch überhaupt nichts getan!« sagte ich schnippisch.

»Erstens ist sein Auto kaputt, Totalschaden, das ist ja wohl Grund genug zum Ärgern, oder? Außerdem hatte er sich echt auf dich gefreut, er hatte extra seinen schicksten Anzug angezogen. Und dann hat mein blöder Bruder ihm sofort brühwarm erzählt, wie nett ihr es zusammen hattet, und was für eine Klassefrau du bist. Er will dich unbedingt wiedersehen.«

»Wer? Adrian?«

»Nein. Mein Bruder.«

Mir stieg das Blut in den Kopf. »Bist du wahnsinniig? Ich kann ihm nie wieder unter die Augen treten! Du hast ja keine Ahnung, was ich getan habe! Was ich gesagt habe! O Gott, Vanessa«, rief ich leidenschaftlich aus, »du kannst dir nicht vorstellen, wie verdorben ich mir vorkomme! Zuerst die Sache am Kamin, als er sich auf mich geworfen hatte, als mein Kleid verbrannt ist, und ich oben ohne vor ihm gestanden habe! Und danach erst, auf dem Sofa! Ich habe ihn praktisch aufgefordert, mit mir *intim* zu werden!«

Dieter Stubenrauch ließ eine Luftblase mitten im Wort platzen und guckte mich höchst interessiert an. Ich schob mich zur Seite und versuchte, mich hinter Elmars Laptop zu verstecken. »Und, bist du intim mit ihm geworden, wo doch dein Kleid schon verbrannt war?« flüsterte er mir neugierig zu. Ich wurde knallrot und wich zur anderen Seite aus, aber da war bloß Vanessa, die mich zufrieden anguckte. »Gell, du bist mir nicht mehr böse, Franzi?«

Ich kniff die Augen zusammen und wünschte mich auf den Grund des Stillen Ozeans. Oder auf den Grund des Mare Crisiums, das ist auf dem Mond und deshalb noch weiter weg. Mein Gesicht brannte vor Scham und Ärger. Ich war eine Frau ohne Hemmungen und Moral. Ich hatte mit einem Mann schlafen wollen, den ich überhaupt nicht kannte, und ich hatte es bloß deshalb nicht getan, weil er Klaus hieß und nicht Adrian, den ich genausowenig kannte. Ich kannte ja alle beide nicht, also was hätte es für einen Unterschied gemacht? Ein hysterisches Kichern gluckste in mir hoch.

Und es war mir wirklich egal gewesen, ich hatte diesen Adrian schließlich noch nie gesehen. Ich kannte ihn ja immer noch nicht! Und bestimmt hätte ich *es* mit Klaus getan, wenn er bloß Adrian geheißen hätte! Das Glucksen wurde heftiger.

Dieter Stubenrauch sagte: »Eine grundsätzlich andere Art der Verbindung, nämlich die von ausreichender Ursache und dogmatisch unausweichlichem Ergebnis, unabhängig vom zeitlichen Hergang der Ereignisse, gilt nur für die Physik und die Mathematik als die einzigen Wissenschaften, die nicht Tatsachen, gleichviel welcher Art, sondern unverfälschte Sinnverknüpfungen oder vorgestellte räumliche Gegebenheiten betreffen.«

Ich schluckte und gluckste und preßte die Hand vor den Mund. »Vanessa, ich muß unbedingt raus!« preßte ich dumpf zwischen den Fingern hervor.

Sie sprang auf, um mich vorbeizulassen. »Mußt du kotzen?« fragte sie beunruhigt.

»Nein, lachen.«

16. Kapitel

In den nächsten Wochen besuchte ich täglich brav meine Vorlesungen, mehr oder weniger angeödet. Nachmittags versuchte ich, mit Hilfe meiner Lehrbücher, Kommentare und Leichtgemacht-Büchlein das Geheimnis zu ergründen, ob es ein Mittel gab, den gordischen Knoten der Juristerei zu zerschlagen. Ich fand keins. Ich gab die Hoffnung trotzdem nicht auf, es liefen schließlich so viele fertige Juristen herum, die mußten es alle irgendwann einmal kapiert haben. Vielleicht würde ich mit der Zeit fündig werden.

Freitags ging ich jede Woche mit Karlheinz zum Rundschau-Haus, blätterte aufgeregt im Immobilienteil herum, rief bei den Vermietern an (inzwischen konnte ich es selbst ganz gut), bis ich zwei oder drei Besichtigungstermine ergattert hatte. Karlheinz ging jedesmal zusammen mit mir hin und tröstete mich, weil es immer wieder nur Reinfälle waren. Dafür spendierte ich ihm für die Wartezeit in der Telefonzelle bis zur Anlieferung der Zeitung eine rote Currywurst. Er lachte, als ich ihm von meiner ersten Begegnung mit der roten Wurst erzählte. Nach den vergeblichen Wohnungsbesichtigungen gingen wir meist zu ihm, auf einen Kaffee und ein Stück von seinem selbstgebackenen Kuchen. Ich war gern mit ihm zusammen, er war immer lustig und gut aufgelegt und baute mich auf, wenn ich nach den Wohnungs-Reinfällen frustriert und deprimiert war.

Aus November wurde Dezember, und dann stand schon Weihnachten vor der Tür. Sonja schickte mir einen Scheck über tausend Mark, für Klamotten und Bücher, das war sehr anständig von ihr. Ich setzte den Scheck sofort beim Sack und im Bücherladen auf dem Campus in juristische Fachliteratur um; ich schaffte es wieder völlig ohne Probleme, alle Neuerwerbungen auf einmal unterm Arm wegzutragen. Nach Klamotten stand mir nicht der Sinn. Die Geschichte mit dem Blues und dem verbrannten Kleid hatte mir vorläufig den Spaß an neuen Outfits gründlich verdorben.

Das heißt, nicht an allen. Nicht an meinem Bauchtanzkostüm. Hildchen und ich gingen jeden Mittwoch in die miefige Turnhalle und machten schöne Fortschritte. Seitdem wir unsere Kostüme hatten, klappte es gleich noch mal so gut. Hildchen hatte die Hosen auf ihrer alten Zick-Zack-Maschine zusammengerattert, der Schnitt war wirklich denkbar einfach gewesen. Wir hatten uns dazu einen supertollen Gürtel gebastelt, ganz tiefsitzend, weit unter dem Nabel, über und über bestickt mit Perlen, Glöckchen, Münzen und Pailletten. Als Oberteile hatten wir zwei alte BHs von uns zweckentfremdet, indem wir sie mit schwarzem Samt besetzten und ebenfalls üppig bestickten. Diese Abende, an denen wir im Wohnzimmer saßen und stickten, während die Männer Sport guckten, machten uns beiden großen Spaß. Wir alberten herum und kicherten zusammen, und nach ein paar Wochen, als ich die gräßlichen Ereignisse bei Vanessa einigermaßen verdaut hatte, erzählte ich ihr davon.

Sie lachte sich halbtot, und ich lachte mit. Manchmal dachte ich, schade, so war es mit Sonja nie gewesen, so lustig, so vertraut. Hildchen war wie eine Mutter zu mir, und ich war längst versöhnt mit meinem Gästebett. Das Rütteln störte mich kaum noch, und ich hatte ja den Gettoblaster und die Kopfhörer. Tommy hatte sich inzwischen einen CD-Player zugelegt. Adnan streifte mich immer noch ab und zu im Vorbeigehen, oder unter dem Tisch, beim Essen, mit betont zufälligen Berührungen. Ich blickte ihn jedesmal eiskalt an, ansonsten überging ich es einfach und achtete nur darauf, daß Hildchen es nicht bemerkte.

Ich dachte auch oft an Harry und Tanja, und an manchen Abenden heulte ich mich in den Schlaf, weil es immer noch so weh tat. Ich war mit den beiden schon im Kindergarten zusammengewesen, es würde mir sicher noch lange nachhängen.

Von Männern war ich vorläufig kuriert. Nach dem Desaster mit Vanessas Bruder hatte ich nicht nur Karlheinz, sondern auch mir selbst geschworen, *es* niemals mehr ohne Liebe zu tun, selbst wenn ich als Jungfrau ins Grab sinken müßte. Ich hatte Vanessa das unmißverständlich klargemacht, schließlich hatte sie es akzeptiert, achselzuckend, leichthin, wie es ihre Art ist. Klaus, der Beinahe-Initiator, hatte ein paarmal angerufen, er wollte mich wirklich gern wiedersehen. Aber ich wollte nicht. Seine Zärtlichkeiten hatten mich zwar schwach gemacht, aber ich würde immer daran denken, daß er mit meinem Busen geredet hatte und nicht mit mir.

Eine privatfinanzierte Mammareduktion hatte ich momentan *ad acta* gelegt. Ich würde es mir erst leisten können, wenn ich vernünftig verdiente. Bis dahin war ich auf die Vorstöße bei kassenärztlichen Gynäkologen angewiesen; den nächsten würde ich erst nach Weihnachten wieder unternehmen können. Ich litt nach wie vor unter meinen Fesselballons, aber es half mir sehr, daß ich inzwischen Freunde hatte, die mir ins Gesicht und nicht auf den Busen sahen. Ich hatte Hildchen und Vanessa, und ich hatte mich auch etwas mit Marlene angefreundet, dem Landei aus dem Osten. Wir trafen uns einmal die Woche zu dritt bei Vanessa zum Saunieren und Schwimmen.

Und dann hatte ich noch einen Freund, Karlheinz. Er schaute zwar manchmal auf meinen Busen, aber ich wußte, daß er sich bemühte, es nur dann zu tun, wenn ich es nicht bemerkte. Natürlich bemerkte ich es trotzdem ab und zu, aber dann war es ihm immer sichtlich peinlich, und seine Segelohren erglühten jedesmal in sanftem Rot. Er wartete oft, bis ich Vorlesungsschluß hatte, um mich nach Hause zu fahren (ohne Taxameter) oder um mit mir in die Mensa oder zum Italiener zum Mittagessen zu gehen.

Ja, im großen und ganzen war ich zufrieden. Ich hätte es schlimmer treffen können.

Dann, eine Woche vor Weihnachten, überschlugen sich die Ereignisse. Es war ein ganz normaler Wintertag, matschig, trübe, grau, kalt. Ein Tag, an dem man lieber zu Hause blieb und las oder fernsah. Aber ich blieb nicht zu Hause. Ich wollte eine Wohnung besichtigen. Marlene hatte mir am Vormittag einen heißen Tip gegeben.

»Franzi, um die Ecke von dem Haus, in dem ich wohne«, sie wohnt in einem Wochenendheimfahrerloch, »da wird eine Wohnung frei, ich hab's letzte Woche erst gehört, und weil ich doch weiß, daß du 'ne Wohnung suchst, bin ich einfach mal rüber zu dem Typ und hab' ihn gefragt.«

»Wen hast du gefragt?«

»Na, den Typ, der jetzt noch drin wohnt. Er hat erzählt, daß er jetzt auszieht, vor Weihnachten noch.«

»Ehrlich? Wie ist denn die Wohnung, und was soll sie kosten?«

»Überhaupt nicht teuer, vierhundert kalt. Und es ist ein richtiges Apartment, nicht bloß so ein Loch.«

»Abstand?«

»Ja, klar will er Abstand, wer will das nicht. Das ist Verhandlungssache, hat er gemeint. Aber er hat gesagt, dafür wird auch die Miete nicht erhöht, das steht schon fest. Er hat vom Vermieter den neuen Mietvertrag gekriegt, quasi blanko, hat er mir gesagt, und er darf reinsetzen, wen er will!«

»Wahnsinn! Was hat er denn für Zeugs? Ich meine, ist das so ein Stragula- und Stores-Typ?«

Marlene kannte die Stragula- und Stores-Neppweib-Story natürlich von mir.

»Nein, überhaupt nicht, alles sieht total gut aus, wirklich! Du müßtest dir das mal ansehen, Franzi! Die Wohnung ist echt toll! Er hat gesagt, wer sie haben will, muß schnell zugreifen, am Wochenende ist er vielleicht schon nicht mehr da!«

Also war ich an diesem matschig-trüb-grauen Wintertag in der Woche vor Weihnachten unterwegs, um mir wieder einmal eine potentielle Bleibe anzuschauen. Ich hätte Karlheinz gern dabeigehabt, aber er konnte nicht, er mußte an diesem Nachmittag Taxi fahren. In der letzten Zeit legte er öfter Sonderschichten ein, er fuhr auch nachts, um mehr Geld zusammenzukriegen, damit er in den Semesterferien, wenn die Hausarbeiten anstanden, nicht mehr so viel unterwegs sein mußte.

Das Haus, in dem die potentielle Wohnung sich befand, sah passabel aus, zwar nicht besonders neu, aber auch nicht allzu alt. Die Straße war wenig befahren. Und ich würde zur Uni laufen können, es waren nur etwa zwanzig Minuten zu Fuß. Vor dem Haus standen eine Menge Möbel und Hausrat herum. Du liebe Zeit, zog der Typ etwa schon aus? Ich sah keinen Umzugswagen. Aber wieso stand das ganze Zeug auf der Straße, und das bei dem Wetter? Ich suchte die Klingelschilder ab. Es gab acht Parteien in dem Haus. Ich klingelte bei B. Trüger und wartete.

Plötzlich wurde die Haustür aufgestoßen, und zwei muskulöse Typen kamen heraus, sie schleppten einen Schrank an mir vorbei und stellten ihn ebenfalls auf den Bürgersteig vor dem Haus. Dann blieben sie stehen und zogen ihre Zigarettenschachteln heraus. Wahrscheinlich hatten sie vor, eine Pause einzulegen, nach den Riesenmengen, die sie schon runtergeschleppt hatten. Vielleicht waren sie auch fertig und warteten bloß noch auf den Möbelwagen.

Ich ging die Treppen hoch, bis zum dritten Stock, wo eine Wohnungstür offen stand. Auf dem Messingschild an der Tür stand B. Trüger. Aha. Von drinnen hörte ich Rumoren und Scharren. Anscheinend zog er doch gerade aus. Beunruhigt rief ich in die Wohnung hinein: »Hallo? Ist da jemand?«

Ein mißtrauisches Gesicht erschien im Türspalt. »Ja?«

»Sind Sie Herr Trüger? Ich habe gehört, die Wohnung wird frei. Ich würde mich dafür interessieren.«

B. Trüger war Anfang Dreißig und hager, fast dürr. Sein Gesicht hatte leicht wieselartige Züge, und er wirkte gestreßt. Sicher machte ihm das Hin und Her mit dem Umzug zu schaffen. Er sah sich um, kam heraus auf den Gang, schaute an mir vorbei die Treppe runter, ging zum Fenster neben der Wohnungstür und blickte auf die Straße. Dann starrte er mich abschätzend von oben bis unten an. »Ich ziehe gerade aus. Da haben Sie aber Glück, daß Sie mich noch treffen.«

»Ich heiße Franziska Friedrich«, sagte ich eifrig. »Ich bin zwanzig Jahre alt und Studentin. Ich würde auch Abstand zahlen!«

Er blickte noch einmal suchend die Treppe runter, dann sagte er: »Kommen Sie doch mit rein.«

Er schleuste mich im Eiltempo durch die Wohnung. Vermutlich wollte er rasch fertig werden, weil der Möbelwagen bald kam. Marlene hatte recht gehabt, die Wohnung war gut geschnitten. Ein großes Zimmer, etwa dreißig Quadratmeter, mit großen Fenstern und einer Tür, die auf einen Balkon führte. Weiße Rauhfaser überall, auch in der geräumigen Diele, schöne Holztüren, vernünftige Fußleisten. Küche und Bad waren mit hübschen weißen Kacheln gefliest und mit modernen Installationen ausgestattet. Ich war sofort Feuer und Flamme. Aber wo waren die Sachen, für die er Abstand haben wollte? Bis auf die abgegammelten Vorhänge und den fleckigen Teppichboden war nichts mehr in der Wohnung, was hätte abgelöst werden können. Sogar die Küche war leer.

»Für Strag… äh, Teppichboden und Vorhänge zahle ich aber nichts«, sagte ich rasch.

Er sah über meine Schulter hinweg nach draußen, auf den Flur. »Wie? Nein, nicht doch, dafür will ich nichts.« Er unterbrach sich und lauschte. Das Warten auf den Möbelwagen schien ihn nervös zu machen. »Ich hab's wirklich unheimlich eilig«, meinte er kurz angebunden. Er ging zu einer Lederjacke, die in einer Zimmerecke auf dem Fußboden lag, wühlte darin herum und kam mit einem Vertragsformular zurück. Er hielt es hoch.

»Hier habe ich einen Blanko-Mietvertrag, den hat mir der Vermieter anvertraut, er hat Vertrauen zu mir, in meine Menschenkenntnis. Er hat schon unterschrieben, sehen Sie? Hier, schauen Sie her: Vierhundert Mark, plus hundertundfünfzig Umlagen. Nur eine Monatsmiete Kaution. Die Wohnung wird auch noch renoviert, nach Ihren persönlichen Wünschen. Sie müssen lediglich einen Zuschuß von… äh… hundert Mark zur Renovierung leisten, dafür brauchen Sie aber bei Ihrem Auszug gar nichts mehr zu machen. Das steht auch drin, sehen Sie? Und ich will praktisch nichts weiter an Abstand.

Bloß…« Er blickte sich gehetzt um und lauschte wieder. Er hatte es wohl wirklich eilig. »Ich will nur… äh… zweihundert Mark, für… äh… ach, hm, ach ja, für die Fliesen«, sagte er rasch. »Ich hab' mir beim Einzug die schönen Kacheln in die Küche und ins Bad machen lassen, die alten waren so runtergekommen, da hab' ich diese besorgt, aber ich kann sie ja schlecht mitnehmen.« Er räusperte sich und starrte mich an. »Also?«

»Also, was?« fragte ich atemlos. Zweihundert bloß als Abstand! Laß es bitte klappen, flehte ich den mir unbekannten Schutzheiligen aller Wohnungssuchenden an.

»Also, wollen Sie oder nicht? In einer Minute können Sie als Mieter hier in diesem Vertrag stehen, wenn Sie sich schnell entscheiden.«

»Ja!« rief ich aufgeregt. »Ich hab' mich doch schon entschieden! Ich will die Wohnung haben!«

»Haben Sie Geld mit?« fragte er sofort.

Ich wühlte in meiner Tasche. Auf Fälle wie diesen war ich vorbereitet. Karlheinz hatte mich dahingehend instruiert, daß die meisten Vormieter, die den Nachmieter selbst bestimmen durften, Bares sehen wollten, und zwar sofort. Ich zückte meine Brieftasche. »Hier, da sind die zweihundert.«

Er griff gierig danach, aber ich zog das Geld wieder zurück. »Ich will erst den Vertrag unterschreiben. Und eine Quittung will ich auch.« Wozu studierte ich schließlich Jura? Ich hatte keinen Zeugen, der bestätigen konnte, daß ich ihm das Geld gegeben hatte. Er hätte es theoretisch jederzeit kaltlächelnd abstreiten können. Nicht mit mir!

Nervös fluchend grub er in seiner Jacke nach einem Kuli.

»Machen Sie sich keine Mühe«, sagte ich freundlich. »Hier, ich habe einen Stift, und einen Quittungsblock habe ich auch.«

Er richtete sich grinsend auf. »Ich muß auch gleich die Miete für den ersten Monat, also für den Januar kassieren, und außerdem die Kaution und den Renovierungszuschuß, der Vermieter hat gesagt, ohne Geld brauche ich ihm den Vertrag gar nicht erst zu bringen. Das ist doch verständlich, oder?«

Ich dachte kurz nach. Ja, es war durchaus verständlich. Ich könnte schließlich eine Luftnummer sein, um es mal vornehm auszudrükken. Eine Laus, die sich dem potentiellen Vermieter in den Pelz setzen wollte, eine Schlange, die sich an seinem Busen nähren wollte. Ohne zu bezahlen. Das ging natürlich nicht, da hatte der gute Mann vollkommen recht. Ordnung mußte sein.

»Na gut.« Ich rechnete rasch. »Das wären zwölfhundertfünfzig. Ich brauche aber für alles 'ne Quittung«, verlangte ich energisch.

Er nickte lächelnd und griff nach dem Stift. Ich suchte in meiner Tasche nach dem Block und meinem Scheckheft. Er kniff die Augen zusammen, als er das Heft in meiner Hand sah. »Ich will keinen Scheck!« herrschte er mich an.

»Ich habe nicht so viel Geld bei mir«, verteidigte ich mich erschrokken.

»Wieviel haben Sie denn?«

Ich durchforstete meine Brieftasche. »Vierhundertachtzig, keinen Pfennig mehr.« Ich bückte mich und schüttelte alles, was ich dabei hatte, vor mir auf den Teppich. »Vierhundertachtzig und vierzig Pfennig, um ganz genau zu sein.«

»Na schön, dann nehm' ich das, und über den Rest nehme ich einen Scheck«, sagte er großmütig. Ich sackte vor Erleichterung zusammen. Am liebsten hätte ich ihm die Füße geküßt. Ich hatte eine Wohnung! Eine richtige, wahrhaftige Wohnung! Mühsam ein Jauchzen unterdrückend schob ich ihm das Geld hin und die ausgefüllte Quittung.

Er unterschrieb sie schwungvoll, und ich unterschrieb ebenso schwungvoll den Mietvertrag.

Innerlich jubelnd faltete ich das Doppel zusammen und verstaute es in meiner Handtasche, während er das andere Exemplar einsteckte. Dann errechnete ich schnell die noch fehlende Summe und stellte einen Barscheck über siebenhundertneunundsechzig Mark und sechzig Pfennig aus, den ich ebenso wie die Quittung auf dem Fußboden schrieb. Er schob ihn in die Hosentasche und sprang sofort auf, nervös lauschend.

»Na schön, dann wäre das erledigt. Die Wohnung gehört ab sofort Ihnen«, rief er mir lächelnd beim Hinausgehen zu. »Das Telefon ist schon abgemeldet, der Strom auch. Die paar Tage bis zum ersten Januar schenke ich Ihnen, ist das nichts? Zu Weihnachten!« Er kicherte und verschwand durch die immer noch offene Wohnungstür, ohne sich zu verabschieden. Er hatte es tatsächlich sehr eilig. Vielleicht wollte er verreisen?

Ich ging durch die Räume und sagte halblaut immer wieder vor mich hin: »Ich habe eine Wohnung! Ich habe eine Wohnung! Ich habe eine Wohnung!« Schließlich schrie ich entzückt auf. Ich hüpfte übermütig von einem Zimmer ins andere. Endlich hatte ich es geschafft! Und das auch noch ganz allein, nur mit meinem eigenen Verhandlungsgeschick! Karlheinz würde Augen machen! Ich müßte ihn gleich anrufen! Suchend blickte ich mich um, aber dann fiel mir ein, daß B. Trüger das Telefon ja schon abgemeldet hatte. Und den Strom. Wieso den Strom? Ich dachte nach. Mußte man Strom abmelden, wenn man auszog? Ich hatte keine Ahnung. Aber ich war ja auch erst zweimal ausgezogen. Einmal als kleines Mädchen, als wir aus Frankfurt weggezogen waren. Daran konnte ich mich nicht mehr erinnern. Und dann aus unserem Haus in Wuppertal, aber da war der Strom nicht abgemeldet worden; soweit ich wußte, waren bloß die neuen Bewohner als Bezugsberechtigte bei den Stadtwerken angegeben worden. Na, egal. Dann würde ich mich eben neu anmelden. Jetzt war ich eine richtige Mieterin!

Andächtig befühlte ich die Wände meiner neuen Wohnung und malte mir aus, wohin ich was stellen würde. Sonja würde sich ärgern, weil ich jetzt eine Menge zusätzliches Geld brauchte, aber versprochen war versprochen. Schließlich hatte sie wildfremden Leuten mein Kinderzimmer überlassen. Während ich mir ausmalte, wo ich mich überall nach Möbeln, Teppichen und Vorhangstoff umschauen konnte, machte ich noch ein paar Luftsprünge, so hoch ich konnte, bis ich völlig außer Atem war. Schnaufend zog ich die Jacke aus und warf sie auf den Boden, zu meiner Handtasche. Dann kam mir unvermittelt ein Gedanke. Was war mit dem Wasser? War das auch abgestellt? Ich ging ins Bad und drehte die Hähne auf. Es lief überall, auch die Klospülung funktionierte einwandfrei. Wunderbar!

Als ich in die Küche gehen wollte, um dort das Wasser auszuprobieren, erstarrte ich vor Schreck. In der Diele stand ein Mann, über meine Sachen gebückt, ein finster aussehender, schäbig gekleideter Typ, mit zu langen, zu fettigen Haaren, zu gierigem Gesicht. Mit tückisch funkelnden Augen hielt er meine Brieftasche hoch, die ich noch nicht wieder in die Handtasche zurückgesteckt hatte. Wirre, verrückte Gedanken schossen mir in diesem Moment durch den Kopf. Ich dachte: Meine Güte, jetzt werde ich am hellichten Tag in meiner eigenen Wohnung überfallen. Er wird mich töten. Er sieht wie ein Mörder aus. Mein Gott, er ist ein Mörder! Hoffentlich geht es schnell! Hoffentlich tut er mir dabei nicht weh! Ob er mich vorher vergewaltigen wird? Ob das weh tun wird? Verdammt, wie war er überhaupt reingekommen? Ach ja, B. Trüger hatte vergessen, die Tür hinter sich zu schließen, und mir war es gar nicht aufgefallen. Im selben Sekundenbruchteil dachte ich: Der Schlüssel! Lieber Himmel, B. Trüger hat vergessen, mir die Wohnungsschlüssel zu geben! Und dann richtete sich der Mörder langsam auf und starrte mich mit eiskalter, tödlicher Entschlossenheit an. Ja. Ich las es in seinem Blick. Mordlust. Vergewaltigungsabsicht.

»Wen haben wir denn hier noch?« fragte er süßlich. Großer Gott, er redete genau wie der Mörder in Mitternachtsspitzen, der grausame, perverse Kerl, der die arme Doris Day immerzu telefonisch gequält hatte, bis zum Schluß rauskam, daß es ihr eigener Mann war, der sie umlegen wollte! Rex Harrison hatte kaltblütig seine Stimme am Telefon verstellt und Doris damit in den Wahnsinn getrieben. Dieser Mörder hier hatte genau dieselbe Stimme, so weich und schmeichelnd und falsch!

»Gehören Sie zu diesem Haushalt?« Er hob mit flackernden Augen den Kopf und kam näher. Ich wich einen Schritt zurück, meine Hand flog an die Kehle, ich konnte nicht mehr atmen.

»Sind Sie verheiratet mit Herrn B. Trüger?« Er blähte gierig die Nüstern und kam immer näher. Das Blut gefror mir in den Adern, als ich sein listiges, hämisches Mördergrinsen auf seiner grauenerregenden, mitleidlosen Visage sah.

»Haben Sie … Geld oder Wertsachen bei sich?«

Jetzt gab es nicht mehr den geringsten Zweifel. Er würde mich erst töten, dann vergewaltigen, dann ausrauben. Oder umgekehrt, was spielte das schon für eine Rolle.

»Bitte, tun Sie mir nicht weh!« flehte ich ihn an.

Er schüttelte den Kopf. »Ich tue doch niemandem weh«, kicherte er.

Allmächtiger, er war irrsinnig! Ich sah mich fieberhaft nach einer Waffe um, aber das einzige, was in meiner Reichweite war, waren die ausgeleierten Stores. Ich dachte gar nicht weiter nach, ich handelte rein instinktiv. Ich griff in den staubigen, brüchigen Vorhangstoff und riß ihn mit einem kräftigen Ruck aus den Schienen. Ich war überrascht, wie leicht es ging. Mit dem Mut der Verzweiflung machte ich einen Satz auf den wahnsinnigen Mörder zu, warf ihm den Vorhang über den Kopf und stieß ihn, so fest ich konnte, zur Seite. Er stolperte und fiel über seine eigenen Füße, dabei knallte er mit dem Kopf gegen die Wand. Er ächzte schmerzerfüllt und kroch stöhnend und tastend auf dem Fußboden herum, in meine Richtung! Mit einem angstvollen Wimmern drückte ich mich an ihm vorbei, und als seine Fingerspitzen meine Schuhe berührten, kreischte ich voller Entsetzen laut auf. Ich trat ihm auf die Finger, die nach mir griffen, und er riß fluchend die Hand zurück, unter den Vorhang, der immer noch über seinem Kopf hing.

Diesen Moment nutzte ich, ohne zu überlegen. Ich rannte in panischer Hast an ihm vorbei, knapp seiner anderen Hand entwischend, mit der er immer noch nach mir tastete. Hysterisch aufschluchzend raste ich mit Riesensprüngen zur Tür. Weiter kam ich nicht. Vor der Tür standen zwei andere Männer, groß und gnadenlos. Ich schrie auf und wäre vor Schreck fast in Ohnmacht gefallen. Dann weinte ich hemmungslos, aber vor Erleichterung. Sie trugen Uniformen! Herrliche, scheußlich-erbsengrüne Uniformen! Sie waren Polizisten! Polizisten! Die Polizei, dein Freund und Helfer, dein Retter in höchster Not! Ich war ja so dankbar, niemals wieder wollte ich mich beschweren, wenn ich wegen Falschparkens aufgeschrieben würde, jeden Strafzettel wollte ich künftig ans Herz drücken und ihn als Ausdruck wunderbar allgegenwärtiger staatlicher Ordnung wertschätzen, ihn sofort und mit Freuden bezahlen, nie mehr wollte ich meine tapferen grünen Freunde als ›Bullen‹ verunglimpfen!

»Gott sei Dank, daß Sie rechtzeitig gekommen sind!« stammelte ich.

Das fanden die zwei offenbar auch. Als der Mörder stöhnend aus dem Zimmer getorkelt kam, den Vorhang immer noch über dem fettigen Schädel hängend, ihn bloß mit einer Hand zum Zwecke besserer Sicht etwas von der brutalen Physiognomie weghaltend, machten sie keine Anstalten, ihn festzunehmen. Statt dessen nahmen sie mich mit zur Wache.

17. Kapitel

Ich kapierte überhaupt nichts mehr. Im Streifenwagen, auf der Fahrt zur Wache, heulte ich Rotz und Wasser. Die gemeinen Bullen erzählten mir irgendwas, aber ich blickte nicht durch, weil ich ständig meine Nase putzen mußte und das Trompetengeräusch alles übertönte.

Auf der Polizeiwache heulte ich immer noch, laut, abgehackt und hysterisch. Ein besonders gemein aussehender Bulle zitierte mich an seinen Schreibtisch, vermutlich zur Vernehmung. Ich fiel auf den harten, häßlichen Stuhl – selbst auf dem Sperrmüll würden sich sämtliche Aasgeier von solch einem Stuhl mit Grauen abwenden – und heulte weiter. Es schien so, als wäre ich der Täter und nicht das Opfer. Und dabei war ich doch das Opfer! Wie kamen diese begriffsstutzigen erbsengrünen Typen bloß auf die Idee, daß ich etwas verbrochen haben könnte?

»Ich bin unschuldig!« stieß ich inbrünstig hervor.

»Sicher«, erklärte der grüne Inquisitor lakonisch und spannte ein Formular mit mindestens zwanzig Durchschlägen in seine hundert Jahre alte Schreibmaschine. Nach dieser Schreibmaschine hätten sich alle Antikfreaks auf dem Flohmarkt sämtliche Finger geleckt. Der Inquisitor erklärte mir, daß ich genaue Angaben zum Hergang des Geschehens machen müßte, schließlich sei eine Straftat verübt worden.

Ich konnte es nicht fassen. An wem denn bloß? An diesem fettigen, schmierigen Mördertyp, der mich umbringen wollte? Ich wies entrüstet darauf hin, daß der widerliche Mitternachtsspitzenmörder versucht hätte, mich auszurauben. »Ich wollte mich bloß wehren! Schließlich hatte er mich ausdrücklich nach Wertsachen befragt«, sagte ich mit tränenerstickter Stimme. »Außerdem hätte er mich vorher wahrscheinlich vergewaltigt. Und dann umgebracht! So wie der mich angesehen hat! Ganz der typische Sittlichkeitsverbrecher!« Der Beamte lachte herzlich. »Nein, er ist Gerichtsvollzieher. Er hat da die ganze Zeit vollstreckt. Ist Ihnen das nicht aufgefallen? Meine beiden Kollegen waren doch nur aus diesem einen Grund dort, um die reibungslose Räumung zu gewährleisten.«

Klick. Klick. Klick. Ich hörte förmlich, wie die Zahnräder in meinem Gehirn einrasteten. Die leere Wohnung. Die Möbel unten auf der Straße. Der gehetzte B. Trüger-Typ. Die dämlichen Fragen des Mörder-Gerichtsvollziehers nach Geld oder Wertsachen, oder ob ich mit dem B. Trüger-Typen verheiratet wäre. Aha. Alles klar. Ich hatte den Vollstrecker gegen die Wand geschubst! Jetzt heulte ich durchdringend laut, ernstlich erschüttert. »Ich habe es nicht gewußt!«

Ich war nicht imstande, die Fragen des Beamten zu meiner Person zu beantworten. Wahrscheinlich würde der Ärger dann überhaupt erst richtig losgehen. Ich war in Frankfurt noch nicht gemeldet, und unter der Adresse in Wuppertal, meinem bisherigen festen Wohnsitz, wohnten fremde Leute, die vermutlich noch nicht mal meinen Namen wußten. Ich sah mich schon in einer Zelle nächtigen, durchgefroren, stigmatisiert, wohnsitzlos, bis man mich einem strengen Richter vorführen würde, vor dem ich mich wegen meiner Missetaten verantworten müßte.

Ich rekapitulierte, was ich in den letzten Wochen bei O. Wurm gelernt hatte. In Betracht kam zunächst – abgesehen von der Körperverletzung – eine Straftat nach § 113 Strafgesetzbuch. Widerstand gegen Vollstreckungsbeamte. Mechanisch begann ich die Tatbestandsmerkmale meiner Strafbarkeit an den Fingern abzuzählen: *Wer einem Amtsträger oder Soldaten der Bundeswehr, der zur Vollstreckung von Gesetzen, Rechtsverordnungen, Urteilen, Gerichtsbeschlüssen oder Verfügungen berufen ist, bei der Vornahme einer solchen Diensthandlung mit Gewalt oder durch Drohung mit Gewalt Widerstand lei-*

stet oder ihn dabei tätlich angreift, wird mit Freiheitsstrafe bis zu zwei
Jahren oder mit Geldstrafe bestraft.

O ja, kein Zweifel, den Tatbestand hatte ich erfüllt! Zwei Jahre!
Vielleicht würden sie mildernd berücksichtigen, daß ich nicht ein-
schlägig vorbestraft war. Außerdem war ich erst zwanzig. Nach dem
Gesetz war ich noch »Heranwachsende«. Das war praktisch genauso
gut wie »Jugendliche«. Die Jugendrichter würden viel milder urteilen.

Der Beamte fragte penetrant zum zweiten Mal nach meiner Adresse.
»Augenblick«, sagte ich zerstreut und putzte mir abermals dröhnend
die Nase.

Jemand kam aus dem Nebenzimmer und blieb schräg hinter meinem
Sperrmüllstuhl stehen. Meine tränenverschmierten Augen erfaßten
teure Beinkleider und noch teureres Lederschuhwerk. Eine sonore
männliche Stimme sagte: »Ich habe das Gefühl, daß ich gerade zum
richtigen Zeitpunkt hier bin!«

Ich hob meinen feuchten Blick und zwinkerte ein paarmal ungläubig.
Er war es! Der gutaussehende blonde Fremde, dem ich schon ein
paarmal begegnet war. Wir waren wie Schiffe, die in der Nacht an-
einander vorüberfuhren, kaum Zeit für einen flüchtigen Gruß! Ich
mußte schlucken bei dieser poetischen Analogie. Er ergriff meine
schlaffe Hand mit festem Druck und erklärte: »Irgendwie scheine ich
Ihnen immer in Extremsituationen zu begegnen, liebes Fräulein.«
Er hatte *liebes Fräulein* gesagt! Meine Knie zitterten.

»Entweder lachen Sie von Herzen, oder Sie weinen in furchtbarem
Seelenschmerz.«

Stimmt, dachte ich. Bei unserem ersten Zusammentreffen hatte ich
mich mit einem Lachkrampf auf dem Bürgersteig gewälzt, beim nächsten Mal hatte ich beim Sack heulend auf dem Randstein gehockt, und
beim letzten Mal hatte ich mich in Karlheinz' Taxi hemmungslos
gebogen vor Lachen wegen des Stragula- und Stores-Neppweibes.
Und jetzt flennte ich wieder. Immer schön abwechselnd.

»Und nun sehe ich Sie erneut in einer solchen extremen Gefühlssi-
tuation!« Mit seinen blauen Augen musterte er mich mitfühlend.

Der Beamte seufzte entnervt und betätigte mehrmals demonstrativ die Leertaste an seiner Antikschreibmaschine. Der gutaussehende Fremde beachtete ihn nicht, sondern deutete eine leichte Verbeugung vor mir an.

»Gestatten Sie, daß ich mich Ihnen endlich vorstelle!« Seine blauen Augen blitzten auf, ebenso wie seine Grübchen, als er meine Hand fester drückte. »Mein Name ist Friedrich Stubenrauch, und ich bin Anwalt.«

Komisch, dachte ich vage, Stubenrauch muß wirklich ein verbreiteter Name hier in Frankfurt sein. Andauernd liefen mir Leute mit diesem Namen über den Weg.

»Ich heiße Franziska Friedrich«, krächzte ich mit vom Heulen heiserer Stimme.

»Wie nett«, lächelte er. »Da sind wir ja gewissermaßen Namensvettern!«

Ich begriff es erst im zweiten Anlauf. Natürlich, sein Vorname und mein Nachname waren identisch. Ich lächelte entzückt zurück. »Ja, das ist aber wirklich ein Zufall.« Blinzelnd saugte ich seine Erscheinung in mich auf, sein markantes, männlich hübsches Gesicht, sein klassisch elegantes Outfit, das ganz nach kostspieligem italienischen Design aussah.

»Welch ein glücklicher Zufall, daß ich gerade in einer anderen Strafsache hier zu tun hatte. Was genau wird der jungen Dame zur Last gelegt?« erkundigte er sich energisch bei dem Beamten.

Der seufzte abermals. »Zur Last gelegt? Eigentlich… Wieso mischen Sie sich überhaupt ein? Bestellen Sie sich zum Anwalt der jungen Dame?«

»Allerdings!« Er blickte mich rasch an. »Nicht wahr?«

»Ich… o ja, natürlich!« stammelte ich. Er bestellte sich zu meinem Anwalt! Mein Retter in höchster Not! Dieser wunderbare Mann und Jurist!

Mit kargen Worten schilderte der Beamte das Geschehen. Ich kroch in mich zusammen, bis der Sperrmüllstuhl unter mir knarrte.

»Es kommt eine strafbare Handlung wegen Widerstands gegen

einen Vollstreckungsbeamten und wegen Körperverletzung in Betracht«, sinnierte Friedrich Stubenrauch mit zusammengelegten Fingerspitzen. An seiner rechten Hand blitzte ein Siegelring, nicht so ein kitschiges Automatendings wie bei Waldemar, sondern ein riesiger, aber trotzdem schlichter Achat.

»Ein geradezu klassischer Fall von Putativnotwehr«, fuhr er lässig fort, »berücksichtigt man die bisherigen Einlassungen der Beschuldigten, die mitzuhören ich Gelegenheit hatte. Die junge Dame wußte weder, daß es sich um einen Gerichtsvollzieher handelte, noch, daß er im Begriff war, eine Diensthandlung vorzunehmen, sondern war vielmehr der Überzeugung, es mit einem gefährlichen Mörder und Triebtäter zu tun zu haben.«

Ich hing an seinen sinnlichen Lippen. Du liebe Zeit, war dieser Mann kompetent! Putativnotwehr! Was für ein wunderbares Zauberwort! Ich erinnerte mich schwach, was es bedeutete. Es besagte, daß ich geglaubt hatte, einen Rechtfertigungsgrund für meinen Angriff auf den schmierigen Typen zu haben, weil ich dachte, daß er ein Mörder sei. Also kein Vorsatz, höchstens Fahrlässigkeit! Ich jubilierte innerlich. Strafbar war nur vorsätzliches Handeln, es sei denn, das Gesetz bedrohte ausdrücklich auch fahrlässiges Handeln mit Strafe. Das steht in § 15 Strafgesetzbuch. Damit war ich aus dem Schneider, zumindest was meine Strafbarkeit nach § 113 Strafgesetzbuch betraf.

Es gäbe zwar Fälle, dozierte Friedrich Stubenrauch überlegen, in welchen man Absatz vier dieser Vorschrift in Betracht ziehen müsse, wonach ein vermeidbarer Irrtum über die Rechtmäßigkeit der Diensthandlung gleichwohl strafbar sein könne, aber dafür sei Voraussetzung, daß dem Beschuldigten erst einmal bekannt sein müsse, daß überhaupt eine Diensthandlung vorliege. Davon könne im vorliegenden Fall – er sagte tatsächlich: im vorliegenden Fall! – keinesweg die Rede sein. »Bliebe noch die Körperverletzung«, meinte mein Anwalt gelassen. »Welcher Art ist denn diese Verletzung des Herrn Gerichtsvollzieher?«

»Er hat eine kleine Beule an der Stirn«, meinte der Beamte mit einer Grimasse.

Friedrich Stubenrauch lächelte. »Tatsächlich? Eine kleine Beule! Na, so was! Was für eine Körperverletzung!« Er beugte sich vor und fragte scharf: »Ist Strafantrag gestellt?«

Der Beamte zuckte ergeben die Achseln. »Er hat keinen Strafantrag gestellt und hat's auch nicht vor. Er hat sogar wortwörtlich gesagt, daß er nichts dagegen hätte, rumgeschubst zu werden, wenn es bloß immer so hübsche junge Damen täten.«

Seufzend zog er das Blatt aus der antiken Maschine und legte es ordentlich zurück auf seinen Formularstapel. »Na schön, ich geb's auf. Wozu soll ich mir Arbeit machen, auf die niemand Wert legt?« Er grinste mich entschuldigend an. »Wenn bei Ihnen der Eindruck entstanden sein sollte, daß Ihnen hier etwas vorgeworfen wird, muß ich das richtigstellen. Wir wollten bloß Ihre Angaben zu dem ganzen Vorfall aufnehmen, schließlich hat sich dieser B. Trüger in erheblichem Umfang wegen Betruges strafbar gemacht, und das nicht zum ersten Mal. Wenn Sie in Ruhe über alles nachgedacht haben, kommen Sie ohne Anwalt wieder her, machen hübsch Ihre Anzeige und erzählen mir, um wieviel Sie dieser Windhund erleichtert hat, in Ordnung?«

Windhund? Hatte er Windhund gesagt? Wen meinte er damit? Ich hatte gar nicht richtig hingehört, weil ich in Friedrich Stubenrauchs bezwingenden blauen Augen versunken war. »Kommen Sie!« sagte er rauh und ergriff meine Hand. »Ich bringe Sie von hier fort!«

Widerspruchslos und steifbeinig wie ein Zombie stand ich auf und ließ mich von ihm zum Eingang geleiten. Mit männlich festem Griff um meinen Ellbogen dirigierte er mich zu seinem silbergrauen Mercedes-Coupé, öffnete mir die Beifahrertür und drängte mich sanft auf den Sitz. Ich fühlte das dicke, genarbte Leder unter meinen Fingerspitzen und starrte auf das Armaturenbrett aus kostbarem Wurzelholz. Tief aufatmend schloß ich die Augen. Dieser überragende, göttlich aussehende Anwalt hatte mich vor dem sicheren Gewahrsam in einer trostlosen Zelle und vor Schlimmerem, vielleicht sogar bis zu zwei Jahren Gefängnis bewahrt! Lieber Himmel, wie sollte ich das wiedergutmachen! Mir wurde ganz warm vor Dankbarkeit. Alles

Geld der Welt könnte nicht … Ich zuckte entsetzt zusammen. Großer Gott! Mein Geld! Mein ganzes Bargeld für diese Woche und für die Weihnachtsgeschenke, die ich noch einkaufen wollte! Ich hatte alles diesem B. Trüger gegeben! Und die Wohnung! Der Vertrag war natürlich auch gefälscht gewesen! Der Kerl hatte keinen Nachmieter gesucht – in Wahrheit hatte der Gerichtsvollzieher ihn kurz vorher rausgeschmissen!

»Fehlt ihnen etwas?« fragte Friedrich Stubenrauch besorgt, während er den Motor startete.

»Nur eine Menge Geld«, flüsterte ich tonlos, »und eine Wohnung.« Ich erzählte ihm, was vor meiner Begegnung mit dem Gerichtsvollzieher passiert war. Er runzelte die Stirn. »Nein, so etwas! Wozu die Menschen imstande sind! Das Bedürfnis nach einem Heim, einem Zuhause auf so schändliche Weise auszunutzen! Diese Abgefeimtheit, diese Verschlagenheit!« Er legte beruhigend seine Hand mit dem großen Siegelring auf meine. »Fassen Sie sich, liebes Fräulein Friedrich, ich nehme diese Sache in die Hand. Diese Burschen scheinen tatsächlich zu schlafen. Man hätte diese Angelegenheit gerade eben doch ohne weiteres erledigen können. Nun, ich erlebe das oft. Diese Herren denken eben zuweilen nicht weiter als bis zum letzten Durchschlag der Formulare in ihren untauglichen Schreibmaschinen. Aber seien Sie unbesorgt! Ich werde alsbald für Sie Strafantrag stellen, damit die Polizei Ermittlungsmaßnahmen gegen diesen Verbrecher einleitet.«

Ich blickte dankbar zu ihm auf. Er war so gut zu mir! Seit langem hatte mich niemand mehr so zuvorkommend behandelt! Und wie gewählt und gebildet er sich ausdrückte!

Er meinte nachdenklich: »Das Schicksal geht manchmal wirklich seltsame Wege. Es führt uns beide immer wieder zusammen, darin ist ein deutliches Muster zu erkennen, nicht wahr? In meinen Augen ist es unzweifelhaft ein Hinweis, daß ich dazu berufen bin, Ihnen beizustehen, wie auch schon vorhin auf der Polizeiwache, wo Sie so dringend meiner fachlichen Hilfe bedurften. Zu meiner großen Freude kann ich Ihnen mitteilen, daß ich Ihnen auch bei Ihrem Wohnungsproblem behilflich sein kann. Sie werden es nicht für möglich halten, denn es ist wahrhaftig ein so unglaublicher Zufall, daß man es schon als unheimlich bezeichnen könnte. Ich habe genau das, was Sie brauchen. Ich habe eine Wohnung für Sie!«

So kam es, daß ich wenig später in der Villa Stubenrauch landete. Der Rechtsanwalt Friedrich Stubenrauch war nämlich offensichtlich kein anderer als der jüngere Bruder von unserem Dozenten Dieter Stubenrauch. Diesen Schluß zog ich messerscharf, als er seinen schnittigen Wagen vor dem Haus von Frau Stubenrauch zum Stehen brachte, aus dem Wagen sprang und mir die Tür auf der Beifahrerseite aufriß. Friedrich Stubenrauch nahm mich wieder am Ellbogen und brachte mich ins Haus. Er schloß mir die Tür zum Souterrain-Apartment auf und schaute mich strahlend an. »Na, was sagen Sie jetzt?«

Ich sagte nichts, ich starrte ihn bloß an und schluckte. Schließlich räusperte ich mich und meinte: »Es ist perfekt, aber ich kenne es schon, wissen Sie. Ich habe die Wohnung schon vor einiger Zeit besichtigt, und Ihre Mutter meinte… ich meine, es ist doch Ihre Mutter, oder? Also, sie meinte, daß… ich meine, Ihr Neffe… Es ist doch Ihr Neffe, oder?«

Er brachte mein dämliches Gestammel mit einem nonchalanten Winken seiner Siegelringhand zum Verstummen. »Nichts da. Es kommt gar nicht in Frage, daß Sie auf diesen nasebohrenden Quälgeist aufpassen müssen. Die Wohnung gehört mir ebensogut wie meiner Mutter, meinem Bruder Dieter und meiner Schwester. Wir sind eine Erbengemeinschaft, wissen Sie. Aber ich verwalte das Haus, wie auch unsere anderen Häuser. Meine Mutter und mein Bruder sind in diesen praktischen Dingen einfach zu unvernünftig, und meine Schwester lebt in Amerika. Ich bestimme, wo es langgeht. Keine Wohnung wird ohne meine Zustimmung vermietet. Ich habe sozusagen das letzte Wort.«

Ich mußte wieder schlucken. Wie er »unsere anderen Häuser« und »ich bestimme, wo es langgeht« gesagt hatte!

»Ja also...wenn ich nicht auf das Kind aufpassen muß und die Miete deswegen nicht höher ist...«

»Aber woher denn«, winkte er wieder ab. »Es bleibt bei den vierhundertzwanzig kalt, und damit basta. Von wegen aufpassen! Was für eine Vergeudung das doch wäre!« Seine wunderschönen blauen Augen tauchten flammend in meine und brachten meine Knie zum Wackeln. Ich hätte ihm jetzt sagen können, daß die Miete, die Frau Stubenrauch von mir verlangen wollte, bloß dreihundertzwanzig kalt betragen hätte, aber ich wollte nicht auf dieser Kleinigkeit herumreiten. Wie er mich ansah, mit diesen herrlichen, leuchtenden Augen! Und er hatte bisher nicht einmal auf meinen Busen geguckt! Und ich würde nicht auf den Knirps von Dieter Stubenrauch aufpassen müssen!

»Ich würde die Wohnung sehr gern nehmen!«

»Das freut mich ja so!« sagte er mit Wärme in der Stimme. Seine beiden Hände waren auch sehr warm, als er mit beiden zugleich meine Hand ergriff und sie drückte. »Sie ahnen ja gar nicht, wie sehr mich das freut!«

Ich bekam plötzlich keine Luft mehr und schwankte leicht hin und her. Du liebe Güte, gleich würde ich ihm in die Arme fallen! Was er dann wohl denken würde? Was er wohl tun würde?

Aber dazu kam es nicht. Frau Stubenrauch hatte uns anscheinend gehört. Sie tauchte in der offenen Tür des Apartments auf und sagte erstaunt: »Nanu, das ist doch Fräulein Friedrich! Haben Sie es sich etwa anders überlegt mit der Wohnung?«

»Ja, Mutter, sie hat! Allerdings bin ich mit ihr übereingekommen, daß sie keineswegs auf Bubi aufpassen muß, sondern statt dessen mir von Zeit zu Zeit ein wenig in der Kanzlei zur Hand geht. Du weißt ja, wie es derzeit dort zugeht. Ich kann weiß Gott eine helfende Hand gebrauchen!«

»Na gut, wenn du meinst«, erklärte Frau Stubenrauch achselzuckend. »Ich könnte zwar mindestens genausogut Hilfe brauchen wie du, aber ich krieg' ja doch niemanden. Nimm du sie halt.«

Ich hörte überhaupt nicht, was sie sagte. Ich war sprachlos. Meine

Hand, die er immer noch mit warmem, zärtlichem Griff umfaßt hielt, fing an, feucht zu werden. Er wollte, daß ich ihm half! In seiner Kanzlei! Ich sah mich bereits als veritable, tüchtige Anwältin, wie ich routiniert die Mandanten empfing und zu ihm weiterleitete, am Telefon wichtige Termine aushandelte, für Ordnung in den Aktenstapeln sorgte. Und was ich dabei lernen würde! Ich konnte es nicht fassen, welches Glück mir dieser Tag auf einmal bescherte, und das bei diesem miesen Start!

Er blickte mich liebevoll an. Seine Augen hatten tatsächlich exakt die Farbe von Veilchen.

»Es wäre nur ein-, maximal zweimal die Woche, und das auch nur für höchstens zwei, allerhöchstens mal drei Stunden«, sagte er lächelnd zu mir.

»Wie wunderbar!« hauchte ich.

»Na, dann wäre ja alles geklärt«, meinte er vergnügt und ließ meine Hand los. »Dann gehen wir gleich nach oben in die Wohnung meiner Mutter und unterschreiben den Mietvertrag.«

18. Kapitel

»Ich verstehe nicht, wieso du so dämlich sein konntest, den Mietvertrag mit diesem Stubenrauch zu unterschreiben«, erklärte Karlheinz zwischen zwei Schlucken Kaffee.

Ich war gleich nach Abschluß des Vertrages zu Karlheinz gerannt, um ihn an meinem Glück teilhaben zu lassen; Friedrich Stubenrauch hatte kaum noch Zeit gehabt, mir die Adresse seiner Kanzlei mitzuteilen, wo ich mich am nächsten Tag um drei Uhr nachmittags einfinden sollte.

»Du hast dich eindeutig übervorteilen lassen«, fuhr Karlheinz ernst fort.

»Wieso? Die Wohnung ist traumhaft, und das Haus ist herrlich. Der Garten ist wundervoll, und...«

»Und der Vermieter ein gottähnliches Wesen, ich weiß. Das ändert aber nichts daran, daß du im Begriff bist, dich nach Strich und Faden ausnutzen zu lassen. Rechne doch mal, Franzi. Sechs Stunden in der Woche, macht ungefähr siebenundzwanzig Stunden im Monat, durchschnittlich. Selbst wenn du bloß einen lächerlichen Stundenlohn von zwölf Mark rechnest... jede Putzfrau kriegt schließlich hier in Frankfurt schon mindestens fünfzehn, dann kommst du im Monat auf dreihundertundvierundzwanzig Mark.«

Ich staunte, wie schnell er rechnen konnte. »Er hat aber gesagt, maximal zweimal die Woche«, wandte ich ein, »und es soll jedesmal nur für zwei Stunden sein, allerhöchstens für drei. Allerhöchstens, genau so hat er es gesagt.«

»Wenn du jetzt diese dreihundertvierundzwanzig zu den vierhundertzwanzig kalt dazuzählst«, sagte Karlheinz unbeirrt, »kommst du auf siebenhundertvierundvierzig, kalt. Mit Umlagen bist du ruckzuck auf tausend. Wenn das keine Ausbeutung ist!«

»Du siehst das falsch«, verteidigte ich mich. »Ich zahle ja die tausend nicht, sondern nur die vierhundertzwanzig plus Umlagen. Den Rest darf man nicht so verbissen sehen. Ich freue mich total auf diese Arbeit. Verstehst du denn nicht, das ist doch für mich die Gelegenheit, mal in den Anwaltsberuf hineinzuschnuppern. Welchem Jurastudenten im ersten Semester wird so eine Gelegenheit denn schon geboten? Und dann dieser Typ, dieser Friedrich Stubenrauch…«

»Wahrscheinlich ist er genau dieselbe Luftnummer wie sein Bruder Dieter. Habe ich dir schon erzählt, wie…«

»Vergiß es«, unterbrach ich ihn kurz angebunden. »Du kannst ihn mir nicht madig machen, ihn nicht und auch nicht den Job.« Ich schlürfte von meinem Kaffee und probierte Karlheinz' Rotweinkuchen. Diese Woche hatte er ein neues Rezept ausprobiert. Er schmeckte erstklassig. Ich ließ den Kuchen auf der Zunge zergehen und schaute verträumt aus dem Küchenfenster. Friedrich Stubenrauch. Friedrich Stubenrauch. Ich ließ den Namen ebenfalls auf der Zunge zergehen, geistig zumindest. Zugegeben, er hörte sich rettungslos bescheuert an. Aber was waren schon Namen? Schall und Rauch. Schall und Stubenrauch, dachte ich kichernd.

»Was ist denn so lustig?« wollte Karlheinz mit schmalen Augen wissen. »Denkst du an diesen blöden Anwalt?«

»Er ist nicht im mindesten blöd. Er ist toll. Ich glaube, er könnte mir gefallen. Als Mann, meine ich.« Ich biß genußvoll noch ein Stück von dem Kuchen ab. »Übrigens, der Kuchen ist wunderbar, Karlheinz.«

Er preßte die Lippen zusammen. »Danke. Willst du damit sagen, daß du ihn in Betracht ziehst? Ich meine, um…« Seine Wangen waren genauso rot wie seine Ohren.

»Was? Spinnst du? So weit sind wir doch noch lange nicht!« Aber mein Protest hörte sich nicht allzu nachdrücklich an.

Karlheinz seufzte. »Hauptsache, du vergißt nicht, was du mir versprochen hast.«

»Was denn? Es niemals ohne Liebe zu tun?«

»Nein. Daß du mir in den Semesterferien bei meinen Hausarbeiten hilfst. Und noch eins solltest du nicht vergessen. Etwas Naheliegendes, das dieser Blödmann von Anwalt anscheinend vergessen hat, dir mit auf den Weg zu geben.«

»Was denn, um Himmels willen?«

»Lauf so schnell du kannst zur Bank und laß den Scheck sperren, den du diesem B. Trüger gegeben hast.«

Hildchen übte in voller Haremsmontur vor dem Spiegel in ihrem Schlafzimmer Bauchtanz, als ich hereinplatzte, um ihr die große Neuigkeit zu unterbreiten. Im Hintergrund lief eine Kassette mit arabischem Tanzgedudel, auf Muckis Recorder, wie ich sofort erkannte. Hildchen probierte emsig, geflügelte Schlangenarme mit arabischem Grundschritt und Brustkorbwelle zu kombinieren, das Ganze, ohne hinzufallen oder sich die Arme auszukugeln. »O mein Gott, ich lern' es nie!« ächzte sie erbost. »Ich schaffe es einfach nicht, meine Schultern auf zwölf Uhr zu halten, und ich vergesse immer, bei neun Uhr Luft zu holen, und dabei muß ich doch bei drei Uhr mit dem Ausatmen anfangen! Es ist wie verhext! Und meine Brust wakkelt bloß, wenn sie sich wellen soll, und meine Schultergelenke knakken so laut, daß das ganze Glöckchengebimmel und Kettengerassel nicht dagegen ankommt!«

»Hildchen, ich hab' 'ne Wohnung!« rief ich.

Sie erstarrte mitten in einer gedrehten Riesenbrustwelle bei sechs Uhr, das ist ganz unten.

Ihr Gesicht wirkte betroffen. »Ehrlich? Das freut mich aber für dich. Wo denn? Und ab wann?«

Sie schien alles andere als erfreut zu sein, und ich wußte genau, daß das überhaupt nichts mit den hundert Mark zu tun hatte, die ich ihr jede Woche gab, und auch nichts damit, daß ich einmal wöchentlich saubermachte und bügelte. Ich lief zu ihr und umarmte sie. »Ich bleib' doch noch bis Neujahr hier, Hildchen!« Ich drückte meinen Kopf an ihren Riesenbusen. »Ich mach' dir auch vorher noch mal alles sauber und bügle dir die ganze Weihnachtswäsche. Ach, ich hab' ja so ein Glück gehabt!«

Ich erzählte ihr von meinem Retter Friedrich Stubenrauch und meinem tollen neuen Job in der Anwaltskanzlei, in der ich mich morgen vorstellen sollte, und ich schilderte ihr in leuchtenden Farben das wunderhübsche Apartment, das ich ab dem ersten Januar meine vier Wände nennen durfte. Ich mußte nicht mal Möbel kaufen, weil mich die nette Frau Stubenrauch wie versprochen mit der Zimmereinrichtung ihrer nach Amerika ausgewanderten Tochter Steffi Stubenrauch ausstatten würde, und das, obwohl ich entgegen ihren Hoffnungen nicht auf ihren Enkel Bubi aufpaßte, sondern statt dessen ihrem Sohn Friedrich in seiner Kanzlei zur Hand ging.

Das Leben war ein einziges rauschendes Fest für mich an diesem Tag. Ich hatte den Scheck noch rechtzeitig sperren können; die vierhundertachtzig, die ich dem Träger in meiner unendlichen Landeidummheit in den Rachen geschmissen hatte, schrieb ich vorläufig in den Wind. Meine gute Laune wurde dadurch nicht im geringsten getrübt. Ich rechnete mir vor, daß ich genausogut für das süße Apartment, dessen stolze Mieterin ich nun war, Abstand in dieser Höhe hätte zahlen können, für die volleingerichtete Küche oder die schönen Badezimmerfliesen zum Beispiel. Der einzige Mißklang in meiner Euphorie war die Tatsache, daß meine Barschaft für Weihnachtsgeschenke dabei draufgegangen war. Den Rest, der noch auf meinem Konto war, würde ich im Januar für die Miete und zum Leben brauchen. Ich hatte ganz vergessen, nach der Höhe der Umlagen zu fragen, wollte aber auf jeden Fall darauf vorbereitet sein, sie auch bezahlen zu können.

Ich versuchte, Sonja in Bolivien anzurufen. Ich kam sogar durch, aber jemand aus Eberhards Staudamm-Bauteam teilte mir in grauenhaftem Englisch mit, daß meine Mutter und ihr Mann unterwegs seien, zum Arzt, weil Sonja von einer Spinne gebissen worden sei. Ich war wie vor den Kopf geschlagen. Eine Spinne! Vielleicht war sie giftig, eine Schwarze Witwe oder so! Konnte das nicht sogar tödlich sein? Der Mann am anderen Ende der Leitung erläuterte mir umständlich und radebrechend, daß es *not too bad* wäre, Sonja wäre *only a little bit in trouble*, was immer das auch bedeutete.

»*Is she really sick?*« schrie ich ins Telefon.

»*No, no, no!*« schrie der Mann zurück, und dann knackte es in der Leitung, und das Gespräch war zu Ende. Mein Vorhaben, Sonja um einen Vorschuß anzupumpen, hatte sich damit erledigt. Für so was wäre sie mit Sicherheit momentan nicht in Stimmung, selbst wenn die Spinne nur ganz klein gewesen war. Außerdem hatte sie mir erst vor einer Woche einen Tausender zukommen lassen. Ich ärgerte mich darüber, daß ich den Scheck so voreilig für juristische Bücher vergeudet hatte. Jetzt konnte ich noch nicht mal vernünftige Geschenke besorgen.

Ich versuchte in dieser Hinsicht trotzdem mein Bestes, obwohl ich mir ein oberstes Limit von hundert Mark für alle Weihnachtsausgaben setzte. Ich mußte meine fehlende Barschaft eben durch Originalität ausgleichen. Außerdem würde ich mir für Sonjas und Eberhards Geschenk einfach noch ein bißchen Zeit lassen; es würde sowieso Wochen dauern, bis es in Bolivien angekommen wäre. Dann überlegte ich mir, daß ich auch etwas besorgen könnte, was sich überhaupt nicht verschicken ließ, zum Beispiel einen hübschen Spiegel oder eine tolle Karaffe. Ja, das war die Idee. Etwas in der Art könnte ich im Laufe des Jahres besorgen und würde es nett verpackt aufbewahren, bis Sonja und Eberhard von ihrem Bolivientrip wieder heimkamen, nach dem Motto: Kaufe später, zahle später. Dafür könnte ich bis zu zehn Mark für eine wirklich edle Weihnachtskarte ausgeben, in der ich ihnen ihr wundervolles Geschenk ankündigen konnte.

Damit blieben noch neunzig Mark für alle anderen zu Beschenkenden. Da war zuerst Uromi. Als ich an sie dachte, blutete mir das Herz. Sie hatte niemanden mehr, der sich um sie kümmerte, jetzt, wo Sonja und ich nicht mehr in Wuppertal wohnten. Papa war ebenso wie Omi ein Einzelkind gewesen, es gab keine lebenden Verwandten mehr außer mir. Aber ich würde mir keine Heimfahrt leisten können, soviel hatte ich mir schon ausgerechnet, denn wo hätte ich übernachten sollen? Der Preis für ein Hotelzimmer war jenseits von Gut und Böse. Doch wo sonst? Bei Tanja? Oder Harry? Mit den beiden Verrätern traulich die Zeit zwischen den Jahren unterm Tannenbaum sitzen? O nein, nicht mit mir! Und so sehr ich Uromi auch liebte, es kam auf keinen Fall in Frage, daß ich bloß für ein Hotelzimmer meine eiserne Reserve antastete, die ich für die heiß ersehnte Mammareduktion zusammengespart hatte, denn das würde mich viele Monate zurückwerfen.

Also mußte ein wirklich und ehrlich von Herzen kommendes Geschenk für Uromi her, das zudem noch rechtzeitig bei ihr im Altersheim ankommen würde. Ich überlegte hin und her, aber dann hatte ich schließlich doch die zündende Idee. Fotos! Ich würde für Uromi eine Fotodokumentation erstellen, einen ganzen Film würde ich verknipsen, auf Onkel Herberts erstklassiger Nikon, die in Hildchens Wohnzimmerschrank vor sich hinstaubte! Ich würde ein paar Bilder in der Innenstadt aufnehmen, vom Römer, von der Paulskirche, von der Hauptwache. Ich würde die Uni fotografieren, einen der häßlichen Hörsäle, die Mensa, meinen Freund Karlheinz, meine Freundinnen Vanessa und Marlene, meine neue Wohnung, die schicke Villa, in der sie sich befand... Ich würde ein Familienfoto von Hildchen und den Jungs machen, sogar Adnan dürfte mit aufs Bild. Anschließend müßte Tommy Hildchen und mich im Bauchtanzkostüm ablichten. Die Bilder würde ich fein säuberlich in ein schmales Album kleben, das ich mit dem Titel: »Franzi in Frankfurt« versehen würde. Jedes Foto würde eine Unterschrift bekommen, zum Beispiel würde unter Karlheinz' Konterfei stehen: »Mein bester Freund«, und unter dem Bild von Hildchen und den Jungs »Meine Frankfurter Familie«, und unter dem Bauchtanzbild: »Zwei Haremsdamen«... Ich war Feuer und Flamme von meiner Idee. Ja, darüber würde Uromi sich wirklich freuen! Sie kam doch praktisch überhaupt nicht mehr aus ihrem Zimmer heraus, erlebte kaum noch was von der Welt draußen. Und es würde außer einem bißchen Zeit fürs Knipsen und Einkleben allerhöchstens zwanzig Mark kosten – für den Film, ein kleines Album und das Briefporto.

Ich schwänzte am nächsten Morgen die Vorlesungen und fuhr sofort in die Stadt, um alles zu besorgen. Die Nikon nahm ich gleich mit, spannte einen sechsunddreißiger Kodak-Gold ein und knipste die Paulskirche, den Römer und die Hauptwache.

Anschließend lief ich von einem Ende der Zeil bis zum anderen, auf der Suche nach weiteren Weihnachtsgeschenken. Jetzt hatte ich zwar für Sonja, Eberhard und Uromi passende Geschenke oder immerhin Geschenkpläne, aber noch nichts für meine Frankfurter Familie. Außerdem wollte ich auch eine Kleinigkeit für Karlheinz, Marlene und Vanessa besorgen.

Ich hatte noch siebzig Mark zum Ausgeben, für acht Personen. Adnan rechnete ich dabei mit, wenn auch widerwillig. Ich konnte ihn schlecht übergehen, ohne daß es auf Hildchen einen blöden Eindruck gemacht hätte.

In der Stoffabteilung fand ich dann die Zutaten zum idealen Gemeinschaftsgeschenk für Hildchen und Adnan. Auf einem Wühltisch lag ein Reststück aus leuchtendem, kanariengelbem Samt, der im Farbton genau mit dem Gelb von Hildchens IKEA-Bettsofa übereinstimmte. Er kostete zusammen mit dem passenden Garn und einem Beutel Schaumstofflocken ganze fünfzehn Mark. Das Herz hüpfte mir im Leib, als ich die Sachen an der Kasse bezahlte. Daraus würde ich mit Hilfe von Hildchens alter Nähmaschine ein dickes, weiches Kissen produzieren, extra lang, extra groß. Die beiden konnten das Kissen auf den Boden legen, wenn sie wilder Bulle und wildes Weib spielten, das würde ihre Stürze dämpfen! Und aus dem Verschnitt könnte ich für Fritzi, meinen Sittich, einen kleinen Samtsack nähen, den ich in seinem Käfig als Spielball aufhängen könnte.

Für Mucki erstand ich nach kurzem Überlegen in der Zeitschriftenabteilung fünf Päckchen Catcherkarten und ein Sammelheft, in dem er die Karten einordnen konnte. Blöderweise waren die Tütchen zugeschweißt, und man durfte nicht reinschauen, ob man etwa einen von der Handvoll Typen, die immer in einem Tütchen steckten, schon hatte. Aber das war das System. Es garantierte nicht nur ein hohes Maß an Sammel- und Sortierfreude bei den catchbegeisterten Kindern, sondern auch reißenden Tütchenabsatz. Bis man das ganze Album mit den vorgeschriebenen Bildchen der vorgeschriebenen Catcherkerle voll hatte, mußte man kaufen, kaufen, kaufen. Ein zugeschweißtes Tütchen nach dem anderen. »Sammel alle 192 cards!« lockte in eigenwilligem Deutsch die Aufschrift auf den Tütchen, die mit dem Konterfei des hübschen Bret ›Hitman‹ Heart verziert waren. Ich malte es mir lebhaft aus. Wenn man es nach Hunderten von Tütchen endlich geschafft hatte, die Hälfte zusammenzukriegen, hatte man bestimmt so viele Bildchen doppelt, dreifach, zehnfach, daß man damit bequem ein rundes Dutzend Kinderzimmer tapezieren konnte. Ich bekam beinahe ein schlechtes Gewissen, als ich daran dachte. Aber nur beinahe. Denn dann fiel mir Muckis gewinnträchtiger Recorder ein, mit dem er Woche für Woche beachtliche Nebeneinkünfte in der Schule erzielte. Er würde sich die Anschaffung der restlichen Tütchen problemlos leisten können, zumal ich ja in Zukunft nicht mehr da wäre, um ihm bei seinen Spannereien auf die Finger zu klopfen beziehungsweise auf die Recorderstoptaste zu drücken.

Für Hansi erstand ich drei Paar kochfeste Tennissocken, für Tommy einen Sexy-Tangaherrenslip aus extrafeiner Baumwolle, ohne Eingriff, mit einem verrückten psychedelischen Muster. Das würde seine Freundin antörnen, dachte ich befriedigt. Hildchen ging in dieser Beziehung nicht mit der Zeit, als Teilzeit-Wäschemamsell hatte ich in ihrem Haushalt bisher nur ausgeleierte Knaben- und Männerunterhosen aus weißem kräftigen Baumwollripp ausmachen können, mit schlabberigen, stark gebeutelten Eingriffen zur Erleichterung des kleinen Geschäfts – bis auf Adnans Slips natürlich. Die sahen alle so ähnlich aus wie der, den ich gerade für Tommy gekauft hatte, nur zwei Nummern größer.

Jetzt hatte ich noch ganze fünfundzwanzig Mark, um Karlheinz, Vanessa und Marlene zu bedenken. Zuerst Vanessa. Hier wurde es wirklich schwierig. Vanessa hatte schon alles. Ihr Vater, der erfolgsverwöhnte Chefarzt, liebte es, seine Familie mit all den kleinen und großen Annehmlichkeiten auszustatten, die zu einem Leben im Luxus gehören wie die Luft zum Atmen. Schmuck, Kleidung, Auto, Reisen, Kultur, Ambiente – alles kein Thema für Vanessa. Man hatte es eben. Und zwar alles. Wozu dann noch was schenken? Und was vor allem? Vor allem das, was sie noch nicht hatte, aber brauchte. Womit ich wieder beim Ausgangspunkt meiner Überlegungen angelangt war. Sie brauchte ja nichts! Ich trabte treppauf, treppab, in sämtlichen Kaufhäusern, aber es war sinnlos. Im Schaufenster einer Boutique entdeckte ich schließlich eine Handtasche, die Vanessa mit Sicherheit angemacht hätte. Sie war aus allerfeinstem, superweichem, tintenblauem Leder. Sie kostete schlappe viertausend Mark. Ich gab es auf und griff zum popeligsten aller Geschenknotnägel: Süßigkeiten. In einer sehr teuer wirkenden Konditorei mit belgischem Firmennamen hatten sie sehr originell verpackte Schokoladen-Weihnachtsmänner in verschiedenen Größen. Für meine Verhältnisse mußte es der kleinste tun, aber dafür würde die versnobte Vanessa sicherlich mehr Wert auf das gut sichtbare Firmenemblem legen, denn schließlich war dieser Pralinenladen so etwas wie der Cartier unter den Zuckerbäckern. Der Einfachheit halber kaufte ich für Marlene den gleichen Weihnachtsmann. Ich war mir zwar sicher, daß ihr der Firmenname gar nichts sagen würde und ihr das auch egal wäre, aber ich glaubte schon, daß diese Schokomännchen besonders gut schmeckten, und die Weihnachtsmänner aus Belgien mit ihren kleinen Zipfelmützen sahen mindestens genauso süß aus wie die Krippenengel aus dem Erzgebirge – die konnte man allerdings nicht vernaschen.

Blieben noch zehn Mark für Karlheinz. Ich hätte heulen mögen. Gerade für ihn hatte ich mir so ein schönes Geschenk überlegt! Hätte ich es doch bloß schon gekauft, als ich es zum ersten Mal gesehen hatte! Oder beim zweiten oder dritten Mal, als ich an dem kleinen Antikladen vorbeigekommen war, um es mir anzuschauen! Es war einfach wie gemacht für sein Schlafzimmer! Vor zwei Wochen hatte ich bei einem Stadtbummel ein zauberhaftes Windspiel entdeckt, aus tropfenförmig geschliffenen Kristallen und unregelmäßig geformten Spiegel- und Glasplättchen, ein bizarres, anmutiges kleines Meisterwerk. Ich sah es förmlich im Fenster von Karlheinz' Schlafzimmer hängen, über seiner Arbeitsplatte, mit einem Nylonfaden an einem Gardinenhäkchen in der Vorhangschiene befestigt, wie es sich im Wind drehte, wie die Kristalle und die Spiegel herumwirbelten und das Sonnenlicht reflektierten, es in regenbogenfarbigen Strahlen über den glänzenden Velours zucken ließen, bis sie sich in dem tollen, selbstgebastelten Spiegel- und Teppichschrank hundertfach brachen.

Meine Füße trugen mich wie von selbst zu dem kleinen, versteckt gelegenen Laden ein paar Straßen weiter. Ich starrte mit gierigen Augen auf das herrliche Mobile im Schaufenster. Ein winziges Pappschild an einer der Kristallperlen verkündete, daß das Windspiel für fünfzig Mark zu haben war. Das war ziemlich viel Geld, auch für einen so guten Freund wie Karlheinz. Schließlich war ich Studentin und mußte mit einem äußerst begrenzten Budget auskommen.

Ich kramte meine Brieftasche hervor und klappte sie auf. Gestern, als ich zur Bank gegangen war, um den Scheck sperren zu lassen, hatte ich mir zweihundertünfzig Mark geholt, meine unwiderruflich letzte Dezember-Reserve. Davon hatte ich inzwischen neunzig Mark für Geschenke ausgegeben. Ein Hunderter war als Kostgeld für Hildchen vorgesehen; da ich mich die Woche zwischen den Jahren noch bei ihr durchfuttern wollte, mußte ich fairerweise auch noch mal die hundert Mark berappen. Die restlichen fünfzig waren Mensa- und Getränkegeld; außerdem wollte ich noch ein paar Weihnachtskarten an Schulfreundinnen verschicken. Meine Blicke wanderten von meiner Barschaft zu dem Windspiel. Dann sah ich plötzlich Karlheinz' Gesicht vor mir, seine jungenhaften, lachenden Züge, die fröhlichen braunen Augen, die leuchtenden Ohren. Ich nahm meinen Mensa- und Getränkefünfziger und knitterte ihn in meiner Faust zusammen. Es mußte sein. Ich würde es tun. Entschlossen betrat ich den Laden. Der verhutzelte Verkäufer, ein mindestens neunzigjähriges Individuum mit einer Haut wie verschrumpeltes Backobst und einem knochigen, völlig kahlen, mit braunen Altersflecken übersäten Schädel begrüßte mich mit fisteliger Greisenstimme. »Sie möchten das Windspiel, stimmt's?« Ich war platt. Woher konnte er das wissen?

»Ich hab' Sie schon ein paarmal vor dem Fesnter stehen sehen. Sie haben nur Augen für das Windspiel gehabt«, meinte er freundlich.

Ich nickte. »Das stimmt. Ich möchte es gerne kaufen.«

Er ging leicht gebückt zum Schaufenster und stieg überraschend geschickt hinein, um das Mobile abzuhängen. »Es ist sehr alt«, erklärte er. »Ich habe es bereits seit sechzig Jahren im Laden hängen, und schon Tausende von Leuten wollten es kaufen.«

Ich war erstaunt. »War es den Leuten etwa zu teuer?«

»Nicht doch«, kicherte er. Es hörte sich an wie eine kaputte Sprungfeder. »Es war ja überhaupt nicht verkäuflich. Es ist mein Glücksbringer, seit der Geschäftseröffnung vor sechzig Jahren. Die Kristalle sind keine normalen Kristalle, müssen Sie wissen, sie sind Talismane. Sie schützen ihren Besitzer und bringen Glück und Liebe in sein Leben. Das Windspiel ist erst seit kurzem verkäuflich. Erst seitdem Sie es sich zum ersten Mal angeschaut haben.«

»Ach?« meinte ich überrascht. »Dann habe ich ja sagenhaftes Glück, daß es mir in der Zwischenzeit nicht jemand weggeschnappt hat.«

»Es waren schon genug Leute da, die es haben wollten!« Er grinste und entblößte dabei eine Doppelreihe perfekter künstlicher Zähne. »Aber ich habe allen gesagt, daß es schon verkauft ist.«

Bestürzt blickte ich auf die Kristalle, die sich mit schimmernden Prismen an ihren Aufhängungen drehten und flirrend das Licht brachen.

»Dann wollen Sie es in Wahrheit doch gar nicht verkaufen!«

»O doch!« Er lachte wieder sein rostiges Lachen. »Ich will's ja verkaufen, aber nur an Sie! Ich wußte, daß Sie wiederkommen und es sich holen!«

Ungläubig hob ich die Blicke von dem Windspiel zu dem zerfurchten Gesicht. »Aber warum denn… ich meine, warum wollen Sie es ausgerechnet an mich… wenn es doch Ihr Glücksbringer ist…«

»Weil Sie so aussehen wie meine große Liebe«, erklärte er einfach. »Sie sehen genauso aus wie sie, ganz genauso.« Er blickte dabei nicht auf meinen Busen, sondern in mein Gesicht! »Sie sind wie ihr Ebenbild, die Augen, das Haar, der Mund, alles. Sie hat mir das Windspiel geschenkt, vor fünfundsiebzig Jahren. Es war ein Abschiedsgeschenk, weil ich in den Krieg ziehen mußte. Als ich wiederkam, war sie gestorben.«

Ich mußte schlucken, als ich mir unwillkürlich meine unbekannte Doppelgängerin vorstellte, die vor einem Menschenalter diesem Mann in Liebe verbunden war, einer Liebe, der keine Zukunft vergönnt war.

Aus den kurzen Worten des Greises klang soviel Kummer und Schmerz. Schmerz, der nach fünfundsiebzig Jahren immer noch weh tat. »Das tut mir so leid«, sagte ich lahm.

Er schüttelte den Kopf. »Nein, das muß es nicht. Ich bin froh, so froh, daß Sie gekommen sind. Sie hat mir Briefe hinterlassen. Eines Tages, hat sie geschrieben, eines Tages würden wir beide uns wiedersehen, in einer anderen Welt und einer anderen Zeit. Dann würde das Windspiel sich drehen und leuchten, nur für uns beide. Sie war krank und wußte, daß sie bald sterben würde. Aber sie hatte recht. Und ich habe gewartet. Als Sie gekommen sind, vor ein paar Wochen, wußte ich, daß es wahr ist. Es ist bald soweit, wissen Sie. Dann bin ich wieder mit ihr zusammen, mit meiner einzigen und wahren Liebe. Und das Windspiel wird sich drehen und in allen Regenbogenfarben leuchten, nur für uns beide – und für eine wunderbare neue Liebe, die ein Leben lang überdauern wird.« Er hielt es mir hin und lächelte mich aufmunternd an.

»Aber… es ist so wertvoll! Es ist echt antik! Und es bedeutet Ihnen doch soviel!« Ich starrte ihn mit Tränen in den Augen an und versuchte beschämt, den zerknitterten Fünfziger in meiner Hand zu verbergen.

»Sie begreifen es nicht!« sagte er traurig. »Sie müssen es mitnehmen. Nur damit erfüllt sich die Prophezeiung.«

Widerstrebend nahm ich das Windspiel entgegen. Die Kristalle und die winzigen, gläsernen Plättchen klirrten leise. Der alte Mann sah verzückt den hellen Lichtreflexen zu, die über meine Hände huschten. Er schien es gar nicht richtig wahrzunehmen, als ich ihm die fünfzig Mark in die Hand drückte. Aber als ich mich verabschiedete, blitzten seine farblosen Augen glücklich auf, so strahlend wie die funkelnden

Glastropfen. Er drückte mir die Hand und wisperte mit einem letzten Blick auf das Windspiel: »Die Kristalle werden ein Leben lang auf diese Liebe leuchten!«

19. Kapitel

Als ich mich am Nachmittag desselben Tages verabredungsgemäß auf den Weg zu Friedrich Stubenrauchs Kanzlei machte, mußte ich immer noch an die orakelhaften Worte des Alten denken. Ich hatte das Windspiel sorgfältig in Seidenpapier verpackt und ganz oben auf Hildchens Ungetüm von Wohnzimmerschrank deponiert, damit niemand es aus Versehen zu Bruch gehen ließ. Ich stellte mir Karlheinz' Gesichtsausdruck vor, wenn ich ihm die Geschichte des Windspiels erzählen würde. Ob er genauso fasziniert und ergriffen wäre wie ich? Jedenfalls war ich überglücklich, daß ich für ihn so ein schönes Geschenk besorgen konnte. Er hatte schon so viel für mich getan, er kutschierte mich ständig kostenlos mit dem Taxi herum, hatte Dutzende von Wohnungen mit mir besichtigt, mir jede Woche einen anderen, leckeren Kuchen aufgetischt – es war an der Zeit, daß ich mich revanchierte.

Ich war so in meine Gedanken an Karlheinz vertieft, daß ich fast an dem Gebäude, in dem sich die Kanzlei von Friedrich Stubenrauch befand, vorbeigelaufen wäre. Neugierig schaute ich an der Fassade hoch. Es schien ein ganz normales Geschäftshaus zu sein, sechsstöckig, vielleicht zehn Jahre alt, mit schlichtem Sichtbeton verkleidet, in einer gut frequentierten Straße. Außer der Kanzlei gab es in dem Haus noch diverse Ärzte, eine Massagepraxis, eine Im- und Exportfirma, einen Makler und eine Sekretärinnenschule. Ich fuhr mit dem Aufzug in den dritten Stock. Das Schild an der Tür wirkte noch beeindruckender als unten im Haupteingang, wo es unter all den anderen Schildern kaum zur Geltung kam. Ich las ehrfürchtig:

Der Mann hatte es geschafft, dachte ich. Er war nur noch für Mandanten zu sprechen, die sich vorher telefonisch angemeldet hatten!

Auf mein Klingeln öffnete zunächst niemand. Ich klingelte nach einer halben Minute noch einmal. Gerade als ich auf die Uhr schaute, um mich zu vergewissern, daß ich mich nicht in der Zeit vertan hatte, wurde die Tür aufgerissen und Friedrich Stubenrauch stand vor mir. Ich hatte ganz vergessen, wie blau seine Augen waren und wie charmant sein Grübchenlächeln! Wieder zitterten mir die Knie, als er meine schlaffe, feuchte Hand nahm. Mein Gott, wieso kriegte ich bloß immer so widerwärtig schwitzige Hände in der Nähe dieses Mannes? Besorgt beobachtete ich ihn, ob er sich vielleicht die Rechte an der Hosennaht abwischen würde, aber er machte keine Anstalten, dergleichen zu tun, sondern bat mich mit einer ausladenden Bewegung seines in feine weiße Seide gewandeten Arms herein. »Ich bin heute nachmittag wieder ganz allein!« verkündete er mit bedauernder Stimme. »Ich muß Sie selbst empfangen, unverzeihlich in einer Anwaltskanzlei. Aber was soll man machen? Das Personal, Sie verstehen?«

O ja, ich verstand vollkommen. Für Fälle wie diesen wäre ich ja in Zukunft da.

»Sie sollen Elviras Aufgabe übernehmen«, erklärte er. »Leider hat sich Elvira schon von uns getrennt, so daß Sie nicht mehr von ihr eingearbeitet werden können. Aber das wird nach Neujahr dann Margot übernehmen.«

»Aber ich könnte doch sofort anfangen«, meinte ich eifrig. Elvira und Margot. Aha. Also hatte er normalerweise zwei Sekretärinnen, mindestens. »Ach, lieber nicht«, entgegnete er ausweichend, »ich bin im Erklären dieser Dinge nicht so gut, wissen Sie.«

Diese Dinge? Was meinte er denn damit? Vermutlich hatte er keine besonders ausgeprägten didaktischen Fähigkeiten. Kein Wunder,

es schien eine familiäre Veranlagung für dieses Manko zu bestehen, wenn man an die Dozenten-Luftnummer Dieter Stubenrauch dachte. Ich schaute mich um. Von der kleinen Diele, in der wir standen, gingen zwei Türen ab, wahrscheinlich in die anderen Büros. Die Kanzlei mußte sehr gut gehen, sogar in dem relativ engen Flur war ein Arbeitsplatz eingerichtet, ein Schreibtisch mit einer Schreibmaschine darauf und einem Telefon. An der Wand daneben war die Garderobe angebracht, ein ziemlich nüchternes, einfallsloses Ding, wie man es in jeder Gaststätte findet, bestehend aus vier nebeneinander an die Wand gedübelten Kunstholzbrettern, an denen wiederum Mantelhaken festgeschraubt waren. Darüber eine primitive schmiedeeiserne Hutablage. Auch der Fußboden war ziemlich häßlich. Genaugenommen hatte er eine frappierende Ähnlichkeit mit dem Stragula in der Wohnung von Frau Neppmann. Mein Blick wanderte automatisch zum Fenster. Zum Glück gab es keine Stores. Alles war in einfachem, wenn auch etwas angeschmuddeltem Weiß gestrichen, Tapete wie auch Fenster- und Türrahmen. Er war meinen Blicken gefolgt und meinte in entschuldigendem Tonfall: »Ich bin bisher nicht dazu gekommen, mich mit diesen Dingen zu beschäftigen.«
Diesmal wußte ich sofort, was er meinte. Der arme Mensch! Er mußte so hart arbeiten, daß er nicht mal Zeit fand, die erbärmliche Innenarchitektur seiner gutgehenden Kanzlei aufzufrischen! Wie weh ihm das tun mußte, wo er doch so offensichtlich Wert auf Qualität und Exklusivität legte! Man mußte sich ja nur mal sein maßgeschneidertes, blütenweißes Seidenhemd und die hochkarätige Brillantnadel in seiner Krawatte anschauen. Ich schwor mir, ihn nach Kräften zu entlasten!
»Ich hatte gedacht, daß Sie Ihre Arbeitszeit selbst bestimmen sollten«, sagte er mit seiner sonoren Stimme, die meine Magennerven zum Prickeln brachte. Ich sah hingerissen zu ihm auf. Das war unglaublich! Ich konnte mir meine Arbeitszeit selbst einteilen!
»Sie können wählen, ob Sie lieber montags und donnerstags abends von sechs bis acht oder von sieben bis neun Uhr kommen wollen.«
Abends? dachte ich verdutzt. Wieso abends? Lieber Himmel, er ar-

beitete sicher so schrecklich viel, daß er bis tief in die Nacht hier hocken mußte, ganz allein, völlig ohne Hilfe! Mein Herz floß über vor Mitleid. »Natürlich, das ist mir sehr recht! Vormittags habe ich ja auch Vorlesungen, da wäre es sowieso schlecht. Ich denke, ich komme von sechs bis acht.«

Er strahlte mich entzückt an. »Da können Sie ja gleich am Tag nach Neujahr das erste Mal kommen! Wie schön!«

Ich beobachtete gebannt seine Grübchen. »Ja, wie schön«, stammelte ich dümmlich.

»Sicher wird es Ihnen nichts ausmachen, wenn es abends mal ein Stündchen später wird, oder?« Sein Lächeln vertiefte sich.

»Nein, warum auch?« hauchte ich.

Als ich kurz darauf wieder auf der Straße stand, war ich immer noch wie betäubt. Erst in der Straßenbahn fiel mir ein, daß er in all seinem Streß ganz vergessen hatte, mir die übrigen Räume der Kanzlei zu zeigen. Aber seine natürliche Herzensbildung hatte ihn daran denken lassen, mir frohe Festtage zu wünschen! Mir wurde warm, als ich daran dachte, wie er mich dabei angesehen hatte, nur *mich*, nicht meinen Busen! Und das mit diesen wundervollen, veilchenblauen Augen! Mir wurde noch wärmer, und meine Hände wurden feucht.

Ich war immer noch ganz taumelig vor Seligkeit, als ich später am Nachmittag Vanessa besuchte. Sie hatte die Sauna bereits angeheizt, und Marlene war auch schon da. Ich überreichte beiden ihre Weihnachtsgeschenke, weil wir uns heute vor den Feiertagen das letzte Mal trafen. Vanessa riß sofort die aufwendige Verpackung auf, die eigentlich das Schönste an dem ganzen Geschenk war. Sie hätte noch nie ein Geschenk liegenlassen können, erklärte sie und schaute amüsiert grinsend den kleinen Weihnachtsmann an. »Oh, das ist nett. Ein Nikolaus.«

»Ich dachte, ich besorg' dir auch mal einen richtigen Kerl«, meinte ich etwas schnippisch. Sie lachte vergnügt. »Aber ich bin immer noch der Meinung, so ein Süßer könnte dir auch guttun, stimmt's?«

Als ich ein beleidigtes Gesicht machte, gab sie mir einen Kuß auf die Wange. »Danke, Franzi, das ist wirklich lieb. Ich steh' auf Schokolade, ehrlich.«

»Na, dann war es ja das richtige«, sagte ich erleichtert.

»Ich hab' für dich aber auch das Richtige.« Ihre Augen glitzerten, als sie mir ihr Weihnachtsgeschenk überreichte und darauf bestand, daß ich es sofort auspackte.

»Na schön. Du kannst deins übrigens auch auspacken, Marlene. Für dich habe ich das gleiche besorgt wie für Vanessa.«

Marlene freute sich über den Weihnachtsmann und fing sofort an, daran zu knabbern, während ich sprachlos Vanessas Geschenk betrachtete.

Es war ein Buch, und zwar eins aus dem Lebenshilferegal. *Willst du wissen, wie man's macht? Einführung für Anfänger* lautete die Titelzeile über einem nackten, verlegenen Cartoonpärchen.

»Äh… danke.« Ich merkte, wie ich vor Ärger und Verlegenheit rot wurde. Trotzdem nahm ich das Buch mit in die Sauna, ich mußte endlich wissen, wie man's macht.

Während Vanessa und Marlene lang ausgestreckt auf der oberen Bank über irgendwelchen belanglosen Unsinn quatschten, saß ich weiter unten auf einem der hauseigenen Luxussaunalaken und blätterte aufgeregt, bis ich das Kapitel »Aller Anfang ist schwer« gefunden hatte. Mit verschwitztem, hochrotem Gesicht las ich die Bekenntnisse von Anita, 18. Alle anderen Mädchen hätten schon, bloß sie nicht. Alle würden sie auslachen, und was soll sie nur tun, um keine alte Jungfer zu werden?

Achtzehn? Du lieber Himmel, ich war schon zwanzig! Ich war eine alte Jungfer! Der Kommentar des Liebesratgebers dazu lautete, daß Anitas Sorgen und Ängste absolut überflüssig seien – klar, was sollte der auch sonst dazu sagen! – und daß es in keinem Alter dafür zu spät ist. Aha. Na ja.

»Also, für mich war es das erste Mal der reine Horror«, tönte Marlene von der oberen Sitzbank, »ich konnte tagelang nicht mehr richtig laufen.«

Ich war gerade an der Stelle, wo die Autoren – drei Männer – einfühlsam mitteilten, daß die Defloration in heutiger Zeit praktisch nicht mehr schmerzhaft sei. Wenn frau bloß vorher Bescheid wisse, sei das Ganze nicht der Rede wert. Aha.

»Bei mir war's auch nicht viel besser«, sagte Vanessa. »Außerdem hatte ich auch sonst nichts davon. Er war kaum drin, da war er auch schon fertig.«

Dafür, so las ich, mußte frau eben Verständnis haben, dann würde es beim nächsten, und wenn dann nicht, auf jeden Fall beim übernächsten Mal klappen. Aha.

»Ich persönlich finde den neuen Sex ja wahnsinnig toll«, meinte Marlene zufrieden.

»Neuer Sex?« fragte Vanessa mit geblähten Nüstern.

»Ja, den nach der sss-Methode.«

Ich spitzte die Ohren, um nichts zu verpassen. Wenn ich *es* irgendwann mal tun würde, wollte ich auch über die modernsten Methoden Bescheid wissen.

»Was zum Teufel ist sss?« wollte Vanessa wissen.

»Das ist die soft-strong-slow-Methode, das ist doch jetzt der große Renner aus Amerika.«

»Ach«, meinte Vanessa interessiert.

»Ja, man nennt das *slow sex*, da drüber gibt's jetzt einen unheimlich guten Bestseller, den solltest du mal lesen, da wird genau erklärt, wie man am besten zum totalen Ganzkörperorgasmus kommt.«

»Wie denn?«

»Na, indem man sein Gespür für die Genußfähigkeit trainiert und verfeinert. Und ganz langsam eben, das ist die Hauptsache. Das Schnelle ist einfach out.«

»Das ist wie beim Jogging«, kicherte Vanessa, »das ist auch aus der Mode gekommen, und *walking* ist jetzt in.«

»Nein, ehrlich, ich hab's ausprobiert, das stimmt echt.«

»Wie geht es denn?«

»Wichtig ist die spezielle *slow-sex*-Penetrationsmethode. Der Mann darf erst penetrieren, wenn die Frau es nicht mehr aushalten kann.«

Penetrieren? Was war das schon wieder? Ich schaute schnell in dem Register von meinem Ratgeber nach, aber von Penetrieren stand nichts drin. Vielleicht war es was Perverses. Es hörte sich schon so unangenehm an, sicher kam es von penetrant, und penetrant kannte ich nur in unangenehmem Zusammenhang, zum Beispiel penetrant auf den Geist gehen oder penetrant stinken.

»Ist das schon alles?« fragte Vanessa enttäuscht.

»Wo denkst du hin, laß mich doch erst mal ausreden. Das wichtigste ist beim Penetrieren der Rhythmus der Langsamkeit. Das geht so: Erst neunmal flach, das heißt immer nur ein Zentimeter, dann einmal tief, dann achtmal flach und zweimal tief, dann siebenmal flach und dreimal tief und so weiter.«

»Willst du mich verarschen?« fragte Vanessa grinsend.

Marlene war entrüstet. »Spinnst du? Du kannst das Buch ja selber lesen. Außerdem ist das sowieso nichts Neues, sondern eine ganz uralte chinesische *slow*-Regel, die hat die Autorin bloß aufgearbeitet.«

Ich versuchte fieberhaft, mir zu merken, was Marlene da eben erzählt hatte. Aber ich merkte sofort, wie ich die Flach-Tief-Zahlen durcheinanderschmiß. Rechnen war eben nicht meine Stärke. Beim *slow sex* würde ich bestimmt restlos versagen, weil ich nicht richtig mitzählen konnte.

»Was liest du denn da Interessantes, Franzi?« Vanessa setzte sich neben mich und sah mir über die Schulter. »Aha. Die Stelle kenne ich. Da wird die Sache mit der Penisgröße aufgerollt.« Sie stand auf und schüttete Patschuli-Wasser auf die Kohlen.

»Penisgröße?« fragte Marlene interessiert und wedelte sich den Dampf vom Gesicht weg.

»Ja, die Story kennst du doch auch, oder nicht? Die Geschichte, die von allen Kerlen bei jeder sich bietenden Gelegenheit breitgetreten wird. Daß der kleine Schniedel mindestens genauso gut ist wie der große, wenn nicht noch besser.«

»Ist das echt wahr, Franzi?« wollte Marlene wissen.

»Keine Ahnung. Es steht jedenfalls so da drin, also wird's stimmen.«

Ich las weiter. »Da steht auch, daß es keinen wissenschaftlichen biologischen Beweis für das Gegenteil gibt, und wenn manche Frauen ausnahmsweise trotzdem einen größeren besser finden, wäre das eben ihr ganz persönlicher Geschmack.«

»Nach dem Motto: Selber schuld!« grinste Vanessa und wischte sich mit beiden Händen den Schweiß aus dem Gesicht. Mehr sagte sie nicht dazu, und ich traute mich nicht, das Thema zu vertiefen. Statt dessen ging ich über zu dem Abschnitt, in dem das Wie behandelt wurde. Die unterschiedlichsten Stellungen wurden dort beschrieben und bewertet. Das war alles hochinteressant.

»Jetzt liest sie was über die Stellungen«, teile Vanessa Marlene mit.

Marlene stieg ebenfalls von der oberen Bank und setzte sich neben mich. »Für den *slow sex* ist die Beckenschaukel die ideale Stellung«, erklärte sie, »bei richtiger An- und Entspannung des PC-Muskels ist das der helle Wahnsinn.«

Ich guckte nach. Die Beckenschaukel stand nicht drin, auch nichts über PC-Muskeln. Wahrscheinlich war das nur was für Fortgeschrittene und wurde deswegen in der Einführung für Anfänger nicht behandelt.

»Die Löffelchenstellung ist auch nicht schlecht«, meinte Vanessa, »da ist eine ideale Stimulation des G-Punktes gewährleistet.«

G-Punkt stand auch nicht drin. Was zum Teufel war ein G-Punkt? Die Löffelchenstellung fand ich auch nicht, dafür aber die Missionarsstellung (Bewertung: gut; bei mäßiger Eindringtiefe können Partner sich küssen). Als ich bei der sogenannten Reit- oder Oberlage angekommen war, riß ich die Augen auf. Im nächsten Augenblick merkte ich, wie sich ein grollendes, hüpfenden Glucksen in meinem Magen zusammenballte und sich unaufhaltsam seinen Weg nach oben bahnte. Ich schluckte und würgte, aber es war schon zu spät. Prustend und schnaubend sprang ich auf und klammerte mich am Türgriff fest.

»Zeig her!« rief Vanessa und riß mir das Buch gierig aus der Hand. Sie suchte die Stelle, auf der ich zuletzt meinen Finger gehabt hatte und kicherte hemmungslos. »Hihihihi, Marlene, das mußt du dir anhören, du schmeißt dich voll weg. Hihihihi, nein, warte mal, du sollst es raten.

Was ist der Vorteil, wenn die Frau oben ist? Wenn sie obendrauf sitzt, auf dem Mann, meine ich, hihihi?«

»Keine Ahnung. Ich persönlich finde…«

Den Rest hörte ich nicht mehr, denn ich war schon draußen. In den nächsten drei Minuten war ich vollauf damit beschäftigt, in der Luxusschwimmhalle meinen Lachanfall rauszulassen. Hahahaha! Die Oberlage! Das war zuviel! Ich fiel kichernd der Länge nach in das Luxusschwimmbecken und ging gurgelnd und glucksend unter. Eines war sicher: Noch nie hatte ich ein Weihnachtsgeschenk bekommen, über das ich derartig gelacht hatte. Und noch eines war sicher: Sollte ich jemals wieder irgendwas von Oberlage hören, müßte ich garantiert genauso lachen. Wahrscheinlich würde bis an mein Lebensende jeder Versuch, *es* in der Oberlage zu tun, mit einem *coitus interruptus* enden.

20. Kapitel

Die restlichen Tage bis Weihnachten vergingen wie im Flug. Im Trubel der letzten Vorbereitungen vergaß ich allmählich den Knaller mit der Oberlage (Bewertung: sehr gut bis ausgezeichnet. Frau muß die Bewegung übernehmen; bei größtmöglicher Eindringtiefe die ideale Stellung für müde und/oder dicke Männer), denn ich war restlos damit ausgelastet, meine Fotoreportage für Uromi fertigzustellen; das fertige Album schickte ich ihr als Eilbrief. Für mich war die Knipserei auch eine Art Weihnachtsgeschenk, weil mir das Fotografieren eine Menge Spaß gemacht hatte. Als ich alle Bilder eingeklebt und mit Untertiteln versehen hatte, versuchte ich, die Aufnahmen mit Uromis Augen zu sehen, die Gebäude, die Menschen. Vanessas blasiertes, schönes Gesicht unter den perfekt gestylten dunklen Locken, Karlheinz' ansteckendes, fröhliches Lachen, Franzi und Hildchen mit Riesentitten im Haremskostüm. Vor allem dieses Foto hatte für unzählige Lacher gesorgt. Hansi und Mucki hatten nicht mit frühreifen Kommentaren gespart, während Tommy uns fachmännisch ausgeleuchtet in Szene gesetzt hatte. Ja, das Album war wirklich gelungen, ein schönes Geschenk für Uromi. Hoffentlich würde es ihr irgend jemand von den Schwestern im Heim halten und für sie umblättern, sie selbst hatte wegen ihrer Gebrechlichkeit kaum noch Kraft, ein Buch hochzuheben. Ich beschloß, am Heiligabend dort anzurufen und jemanden darum zu bitten.

An einem der folgenden Abende verbarrikadierte ich mich im Haushaltskeller und nahm den Kampf mit Hildchens uralter Zickzackmaschine auf. Es mußte so ziemlich das allerletzte Modell seines Typs gewesen sein, kaum zu überbieten in der Anzahl der Ösen und Schlitze, durch die das Garn gefädelt werden mußte. Erst nach zehn Probeläufen und hundert saftigen Flüchen schaffte ich es, mir das Ding untertan zu machen und den Faden so anzubringen, daß er nicht ständig wieder rausflutschte. Aber dann hatte ich das kanariengelbe Samtkissen für Hildchen und Adnan in wenigen Minuten fertig, sogar schneller als den Spielball für Fritzi, der war viel kleiner, so klein, daß ich beim Festhalten des Stoffetzchens unter der ratternden Nadel um ein Haar meine Finger in die Schaumstoffüllung mit eingenäht hätte.

Am Tag vor Heiligabend gelang es mir endlich, Sonja zu erreichen. Sie wirkte immer noch ziemlich aufgelöst wegen des Spinnenbisses. Ihr Arm wäre so dick wie ihr Oberschenkel (ziemlich dick also), ein Gefühl wie tausend Ameisen unter der Haut, zum Glück, das wäre ein gutes Zeichen, das Gift würde aus dem Körper geschwemmt, Gott sei Dank, und sie würde den Arm auf jeden Fall behalten können, der Arzt hätte daran zwar niemals gezweifelt, sie selbst aber schon, mit gutem Grund, schließlich war sie diejenige gewesen, die die Spinne hatte weglaufen sehen, nachdem sie sich in ihrem Arm verbissen hatte, sie sei so groß wie einer von unseren guten silbernen Platztellern gewesen, mit Beinen, so lang wie Eberhards Unterarm (ziemlich lang also) und auch so behaart (ziemlich behaart also). Nach der ausführlichen Beschreibung der Spinne knackte es in der Leitung, und das Gespräch war unterbrochen.

Schade, wir hatten uns nicht mal frohe Festtage wünschen können. Morgen war nicht daran zu denken, eine telefonische Verbindung nach Südamerika zu kriegen, soviel war sicher.

Mein erster Heiligabend in Frankfurt – strenggenommen war es mein vierter, weil ich als kleines Mädchen schon dreimal Weihnachten in dieser Stadt erlebt hatte – verlief erfreulich harmonisch und friedlich. Es gab keinen der an solchen Tagen oft vorprogrammierten Familienkräche. Bei uns zu Hause, in den Jahren, als Papa noch lebte, und auch seitdem Eberhard bei uns wohnte, hatte es bislang jedes

Jahr zu Weihnachten den obligatorischen Krach gegeben. Entweder war der Baum nicht üppig oder regelmäßig genug gewachsen – *das nächste Mal fahre ich selbst zum Markt und hole eigenhändig einen anständigen Baum, das schwöre ich dir!* – oder der Truthahn war zäh – *dieser Vogel hat schon mindestens an den letzten zwanzig Weihnachten gekräht, das steht fest!*

Nein, diesmal gab es nichts von dieser Art, das den Weihnachtsfrieden gestört hätte. Ich verbannte meine juristischen Bücher tief unter meine Gästeliege, in dem frohen Bewußtsein, daß ich sie in wenigen Tagen in das Regal der Steffi Stubenrauch würde stellen können, und widmete mich voll und ganz der Weihnachtsstimmung.

Ich half Hildchen beim Stopfen der Gans, während die Männer sich an einem Kampf der Extraklasse zwischen Greg ›The Hammer‹ Valentine und dem hübschen Bret ›Hitman‹ Heart ergötzten.

Als dann die Gans im Ofen schmorte, fand die Bescherung unter dem mit altmodischen Silberkugeln, silbernem Lametta und elektrischen Kerzen geschmückten Baum statt. Meine Geschenke fanden allgemeinen Beifall.

Als Hildchen und Adnan ihr extralanges, extradickes Samtkissen in Händen hielten und ich die Erklärung hervorstotterte, das Kissen sei für das… äh… vor das Bettsofa… keckerte Mucki lachsackmäßig, und Hildchen wurde rot. Adnan schaute mich auf seine gewohnte wölfische Art an, mit glühenden Blicken, busenorientiert wie immer. Er nutzte sofort die Gelegenheit, um mich zu umarmen und an mir rumzuknutschen, aus Dankbarkeit, erklärte er, ich hätte ihm doch so wunderbar seine Hemden gebügelt, und außerdem wäre ich ja demnächst nicht mehr da.

Hansi freute sich offensichtlich über seine Socken. Ihm war wohl selbst klar, daß es bei seinen Füßen in ganz Frankfurt kaum genug Socken zum Wechseln geben konnte.

Tommy wurde ein bißchen rot, als er den gewagten Slip auspackte. Er schob ihn ziemlich schnell in die Hosentasche, aber ich ertappte ihn später mehrmals dabei, wie er ihn wieder herauszog und bewundernd anschaute.

An meisten freute sich Mucki. Er stieß einen Jubelschrei aus, als er die Tütchen mit den Catcherbildern und das Sammelalbum aus der Verpackung gezerrt hatte. Selbst der Umstand, daß gleich zwei der Tütchen doppelt vorhanden waren, konnte seine Begeisterung nicht dämpfen. Er würde einfach mit den Jungs in seiner Klasse tauschen, fast alle anderen sammelten auch Catcherbilchen, erzählte er.

Ich selbst war gerührt über die Geschenke von meiner Frankfurter Familie. Hildchen hatte irgendwo für mich Fingerzimbeln aufgetrieben, ein unentbehrliches Accessoire für jede fortgeschrittene Bauchtänzerin. Und sie hatte mit Adnan, Tommy, Mucki und Hansi zusammengelegt und mir eine Polaroid nebst drei Filmen besorgt – weil mir doch das Fotografieren so viel Spaß machte. Ich lachte verlegen und küßte alle. Es war wirklich ein gutes Gefühl, fast wie daheim. Das Fast-wie-daheim-Gefühl wurde gekrönt durch ein paar unprofessionell, aber tapfer intonierte Weihnachtslieder und anschließend, quasi als Belohnung für den Gesang, durch die wunderbar zarte, mürbe Gans, deren Füllung – meine erste Gänsefüllung! – förmlich auf der Zunge zerging. Ja, so sollte Weihnachten immer sein.

Mucki und Hansi durften so lange aufbleiben, wie sie wollten, und abends gab es zur Feier des Tages echten Champagner. Adnan hatte ihn mitgebracht, er wollte ihn endlich mal loswerden. Er hatte ihn von den Eltern eines seiner Schüler geschenkt bekommen, aus lauter Dankbarkeit, weil ihr unfähiger Sohn versetzt worden war. Dabei wäre was anderes gar nicht in Frage gekommen, meinte Adnan, noch ein Jahr mit diesem Terroristen in spe hätte er nie ausgehalten.

Streng juristisch wäre das Vorteilsannahme, erklärte ich, oder war es Bestechlichkeit? Ich mußte albern lachen, als ich diesen Einwand vorbrachte, denn es war völlig egal, der Champagner schmeckte trotzdem, trocken und ein bißchen herb, wie richtiger Champagner eben, der mußte einfach strenger als Sekt schmecken. Noch später am Abend, als wir vom Champagner mangels Vorrat auf Sekt übergegangen waren, holte ich Muckis Recorder (mit Hildchens arabischer Tanzkassette darin), steckte mir die Fingerzimbeln auf, krempelte mir die Bluse hoch und demonstrierte dem staunenden Männerpublikum Sonnen- und Mondkreise, Bauch- und Brustrolle, kombiniert mit doppeltem Hüftdrop-wechselseitig, mit Schlangenarmen, Schultertwist und Becken-Wellen-Schwingschritt. Ich schloß mit einer rasanten Sultansbrücke, ohne hinzuknallen.

Als ich mich wieder hochgerappelt hatte und die weitaufgerissenen Augen und die offenen Münder sah, erklärte ich würdevoll, nächstes Jahr zu Weihnachten wäre ich soweit, die Männerwelt mit dem Kamelgang vorwärts und rückwärts, dem Halbmond-Kamelschritt und dem klassischen Schulter-Hüft-Zitterschimmy zu beglücken.

Keine Reaktion. Alle starrten mich an wie das achte Weltwunder. Ich mußte wohl wirklich gut gewesen sein. Dann sprang Hildchen mit hochrotem Kopf auf mich zu und raffte meine Bluse vorn zusammen, die restlos, bis auf den letzten Knopf aufgegangen war und den Spitzen-Blues – den hatte ich zur Feier des Tages angezogen, weil Weihnachten war – samt Inhalt entblößte. Der Champagner machte es möglich, daß ich darüber nur grinste.

Ja, so sollte Weihnachten immer sein.

Abends, auf meiner Gästeliege, mußte ich vor dem Einschlafen noch ein paar Takte lang heulen, zu dem gewohnten Gerüttel, das wie üblich mit Gettoblaster-Musik kombiniert war. Ich dachte an Harry und Tanja. Würden die beiden jetzt in Berlin Weihnachten feiern? Ob sie zusammen in einem Bett schliefen? Ob Harry Tanja Flecke ins Kleid machte? Wenn, dann wohl eher ins Nachthemd, überlegte ich. Aber dann fiel mir ein, daß sie sich das Nachthemd sicher ausziehen würde. Ich hatte mich nie ausgezogen, wenn Harry zur Sache kommen wollte, ich hatte es einfach nicht rechtzeitig hingekriegt, er hatte kaum mit dem Liebemachen angefangen, da war er ja auch schon fertig gewesen. Doch dieses Problem hatte er nun behoben, gemeinsam mit Tanja. In Berlin. Vielleicht war er aber auch gar nicht über Weihnachten in Berlin. Sicher war er mit Tanja heimgefahren, ins Bergische. Wie es wohl jetzt dort aussah, in meiner Heimat, die nicht mehr meine Heimat war, weil alle meine Wurzeln ausgerissen waren? Ich versuchte, mir die grüne, hügelige Landschaft in all ihren vertrauten Einzelheiten vorzustellen. Ich war wieder Heidi in meinem Traum, Heidi auf der Himmelsschaukel, aber die Schaukel schwang immer nur in verrücktem Gependel über dem Taunus hin und her, sie ließ sich einfach nicht zum Bergischen hin ausrichten, so sehr ich es auch probierte.

Am ersten Weihnachtstag kam Onkel Herbert vorbei. Er hatte Geschenke für alle, sogar für mich – ein Buch über arabische Tänze. Ich war tödlich verlegen, weil ich nichts für ihn hatte, aber er winkte mit schiefem Grinsen ab. Schließlich hätte er ursprünglich vorgehabt, wegzufahren. Er saß im Wohnzimmer, direkt neben dem Baum, auf den er immer wieder verstohlene Blicke warf. Auch Hildchen schaute er ständig an, wenn sie es nicht bemerkte, und als die Jungs lärmend und lachend die Geschenke ihres Vaters auspackten, sah er richtig verloren aus. Sein Gesicht war müde und verhärmt, sein Haar schütter und grau, und er wirkte älter als seine sechsundvierzig Jahre. Ich mußte daran denken, wie übel er Hildchen mitgespielt hatte, aber er tat mir trotzdem leid. Wie er so dasaß, war offensichtlich, daß er einsam war und sich nach seiner Familie sehnte.
Ich beschloß am zweiten Weihnachtstag, meinem Freund Karlheinz eine Weihnachtsüberraschung zu bereiten. Wir waren zwar nicht verabredet, doch ich wußte ja, daß er keine Familie hatte, mit der er die Feiertage verbringen konnte. Aber ich klingelte vergeblich an seiner Tür. Er war nicht zu Hause, und ich zog enttäuscht mit dem Windspiel wieder ab. Ob er an diesem Tag Taxi fuhr? Ich rief das Taxiunternehmen an, bei dem er arbeitete. Ja, Karlheinz hatte heute Dienst, er war unterwegs nach Bremen, um einen angeheiterten Bremer zusammen mit einem hübschen Roulettegewinn heim in den weihnachtlichen Schoß der Familie zu kutschieren.
Schade. Ich legte das Windspiel wieder ganz oben auf den Wohnzimmerschrank.

Tags darauf hatten Hildchen und ich was vor. Wir waren bei Patschuli eingeladen.
Der ganze Bauchtanzkurs traf sich in ihrer Wohnung zu einem orien-

talischen Fest, denn die unglaublich sinnliche Wirkung des Bauch-
tanzes konnte sich in privater, ungezwungener Atmosphäre am aller-
besten entfalten, wie wir inzwischen gelernt hatten.

Patschulis Wohnung war passend haremsmäßig ausstaffiert; auf den
dicken Teppichen lagen überall Sitzkissen herum, und in allen Ecken
und Winkeln standen Schälchen mit getrockneten Jasminblüten und
exotisch stinkenden Räucherstäbchen. Wir wurden mit einem süffi-
gen Begrüßungsdrink in Empfang genommen und setzten uns mit
unseren Gläsern auf die Kissen, die rund um ein dickes Brett verteilt
waren, auf dem später das Essen serviert werden sollte.

Vor dem Essen mußten wir uns alle umziehen. Kichernd und wit-
zelnd schlüpften wir nach unserem Begrüßungsdrink in unsere Kostüme und flegelten uns dann wieder hin, stilecht im Schneidersitz,
ganz haremsmäßig. Patschuli legte Ali Babas Jammergesang auf und
tischte uns »Ful-mudammas« auf, das sei ein ganz bekannter, äußerst
schmackhafter Bohnenkerne-Salat, erklärte sie uns. Dazu gab es Oliven und Schafskäse. Die dicken braunen Bohnen waren nicht mein
Fall, ich hielt mich lieber an die Oliven und trank dazu noch einen
Begrüßungsdrink. Als Hauptspeise gab es »Kus-Kus Royal«. Das
war eine Art Hammel-und-Grieß-Eintopf, aber der machte mich
auch nicht so richtig an. Gut, daß ich nicht mit Susi und Sandy nach
Kairo geflogen war, die drei Tage hätten mir nicht annähernd ge-
reicht, um mich an diese Küche zu gewöhnen. Ich ließ mir zum
Nachspülen von Patschuli noch einen Begrüßungstrunk einschen-
ken.

Der Nachtisch war dann überraschend gut, es war so eine Art Nuß-
strudel mit dem Namen »Baklaua«. Das hörte sich fast wie Beklauer
an, und ich mußte automatisch an B. Trüger denken und kicherte mir
eins.

Ich nahm dreimal von der Baklaua und spülte wieder mit dem Begrü-
ßungsgesöff nach. Hinterher mußte ich schrecklich aufstoßen, obwohl ich höchstens fünf von den Bohnen gegessen hatte. Das fand
ich lustig, und ich kicherte wieder.

Die anderen waren auch schon bestens in Stimmung, aber Patschuli meinte, wir sollten erst den Hammel ein bißchen verdauen, bevor wir mit der Tanzerei anfingen.

Barbara, die stramme, sonnenbankbraune Mittdreißigerin in der glänzend-schwarzen Satinpelle streckte stöhnend die eingeschlafenen Beine aus. »Wie halten das die Orientalen bloß aus, stundenlang auf ihren Beinen zu hocken?«

Hildchen nahm einen Schluck aus ihrem Begrüßungsglas. »Die haben halt eine ganz andere Lebensanschauung«, meinte sie.

»So ein Blödsinn, was hat denn die Lebensanschauung mit eingeschlafenen Füßen zu tun?« wollte Barbara wissen.

»Du, die Hiltrud hat völlig recht«, erklärte Patschuli. »Dieses Sitzen ist der Inbegriff der entspannten Gemütlichkeit. Das steife Herumsitzen auf einem Stuhl ist der orientalischen Gelassenheit total abträglich.«

Barbara massierte ihre tauben Zehen. »Wahrscheinlich haben die Ali Babas einfach einen lahmen Kreislauf«, behauptete sie abfällig, »bei denen geht sowieso alles langsamer, das sind doch alles solche Typen, bis die erst mal in die Puschen kommen, ist der Tag doch schon gelaufen.«

»Das ist nicht wahr!« bestritt Hildchen vehement.

»Was verstehst du denn davon?« wollte Barbara wissen.

»Ich... äh... also, zum Beispiel die Türken, also was ich damit sagen will, ist... äh...« Sie verstummte lahm und nahm noch einen Schluck von ihrem Begrüßungsdrink. Mir war schon klar, worauf sie hinauswollte. Der Adnan brauchte wahrhaftig nicht lange, bis er in die Puschen kam, und er war auch alles andere als langsam, aber das konnte sie wohl schlecht erzählen.

Barbara winkte ab. »Die Türken meine ich gar nicht, das sind doch praktisch Europäer. Die Zeiten, wo die noch auf das Muezzin-Gebrüll gehört haben, sind doch längst Geschichte. Übrigens, die Türken, das sind tolle Liebhaber, letztes Jahr war ich in der Türkei, im Cluburlaub, und da habe ich einen von diesen süßen Animateuren näher kennengelernt, ich kann euch sagen...«

»Ich war auch im Club, im letzten Sommer«, meinte eine von den anderen, »auf Kreta. Das Wetter war beschissen, und am Schluß haben wir Salmonellen gekriegt.«

»Salmonellen sind jetzt fast überall«, erzählte Barbara. »Jedes zweite Ei ist verseucht. Ich mache praktisch überhaupt keinen Tatar mehr mit Ei an.«

»Man darf auf keinen Fall am rohen Kuchenteig naschen«, sagte Hildchen, »wenn man Pech hat, ist der voll von Salmonellen.«

»Vor allem muß man das Auftauwasser von den Hähnchen wahnsinnig sorgfältig entsorgen«, meinte Patschuli. »Manchmal mache ich das Kus-Kus mit Hähnchen, da brauche ich hinterher immer mindestens eine ganze Verschlußkappe von Bazillokill.«

»Bazillokill hat's in sich, und wie. Davon darf man nicht zuviel nehmen, denn das ist unheimlich scharf. Damit habe ich mir mal total die Hände kaputtgemacht«, erzählte eine in schlabbrige Flatterbaumwolle gehüllte Bauchtanzkollegin, »das war vor zwei Jahren, als ich entbunden habe. Ich mußte mir jedesmal, wenn ich mein Kind zum Stillen kriegte, die Hände mit dem Zeug einreiben, das stank widerlich, und wenn ich auf dem Klo war, mußte ich mir auch die Hände hinterher damit einreiben, und wenn ich meine Brust anfassen wollte, auch. Es war die reinste Pest, ich habe überall Pusteln gekriegt. Das waren vielleicht Reinlichkeitsfanatiker da!«

»Das muß so sein, das ist wegen dem Wochenfluß«, erklärte Hildchen, »der ist hochinfektiös, wenn da auch nur ein Tröpfchen auf deine Brust kommt, kriegst du sofort Wochenbettfieber. Und das Kind kriegt Soor. Dagegen hilft bloß verantwortungsvolles Desinfizieren.«

Ich stellte fest, daß ich nicht mehr richtig mitkam und genehmigte mir noch einen Begrüßungstropfen.

»Ich habe im Krankenhaus in der Fischerstraße entbunden, die sind da nicht so fanatisch mit dem Bazillokill. Die haben bloß so 'ne weiße Arztseife da…« wußte eine andere zu berichten.

»Das liegt daran, weil diese Klinik von Nonnen geführt wird«, behauptete Barbara. »Die sind ungeheuer geizig. Die gucken jedesmal in den Nachttisch, ob deine Stilleinlagen auch wirklich alle sind, bevor sie neue rausrücken. Eine Freundin von mir hat auch da entbunden, und die mußte noch im Kreißsaal ihren eigenen Slip wieder anziehen, obwohl der ganz und gar von Fruchtwasser versaut war.«

»Im Heilig-Kreuz-Krankenhaus, da geben sie dir jeden Tag einen frischen Einmalschlüpfer«, erzählte Hildchen. »Ich habe da den Hansi und den Mucki gekriegt, streng nach Lamaze.«

Ich wußte nicht mehr, was Sache war und jonglierte mit drei Oliven. Dann schmiß ich eine davon in den Begrüßungssschnaps und trank davon. Es war fast so gut wie ein Martini.

»Mein nächstes Kind entbinde ich zu Hause«, kündigte Flatterbaumwolle an. »Ich kenne da eine tolle Hebamme, die hat sich auf Dammschutz spezialisiert, und die hat mir hoch und heilig versprochen, daß ich beim nächsten Mal keine Epi mehr kriege.«

Dammschutz? Anscheinend hatte die Hebamme was mit Eberhard gemeinsam. Aber Epi? Was zum Teufel war das schon wieder? Ob das der Name von ihrem Kind war? Sie bräuchte doch ihrem nächsten Sprößling nicht wieder denselben Namen zu geben, was sollte dieser Quatsch?

»Ich hab' bei jedem Kind eine Epi gekriegt«, seufzte Hildchen. »Dabei hatte ich echt gedacht, daß ich bei dem Mucki keine mehr brauche. Du liebe Zeit, was hab' ich nicht alles gemacht, ich hab' zum Beispiel extra drei Monate lang jeden einzelnen Tag vor der Entbindung den Damm dreimal ausgiebig mit Weizenkeimöl massiert. Das ist unheimlich reich an Vitamin E, und Vitamin E ist ja das Hautvitamin. Aber dann war bei Muckis Geburt zufällig der Chefarzt da, der hat mich entbunden, und zack, habe ich wieder eine Epi gekriegt. Das war reichlich grausam. Ich konnte wochenlang nicht ohne Laxoflott aufs Klo, und sitzen konnte ich nur auf einem Schwimmreifen. Ich hatte noch monatelang Knubbel und dicke Stellen an der Naht, jedesmal, von den Hämorrhoiden ganz zu schweigen.«

Naht? Schwimmreifen? Ich versuchte, eine Olive aus einem Meter Entfernung in mein Schnapsglas zu werfen, erwischte aber Hildchens Ausschnitt. Sie kicherte erschrocken und fischte das feuchte Ding aus der tiefen Schlucht ihrer Riesenmamma hervor.

»Meine Freundin hat auch beim Chefarzt entbunden«, berichtete Barbara. »Wenn der Chefarzt entbindet, gibt es immmer eine Episiotomie. Das zählt nämlich als operativer Eingriff, der bringt bei jeder Geburt locker ein paar Hunderter mehr bei der Abrechnung.«

»Ein Dammschnitt ist aber gut gegen Senkungen«, erklärte Patschuli und aß einen Brocken Schafskäse. »Es beugt der Erschlaffung der Beckenbodenmuskulatur vor, denn das Gewebe muß dann nicht so stark gedehnt werden beim Pressen.«

Dammschnitt. Epi. Aha. Ich warf eine Olive hoch in die Luft und schnappte sie mit dem Mund auf. Beifallheischend sah ich mich um, aber anscheinend interessierten sich alle mehr fürs Kinderkriegen mit Dammschnitt als für Akrobatik.

»Ich würde immer probieren, ohne Laxoflott auszukommen. Diese Abführmittel machen total abhängig, wenn man nicht aufpaßt«, meinte Barbara. »Nicht nur körperlich, sondern vor allen Dingen psychisch. Man bildet sich irgendwann ein, daß es ohne nicht mehr geht. 'ne Bekannte von mir brauchte eine Zeitlang zwanzig Pillen, bloß um einmal zu können. Das ist der größte Fehler, den man machen kann, wenn man sich erst mal so einem Zeugs unterwirft, kommt man praktisch nicht mehr davon los. Man muß seinen Enddarm zur Regelmäßigkeit erziehen.«

»Du, nach der Entbindung ist das alles doch vollkommen durcheinander«, wurde sie sofort von Flatterbaumwolle belehrt. »Das liegt an der Hormonumstellung.«

Patschuli verschwand in der Küche und kam mit arabischen Plätzchen und Mokka wieder. Ich tunkte eins von den Plätzchen in den Begrüßungsdrink und aß es. Es schmeckte köstlich.

»Ich finde, es geht nichts über Dörrpflaumen«, meinte eine andere.

»Das habe ich auch mal probiert«, erzählte Hildchen und knabberte ein Plätzchen. »Das hat wahnsinnig reingepfiffen, ich bin vom Klo nicht mehr runtergekommen.«

»Dörrpflaumen haben eine Menge Kalorien«, warf Barbara ein.

»Wenn ich mal Schwierigkeiten habe, trinke ich Bekunis-Tee. Aber bloß eine Tasse. Der ist wunderbar bekömmlich und wirkt auf rein pflanzlicher Basis.«

»Pflanzlich ist das doch alles. Heutzutage will das nicht viel heißen«, sinnierte Patschuli, während sie mit elegant ausgestrecktem kleinen Finger den Mokka schlürfte. Anschließend fand sie, daß wir jetzt alle genug verdaut hätten, Laxoflott, Dörrpflaumen und Bekunis hin oder her, und der Bauchtanz wäre sowieso das allerbeste für die Verdauung und gleichzeitig hervorragend für die Beckenbodenmuskulatur. Sie stand auf, legte eine andere Bastonnade-Wimmer-Kassette ein und klatschte in die Hände, jeder sollte sein Kissen in der Ecke auf einen Stapel legen und sich ein freies Plätzchen suchen.

Barbara maulte, sie hätte aber keinen Bock auf die Sultansbrücke, und schon gar nicht auf die Serpentinenrolle – so nannte man den graziös-elastischen Aufschwung, mit dem man ohne Einsatz der Hände wieder hochkam.

Nein, erklärte Patschuli, keine Sorge, wir würden heute was mit Schleiern machen, das Tanzen mit dem Schleier besäße kulturhistorische Wurzeln, denn es ging schon auf das soziale Miteinander im ganz alten Orient zurück, und nur der unkonventionellen und unkomplizierten Art der arabischen Frau sei die Entdeckung zu verdanken, daß der Schleier nicht nur zur vorschriftsmäßigen Bedeckung, sondern auch zu Hause zu einem reizvollen Tanz benutzt werden konnte.

»Das hat sie schon wieder wortwörtlich aus dem Bauchtanzbuch abgekupfert«, konnte sich Barbara nicht verkneifen, Hildchen ins Ohr zu zischen. Ich grinste, merkwürdigerweise mußte ich plötzlich an Dieter Stubenrauch, die Luftnummer denken. Außerdem hatte ich das Gefühl, gleich abzuheben. Dieser Begrüßungsschnaps war wirklich erstklassig.

Patschuli holte aus einer Truhe einen großen Ballen Stoff, der sich beim Auseinanderwickeln als ein paar Dutzend hauchdünner, durchsichtiger Schleier entpuppte.

»Der Tanz mit dem Schleier ist mystisch-erregend und geheimnisvoll«, belehrte Patschuli uns unbeirrt und begann sich mit vibrierendem Becken zu lockern und die Tücher zu verteilen. »Man kann damit Zartheit und Anschmiegsamkeit im Wechsel mit Verzückung und Leidenschaft dramaturgisch darstellen.« Barbaras höhnisch-überlegener Miene entnahm ich, daß das wohl ebenfalls in dem Buch stand. Ich bekam plötzlich Schluckauf, bis die Fesselballons heftig auf- und niederwippten. Es störte mich kein bißchen, und ich wedelte kichernd mit dem Schleier herum.

Patschuli erläuterte uns, wie wir den Schleier drapieren müßten. Das Drapieren wäre das wichtigste, denn nur wenn er richtig drapiert wäre, könnte er auch vernünftig abgetanzt werden. Für das Drapieren gab es mehrere Varianten, aber hauptsächlich war dabei wichtig, die Zipfel irgendwie ins Oberteil zu schieben, und dann beim Abtanzen einen Zipfel nach dem anderen rauszuziehen und das Tuch dabei nach und nach herumzuschwingen, dabei aber gleichzeitig möglichst wild erotisch und geschmeidig zu tanzen. Patschuli bemühte sich geduldig wieder und wieder, uns die verschiedensten, geschmeidig-erotischen Schleier-Flatter-und-Schwingmethoden beizubringen, die Himmelsschwinge, die Wellenschwinge, das Zelt und den Schmetterlingswirbel.

Mir gefiel das Zelt am besten. Ich zog mir albern grinsend den Schleier über den Kopf und kombinierte den Beckenwellen-Schwingschritt abwechselnd mit Brustkorbwelle, Gazellenschritt und Schlangennacht, während ich unter dem Tuch laut hicksend mit Ali Baba um die Wette jodelte. Dabei rannte ich Barbara über den Haufen, weil ich nichts sah. Danach bekam ich nur noch mit, wie Hildchen und Patschuli mich auf irgendeine Matratze schleppten, und wie Hildchen jammerte, wieso Patschuli nur so einen giftigen Fusel ausschenken könnte; das arme Kind, jetzt hätte es vielleicht eine Alkoholvergiftung, und nie mehr könnte sie ihrer Schwester unter die Augen treten. Ich grinste noch alberner und schlief ein.

Am nächsten Morgen war mein Kopf einen Kilometer dick, und ich brauchte bis zum Abend, um mich von dem Schleiertanz zu erholen. Hildchen war ein Schatz und versorgte mich mit Eisbeutel, Rollmops und Aspirin, so daß ich bis zum WWF-Gong abends wieder fit war.

Die übrige Zeit zwischen Weihnachten und Neujahr nutzte ich für ein gründliches Großreinemachen. Ich wollte mein Versprechen einlösen und Hildchen ein erstklassig sauberes Haus hinterlassen. Während sich die ganze Familie faul in den Sesseln räkelte, in die Glotze starrte und sich dabei mit Marzipan und Nüssen vollstopfte, entrümpelte ich den Abstellkeller, hing die Gardinen zum Waschen ab, bügelte zentnerweise Wäsche und besserte Hunderte von durchlöcherten Knabensocken aus. Ich putzte die Fenster, schrubbte die Heizkörper, polierte Türen samt Klinken. Während ich wie eine Verrückte ackerte, hielt mich nur der Gedanke aufrecht, daß das sozusagen meine Abschiedsvorstellung war. Das letzte Mal in diesem Theater: Die mit dem Mop tanzt! Rechtzeitig zu Silvester wurde ich mit allem fertig. Das ganze Haus blitzte und blinkte nur so, man hätte vom Fußboden essen können. Ja, jetzt konnte ich mit gutem Gewissen ausziehen!

21. Kapitel

Am letzten Tag des alten Jahres fragte Hildchen mich verschämt, ob ich was vorhätte. Sie wäre da zusammen mit Adnan auf so einer netten Silvesterfete eingeladen...

Ich hatte nichts vor. Vanessa hatte mich zwar auch zu einer Fete eingeladen, aber ich wußte, daß ihr Bruder Klaus auch da sein würde. Ich hatte kein Verlangen, dem Beinahe-Initiator und seinem Tigercharme noch einmal zu begegnen, also hatte ich unter einem fadenscheinigen Vorwand abgesagt. Tommy und Hansi waren ihrerseits auch auf irgendwelchen Feten, also paßte ich auf Mucki auf.

»Wenn du schön brav bist, darfst du bis zum Feuerwerk aufbleiben«, erklärte ich ihm gönnerhaft, als alle anderen aus dem Haus verschwunden waren. »Ich geh' in den Keller und bügle noch ein bißchen, okay?« Er nickte und setzte sich artig aufs Sofa, mit seinem Kassettenrecorder und einem Versandhauskatalog. Er sah lieb und niedlich aus, wie er so dasaß, mit seinem dunklen Lockenkopf und dem frischgewaschenen Kindergesicht. Ich ging zu ihm und gab ihm einen Kuß auf die Stirn.

»Du bist so ein lieber Junge«, lobte ich ihn. Er nickte, blätterte im Katalog und hörte Kassette, irgendein verrücktes Abenteuer von den Super Mario Brothers. Bevor ich in den Keller ging, prüfte ich trotz seines engelhaften Gesichtsausdrucks noch mal die Rückseite der Kassette und die Programmzeitschrift. Alles klar. Kein Gestöhn und keine nackten Wilden im tiefen Tal der Lust. Beruhigt ging ich nach unten, um zu bügeln.

Adnans Manschettenknöpfe kosteten mich wieder einen Fingernagel. Ich verfluchte ihn stumm, aber inbrünstig und schwor mir, es später mal wie Sonja zu machen. Ich würde mir nicht so einen Glasbrilli wie Adnan zulegen, soviel stand fest, und wenn er noch so gut im Bett war. Während ich Adnans Bertone-Hemden bügelte und mir dabei vorstellte, seine langen, frechen Finger unter dem heißen Eisen mitzuplätten, glaubte ich ab und zu, von oben ein keckerndes Lachen zu hören. Aber das konnte doch nicht sein, oder? Wahrscheinlich begeierte Mucki sich über Super Mario und Luigi, die beiden coolen Nintendo-Klempner. Doch er lachte immer keckernder und lachsackmäßiger. Beunruhigt ging ich nach oben. Er saß wie der unschuldigste Unschuldsengel auf dem Sofa, hörte seine Mario-Kassette und las im Katalog.

Ich hatte als Kind auch immer gern Kataloge gewälzt, am liebsten waren mir die Seiten mit den Puppen nebst Zubehör gewesen, ich hatte sie mir immer stundenlang ansehen können. Puppen, Puppenwagen, Puppenbadewannen, Puppenkleidchen. Unsere Kataloge waren an diesen Stellen immer ganz zerfleddert gewesen. Ich war so wild darauf gewesen, daß ich mir manchmal sogar die Seiten rausgerissen hatte. Mucki guckte sich wahrscheinlich die Eisenbahnen oder Carrera-Flitzer an. Oder? Mißtrauisch blickte ich ihm über die Schulter. Nein, keine Spielzeugautos, anscheinend war er über das Alter hinaus. Er hatte die Seite mit den Fahrrädern aufgeschlagen und betrachtete interessiert die Mountainbikes.

»Wieso lachst du so?« wollte ich wissen.

»Ich hab' gerade bloß an was Komisches gedacht.«

Aha. Na ja. Stirnrunzelnd ging ich wieder in den Keller, aber schon auf halber Treppe erstarrte ich. Er lachte schon wieder so, genauso wie… Ich war mit fünf Schritten hinter ihm. Fahrräder, dieselben wie vorhin. Lachte er etwa darüber? Was war an Fahrrädern komisch? Ich nahm ihm den Katalog weg und schüttelte ihn. Außer ein paar Bestellkarten fiel nichts raus.

»Mucki?« fragte ich streng.

»Was denn?« fragte er mit Unschuldsmiene zurück.

Ich blätterte die Fahrräder wieder auf. Dann blätterte ich weiter.

Nach den Fahrrädern kamen gleich die Spielzeugautos, und direkt anschließend das Babyspielzeug. Das war bestimmt nicht komisch. Also blätterte ich wieder zurück zu den Fahrrädern. Dann noch weiter zurück. Eine einzige Seite nur. Ich starrte ächzend in den Katalog. Da hatte ich die Bescherung! Nein, das ist nicht wahr, dachte ich. Schwach vor Entsetzen fiel ich aufs Sofa und guckte mit hervorquellenden Augen die Bescherung genauer an. Direkt neben dem Rheumatherm-Heizkissen aus reiner Schafschurwolle und den Blutdruck- und Blutzuckermeßgeräten fand ich die mutmaßliche Ursache von Muckis Gekecker. Ob es das war, London, hauchzart, stark befeuchtet, mit Reservoir, oder war es London Golden Vanilla, exklusiv goldfarben mit anregendem Vanilleduft? Es gab auch noch jede Menge andere Londons, alle in ansprechend bunter Verpakkung, abgebildet, aber nicht eins davon hatte auch nur das geringste mit der Stadt zu tun. Großer Gott.

Ich ächzte noch lauter, als ich sah, was ganz am Ende der Seite, direkt unter London Gleit-Gel, problemlose Anwendung, duftneutral, abgebildet war. Fassungslos blickte ich hoch, aber Mucki hatte vorsorglich das Weite gesucht. Mein zitternder Zeigefinger fand die Bestellnummer 21. Massagestab, vibrierend, mit Batterie. Es gab ihn in 30 cm (?!), oder in 18 cm, flexibel, genoppt oder natur. Auf der dazugehörigen Abbildung hielt eine Dame ohne Oberleib sich das Ding in der flexiblen 30-cm-Angeber-Version genau vor die Stelle, für die es offenbar in erster Linie gedacht war. Diejenigen, die es besonders nötig hatten, konnten es sich sogar innerhalb von vierundzwanzig Stunden liefern lassen, gegen Aufschlag, aber aus hygienischen Gründen war es von der Rückgabe ausgeschlossen. Genau wie Bestellnummer 22, der G-Punkt-Stimulator aus weichem Latex, Länge 20 cm. Du liebe Zeit, schon wieder G-Punkt! Was um alles in der Welt war das bloß? Die Abbildung zeigte ein merkwürdig gekrümmtes, freistehendes, fleischfarbenes Ding, diesmal ohne Unterleib, aber was ein G-Punkt war, stand nicht dabei.

Ich betrachtete es erschüttert, konnte es nicht fassen. Und das alles nur eine einzige Seite vor den Mountainbikes!

Ich riß mit bebenden Fingern die Seite raus und spülte sie im Klo runter. Dabei beschloß ich, daß ich keine Kinder kriegen wollte. Zumindest keinen Sohn. Oder jedenfalls nicht mehr als einen.

Nachdem Mucki sich eine angemessene Zeit in seinem Zimmer geschämt hatte, verbrachten wir zwei doch noch einen vergnüglichen Silvesterabend zusammen. Er lachte sich halbtot über *Dinner for one*, und um zwölf Uhr ließ ich ihn einen winzigen Schluck Sekt, verdünnt mit Mineralwasser trinken. Dann liefen wir beide lachend auf die Straße und verpulverten zwanzig Minuten lang Feuerwerk, lauter harmlose Sachen. Anschließend gingen wir wie die braven Kinder zu Bett. Ich kam nicht mal dazu, das vergangene Jahr vor meinem geistigen Auge Revue passieren zu lassen, obwohl es so ereignisreich gewesen war. Mein Abi, Sonjas und Eberhards überstürzter Aufbruch nach Bolivien, mein neuer Start in Frankfurt. Harry, Tanja. Karlheinz. Der gutaussehende, blauäugige Friedrich Stubenrauch... dann wieder Karlheinz. Es gab nur einen bunten, kaleidoskopartigen Wirbel in meinem Kopf, kurz und leuchtend, wie das Feuerwerk, dann war ich auch schon eingeschlafen.

Nach dem Frühstück am nächsten Morgen brach ich erneut mit meinem Windspiel auf, um Karlheinz zu überraschen. Ich hatte vorsorglich bei dem Taxiunternehmen angerufen, aber da hieß es, er sei zu Hause. Ich klingelte ein paarmal, doch es öffnete niemand. Als ich schon wieder gehen wollte, hörte ich Geräusche. Aha, wahrscheinlich war er gerade im Bad. Ich klingelte Sturm und lächelte, weil ich mich auf seine verdutzte Miene freute.

Die Tür wurde aufgerissen, und Karlheinz stand mit ärgerlichem Gesicht vor mir. »Was, zum Teufel... ach, du bist's!«

Ich wurde knallrot vor Verlegenheit. Er hatte nichts an! Oder vielmehr, fast nichts. Nur einen winzig kleinen Slip, noch viel kleiner als der, den ich Tommy zu Weihnachten geschenkt hatte. Sprachlos starrte ich ihn an, so, als hätte ich ihn noch niemals zuvor gesehen. Ich hatte ihn ja genaugenommen auch vorher noch niemals so gesehen, so... so... nackt.

Und er sah so gut aus! Seine Schultern und seine Brust waren breit und muskulös, und auch auf seiner flachen Magengrube spielten die Muskeln. Ich senkte peinlich berührt die Augen. Was mußte er von mir denken, wenn ich ihn so anstarrte, so, als ob ich noch kein Frühstück gehabt hätte! Mein Blick blieb an seinen massigen, behaarten Oberschenkeln hängen. Ich schluckte. Komisch, mir war vorher nie aufgefallen, wie gut er gebaut war.

Ich räusperte mich. »Ich… ich wollte dir bloß ein glückliches neues Jahr wünschen, und… und dann habe ich hier noch ein Weihnachtsgeschenk für dich. Es ist eine besondere Geschichte damit verbunden, so eine Art Liebesgeschichte, weißt du…« Ich hielt das eingepackte Windspiel hoch, ohne aufzusehen, und er nahm es mir aus der Hand. »Franzi, ich…«

Jetzt schaute ich doch hoch und sah ihn an. Er wirkte irgendwie unglücklich.

»Karli-Männi, kommst du endlich wieder zu deiner Schmuckimausi ins kuschelige warme Heia-Bettchen?« rief eine quengelige, verschlafen klingende Frauenstimme aus der Wohnung.

Ich wich bestürzt einen Schritt zurück, eine Hand auf den Mund gepreßt. »Das tut mir leid«, stammelte ich, »ich wollte nicht stören! Wirklich nicht!« Ich drehte mich um und rannte wie von einer Meute wilder Stiere verfolgt die Treppe runter.

»Franzi, hör doch mal!« rief er mir nach. Ich lief noch schneller, ich sprang förmlich die Stufen runter. Als ich unten bei der Haustür war, hörte ich noch ein kräftiges »Verdammt!« von oben.

Dann war ich draußen. Auf dem Weg zur Straßenbahn war ich wie betäubt. Er hatte eine Freundin. Davon hatte ich gar nichts gewußt, und wir waren doch so gute Freunde, wir redeten praktisch über alles! Meine erste Reaktion war Schmerz. Dann Enttäuschung, Wut, Trauer. Wie konnte er mir das antun!

In der Straßenbahn analysierte ich meine emotional überzogene Reaktion. Schön, er hatte eine Freundin. Warum auch nicht? Schließlich war er ein gesunder, gutaussehender Mann von vierundzwanzig Jahren. Er hatte männliche Bedürfnisse. Mir wurde warm, als ich an diese männlichen Bedürfnisse dachte. Wenn es so ähnlich war, wie meine Gefühle, die mich beim Anblick von Friedrich Stubenrauchs blauen Augen überkamen oder vorhin bei Karlheinz' nacktem Körper… Dafür mußte ich wohl Verständnis haben. Und ich war schließlich seine beste Freundin, oder nicht? Gerade von mir konnte er dieses Verständnis erwarten. Geduldig wartete ich, daß sich das Verständnis einstellte. Wann kam es endlich? Ich bemühte mich sehr, es aufzubringen, logisch, vernünftig, den klaren, eindeutigen Vorgaben der *Lösungsweg*-Methode folgend.

1. Ist Karlheinz mein Freund?

   Antwort: Ja.

2. Habe ich Verständnis für seine Bedürfnisse?

   Antwort: Ja.

3. Hat er eine Freundin, weil er *es* braucht?

   Antwort: Ja.

4. Habe ich dafür Verständnis?

   Antwort: Nein, nein, nein.

Ich schaffte es nicht. Schon bei Frage drei malte ich mir aus, was Karlheinz mit dieser schwül klingenden Schmuckimausi gerade im Bett anstellte. Mein Zorn verwandelte sich in hilflosen Ärger, der wie ein Kloß in meinem Hals steckenblieb. Ich probierte, mich abzulenken, mit etwas Lustigem, zum Beispiel, indem ich mir Karlheinz mit der Schnuckimausi in der Oberlage vorstellte. Es war nicht im mindesten komisch. Der Klumpen in meinem Hals wurde doppelt so dick wie vorher. Ich machte es wie Scarlett. Ich würde morgen darüber nachdenken.

Aber am nächsten Morgen hatte ich genug andere Dinge zu tun. Vanessa kam mit ihrem schnittigen kleinen japanischen Cabrio und half mir beim Auszug. Hildchens Wagen war nicht verfügbar, weil Tommy damit unterwegs war, und Karlheinz hatte keine Zeit. Ich hatte mir am Neujahrsabend doch noch ein Herz gefaßt und ihn angerufen. Als ich ihn fragte, ob er eventuell ein, zwei Kartons für mich in meine neue Wohnung fahren könnte, die er sich bei dieser Gelegenheit ja auch gleich ansehen könnte, erklärte er bedauernd, daß er Dienst hätte. Und das Windspiel wäre wunderbar, das schönste Weihnachtsgeschenk, das er je bekommen hätte. Irgendwie dachte ich, jetzt sagt er gleich, du, das war überhaupt nicht meine Freundin, das war nur das Radio oder eine entfernte Cousine, die zufällig bei mir übernachtet hat. Aber natürlich sagte er nichts dergleichen. Er sagte: »Du hast erzählt, daß mit dem Windspiel eine besondere Geschichte verbunden ist, was ist das denn für eine Geschichte?«

Ich erwiderte höflich: »Das erzähle ich dir vielleicht ein andermal.«

Also half Vanessa mir beim Transport meiner spärlichen Habseligkeiten. Außer meinem Rucksack und meinem Koffer, den beiden Gepäckstücken, mit denen ich schon nach Frankfurt gekommen war, gab es noch einen großen Karton mit Büchern und Heftmappen und Fritzis Vogelbauer zu befördern. Als wir alles in Vanessas kleinen Flitzer luden, stand Hildchen heulend neben dem Wagen. Mucki und Hansi standen neben ihr und machten betretene Gesichter.

»Du wirst uns fehlen, Franzi-Kind!« schniefte Hildchen zwischen zwei Schluchzern.

»Ich bin doch nicht aus der Welt!« tröstete ich sie. »Ich komme jede Woche her und wasche meine Wäsche bei dir, und dafür bügle ich dir ein paar Hemden. Und morgen nachmittag seid ihr alle zum Kaffee bei mir eingeladen. Wir machen ein richtiges Picknick, wir decken die Kaffeetafel auf einem Tischtuch auf dem Fußboden, das wird lustig!«

Unterwegs fragte mich Vanessa: »Hast du denn keine Möbel?«

»Doch, aber bloß Bett, Regal, Schrank, Schreibtisch, von Friedrichs Schwester.«

»Ach, sind wir schon bei Friedrich? Wie findest du ihn übrigens?«

»Er ist toll. Heute abend gehe ich das erste Mal in die Kanzlei, zum Helfen. Ich freu' mich schon total!«

»Aha«, meinte Vanessa grinsend, »du bist scharf auf ihn.«

»Ich würde nicht nein sagen!« seufzte ich.

»Na, da bin ich mal gespannt, wie du das anstellen willst«, sagte sie. Ihre Augen glitzerten dabei verdächtig. »Hab' ich dir eigentlich schon erzählt, daß der Dieter Stubenrauch, diese Dozentenluftnummer, vor Jahren was mit meiner Schwester hatte?«

Ich nickte; ich konnte mich dunkel daran erinnern, daß sie bei unserem allererstem Gespräch mal so was erwähnt hatte.

»Sie hat sich an ihn rangemacht, weil er Assi bei einem der Prüfer im Examen war. Sie hat trotzdem bloß 'ne Vier gemacht, und im Bett war er genauso 'ne Luftnummer wie in der Prüfung«, erklärte Vanessa geringschätzig. Dann grinste sie hinterhältig. »Bestimmt ist dieser Friedrich in jeder Beziehung ganz genau dieselbe Luftnummer. Wahrscheinlich fällt er in Ohnmacht, wenn ihm eine Frau an die Wäsche geht.« Sie kicherte. Über irgendwas schien sie sich grenzenlos zu amüsieren. Ich war stinksauer und sah betont abweisend aus dem Fenster. Aber als wir ankamen und zusammen mein Gepäck in die Wohnung brachten, war sie ehrlich begeistert von meiner neuen Behausung. Sie kommentierte mit entzückten Ausrufen die Aussicht in den Garten, das hübsche Bad, die zweckmäßig ausgestattete Küche, und ich war wieder versöhnt.

Steffis Möbel waren schon fix und fertig aufgestellt, dafür hatte Frau Stubenrauch, die Gute, Sorge getragen. Ich war gerührt von soviel Fürsorge. Es waren ähnliche Möbel wie in meinem Zimmer in unserem Wuppertaler Haus, und ich bekam sofort heimische Gefühle, als ich die Schubladen und Schranktüren aufmachte, um meine Sachen einzusortieren.

Vanessa warf sich auf das Bett und wippte lässig, während sie sich umsah. »Man könnte wirklich sagen, daß du Glück gehabt hast mit dieser Wohnung, wenn da nicht diese Luftnummer Stubenrauch wäre, für den du dich zwangsarbeitsverpflichtet hast.«

Ich sah sie zornig an. »Ich habe dir schon mal gesagt, daß ich mich freue, für ihn zu arbeiten!« Sie zuckte bloß grinsend die Achseln.

Es klopfte, und als ich öffnete, stand Frau Stubenrauch vor mir, in dezent-edlem Kostüm, das elegant frisierte Haar in frischem Weißlila getönt. Und sie hatte den nasebohrenden Bubi an der Hand.

»Ich möchte Ihnen gern alles Gute im neuen Jahr wünschen«, erklärte sie.

»Gleichfalls, danke vielmals.«

»Ja, die Möbel… Gefällt es Ihnen, ist es so, wie Sie es möchten? Es kann auch noch umgestellt werden, ich hab' doch da die zwei kräftigen Gärtner an der Hand, die mir jede Woche den Garten machen…«

»Nein, nein, wirklich nicht, es ist perfekt!« beteuerte ich.

»Ja, dann… Ach, Franziska, ich darf doch Franziska zu Ihnen sagen, nicht wahr? Ich habe da ein klitzekleines Problem, ich muß ganz dringend und unvorhergesehen weg, und der Kindergarten hat doch zu, ich würde Bubi normalerweise mitnehmen, aber das ist ein ganz wichtiges Amnesty-Meeting, ich muß da für jemanden einspringen, der krank geworden ist, das ist soo wichtig, ich meine… diesen armen, gefolterten Menschen muß doch einfach geholfen werden, und man kann doch vor einem Kind nicht über diese Dinge sprechen, vor allem nicht«, sie senkte die Stimme, »wenn es um Vergewaltigungen geht! Und da wollte ich Sie bitten… es wäre ja nur für zwei Stündchen oder so…«

»Natürlich«, sagte ich großmütig. »Komm rein, Bubi, du kannst solange bei mir bleiben.«

Bubi folgte meiner Aufforderung ziemlich widerwillig und blieb steif in der Mitte des Zimmers stehen.

»Tschüsi, ich bin dann we-heg!« trällerte Frau Stubenrauch und winkte Bubi zum Abschied mit frisch lackierten Fingernägeln zu.

»Wenn die zu 'ner Amnesty-Sitzung geht, freß ich einen Besen!« erklärte Vanessa abfällig. »So, wie die sich in Schale geschmissen hat, hat sie eine ganz andere Sitzung vor! Hast du gerochen, was für Unmengen Parfüm sie sich übergeschüttet hat?«

»Vanessa!« sagte ich mit einem Blick auf Bubi.

»Was ist Vergewaltigung?« fragte Bubi.

Ich starrte ihn ratlos an. »Das mußt du deine Omi fragen«, sagte ich lahm.

»Ha, sie wird's wissen«, stichelte Vanessa, »vermutlich hat sie heute genau das vor, so wie sie aussieht.«

»Ich geb' dir ein paar Stifte und Papier, da kannst du ein schönes Bild malen«, erklärte ich entschlossen. Ich setzte den Knirps auf den Drehstuhl vor dem Schreibtisch und schob ihm meinen Karo-Block und ein paar Bleistifte hin. Bereitwillig fing er an zu kritzeln. »Ich male jetzt eine ganz tolle Vergewaltigung«, verkündete er zufrieden.

»Du, Franzi, weißt du was? Ich habe eine sagenhafte Überraschung für dich!« meinte Vanessa plötzlich in frohlockendem Tonfall. »Mein Vater will deinen Busen sehen!«

»Was?« fragte ich entgeistert.

»Ja, stell dir vor, neulich saßen wir beim Abendessen zusammen, und da kam die Rede auf dich. Klaus war auch dabei, er fragt immer noch nach dir, du hast eben einen nachhaltigen Eindruck auf ihn hinterlassen. Und da wollte Papa wissen, worüber wir überhaupt reden, und da hab' ich ihm erzählt, was du für Monstertitten hast.«

»Was sind Monstertitten?« wollte Bubi wissen.

»Damit kann man einen Mann vergewaltigen«, sagte Vanessa. »Und als ich ihm dann erzählte, daß du sonst ganz schlank bist, bloß eben obenrum so reichlich gesegnet, fand er das hochinteressant. Du mußt wissen, daß er viele Brüste operiert, er ist doch Chirurg, das hatte ich dir doch schon erzählt.«

»Ja«, sagte ich, atemlos vor Spannung, worauf sie hinauswollte.

»Normalerweise macht er die Brüste größer, es kommt nicht so oft vor, daß er sie mal kleiner macht, und wenn, dann macht er sie nur kleiner im Sinne von straffer. Bildlich gesprochen, er zurrt die Hängebrust wieder in Form. Als ich ihm dann erzählt habe, daß bei dir überhaupt nichts hängt, fand er das medizinisch sofort wahnsinnig interessant, und er will es sich unbedingt ansehen. Klaus meinte dann, er hätte es schon gesehen, und es würde sich lohnen.«

»Was denn? Sie kleiner zu machen?«

Vanessa kicherte. »Nein, er meinte damit natürlich das Anschauen, dieser Schürzenjäger. Aber Papa sieht das rein anatomisch.«

»Was ist ein Schürzenjäger?« fragte Bubi.

»Jemand, der jeden Tag eine andere Frau vergewaltigen würde, wenn's nicht verboten wäre«, erklärte Vanessa. »Und jetzt kommt das Beste, Franzi: Er würde es umsonst machen, das heißt auf Krankenschein, aufgrund medizinisch-psychischer Indikation.«

»Oh!« stieß ich aufgeregt hervor.

»Ja, toll, was? Er möchte es bloß gerne dokumentieren, weißt du, er schreibt gerade ein unheimlich wichtiges Lehrbuch über solche Sachen, und da kommen dann auch Fotos rein, von operierten Brüsten, vorher, nachher, verstehst du.«

»Soll ich dann auch in das Buch?« fragte ich mit leichtem Unbehagen. Aber ich überwand es sofort. Was kümmerte es mich, wenn mich ein paar Medizinstudenten in ihrem Lehrbuch sahen? Ich hatte schließlich praktisch überhaupt keinen Umgang mit Medizinern.

»Ja, deine Krankengeschichte käme rein, und Abbildungen auch, aber natürlich ohne Gesicht, was denkst du denn!«

»Vanessa!« schrie ich, hopste zu ihr aufs Bett und warf die Arme um sie. »Das ist ja Wahnsinn! Das halte ich nicht aus! Ach, das ist ja irre!« Ich sprang wieder auf und hüpfte durch das Zimmer. »Wann kann ich denn hin? Zum Anschauen, meine ich?«

»Er hat Untersuchungsräume in der Klinik. Wenn du willst, vereinbare ich einen Termin für dich mit seiner Sekretärin.«

»Oh! Ich kriege eine Mammareduktion! Ich kriege eine Mammareduktion!« jubelte ich.

»Was ist eine Mammareduktion?« fragte Bubi.

»Etwas, das Schürzenjäger vom Vergewaltigen abhält«, kicherte Vanessa.

22. Kapitel

Abends, auf dem Weg zu Friedrich Stubenrauchs Kanzlei, war ich der glücklichste Mensch Frankfurts, ach was – ganz Hessens! Selbst die Tatsache, daß aus den zwei Stündchen, die ich auf Bubi aufpassen sollte, vier geworden waren, als Frau Stubenrauch endlich in beschwingter Stimmung und mit roten Bäckchen aufkreuzte, um ihn abzuholen, ließ nicht den geringsten Schatten auf meine Glückseligkeit fallen. Ich dachte an die perfekten, kleinen Brüste, die ich in naher Zukunft mein eigen nennen würde. Mein sehnlichster Wunsch ging in Erfüllung! Und nachher würde ich mit dem traumhaftesten Anwalt aller Zeiten zusammenarbeiten, und eine wundervolle Wohnung hatte ich auch! Was für ein Tag!

Auf mein Klingeln öffnete mir eine Frau, die aussah, wie Marilyn mit Fünfzig ausgesehen hätte, wenn sie es nicht vorgezogen hätte, das nicht mehr zu erleben. Wasserstoffsuperoxydbleiche, hochtoupierte, brettharte, haarlackverklebte Wellen schwebten über einem mit Make-up zugekleisterten Gesicht. Aber selbst die falschen Wimpern konnten die Verdrossenheit in den Augen nicht überschatten. Sie reichte mir die Hand, die blutroten Nägel nach oben, wie zum Kuß, und meinte mit fettigrotem Schmollmund in griesgrämigem Tonfall: »Guten Tag, ich nehme an, Sie sind Franziska. Ich bin Margot Mondrow.«

Aha. Für eine Sekretärin ziemlich aufgedonnert, und das enge weiße Kleid war viel zu tief ausgeschnitten. Wahrscheinlich dachte sie, wenn sie schon so ähnlich hieß wie Marilyn, müßte sie auch so aussehen.

»Ich habe die ganze Zeit auf Sie gewartet, also fangen wir endlich an.«

Ich holte tief Luft. Jetzt würde sie mich in die Geheimnisse der Kanzleiführung einweihen. »Sollte ich nicht vorher Herrn Stubenrauch begrüßen?« fragte ich zaghaft.

»Der ist nicht da, und ich geh' auch gleich, damit Sie ganz ungestört sind bei der Arbeit.«

Ich erschrak. »Sie wollen mich schon beim ersten Mal allein arbeiten lassen? Aber ich weiß nicht – meinen Sie, ich kann das schon?«

Sie zuckte die Achseln. »Der Chef kennt Sie doch. Er hat gesagt, es geht klar. Ich bin normalerweise nicht dafür, aber in dem Fall... Und wenn Sie was klauen würden, wüßten wir sofort, daß Sie es waren, also kommen Sie bloß nicht auf blöde Gedanken!« Mißtrauisch starrte sie mich an. Ihr Blick blieb auf meinem Busen hängen, und ich ließ automatisch die Schultern nach vorn fallen.

»Na schön«, sagte sie langsam, »dann will ich Ihnen mal alles zeigen.« Sie deutete mit spitzem roten Finger auf den Schreibtisch, der in der Diele stand. »Das ist mein Arbeitsplatz«, erklärte sie. »Da lassen Sie alles schön liegen, fassen Sie bloß nichts an, wenn ich das Gefühl kriege, da liegt auch nur irgendwas schief, sind wir wieder auseinander.«

Himmel, was für eine Ziege! Friedrich hätte lieber sie anstatt Elvira entlassen sollen! »Ich will mich nicht in Ihre Arbeit einmischen«, versicherte ich höflich, während sie eine der beiden Türen öffnete, die von der Diele abgingen. »Das ist das Büro vom Chef«, sagte sie.

Ich sah mich verstört um. Das war sein Büro? »Ist das Herrn Stubenrauchs Büro?« fragte ich vorsichtshalber.

»Klar, wieso? Paßt Ihnen was nicht? Es ist doch wirklich nicht allzu groß, oder?«

Was, zum Teufel wollte sie damit sagen? Nein, natürlich war es nicht groß. Es war klein, vielleicht zwölf Quadratmeter groß, vollständig ausgefüllt von einem riesigen, schwarzen Schreibtisch, einem enormen Chefsessel dahinter und zwei Klappstühlen davor. Die Wand hinter den Klappstühlen war mit Aktenschränken und Regalen voll-gestellt, ebenso schwarz wie der Schreibtisch, in ihnen stapelten sich Bücher, Gesetzestexte und juristische Zeitschriften in wildem Durcheinander.

Und es war schmutzig. Der Staub lag zentimeterhoch auf den freien Regalflächen und der Fensterbank, die Scheiben waren blind vor Dreck. Auf dem Schreibtisch stand schmutziges Kaffeegeschirr, der Papierkorb quoll über von zusammengeknüllten Abfällen.

»Das hier macht natürlich am meisten Arbeit«, meinte sie mit einer Handbewegung in den Raum. Dann stieß sie die andere Tür in der Diele auf. Sie führte in einen schmalen, engen Schlauch, von dem wiederum zwei Türen abgingen. »Hier ist die Toilette«, sagte Mar-got und öffnete eine der beiden Türen in ein ziemlich dunkles, schmuddeliges Kabuff. Man sah und roch sofort, daß hier seit Wo-chen nicht mehr saubergemacht worden war.

Dann öffnete sie die andere Tür. »Das ist sozusagen Ihr Reich«, sagte sie mit breitem Grinsen. Ich trat neugierig näher. Ein eigenes Büro! Aufgeregt sah ich hinein und prallte entsetzt zurück, als ich sah, was hinter der Türe war. Ich kniff die Augen zusammen, einmal, zwei-mal, vielleicht war es eine optische Täuschung gewesen, ich hatte in der vergangenen Woche so viel bei Hildchen geputzt, womöglich hatte sich das gewissermaßen in meine Netzhaut eingebrannt oder so. Blinzelnd guckte ich nochmals hin, aber es war derselbe Anblick wie vorhin. Eine Besenkammer.

»Das ist eine Besenkammer«, meinte ich und starrte auf den Staub-sauger, den Putzeimer, die Wischtücher, den Glasreiniger, das Ata, die Möbelpolitur.

»Durchaus«, feixte die verhinderte Marilyn, »man könnte es in der Tat so ausdrücken.«

»Ja, aber das ist viel zu klein«, wagte ich einzuwenden. »Selbst wenn man all das Putzzeug rausschmeißen würde, es wäre nie genug Platz für einen Schreibtisch hier drin! Es würde ja kaum ein Stuhl hier reinpassen, und ein Fenster gibt es auch nicht!«

»Wozu brauchen Sie einen Stuhl? Wenn Sie beim Fensterputzen

nicht bis oben raufkommen, können Sie sich unten beim Hausmeister 'ne Klappleiter holen.«

Ich blinzelte abermals. Hatte sie eben Fensterputzen gesagt? »Haben Sie gerade eben Fensterputzen gesagt?«

»Sind Sie taub oder was?«

»Nein, aber da liegt anscheinend ein kleines Mißverständnis vor. Ich soll doch hier Elviras Arbeit übernehmen, oder nicht?«

»Schätzchen, was glauben Sie denn, was Elvira hier bei uns gemacht hat?«

»Wollen Sie damit sagen, daß... Aber ich dachte, ich soll hier juristische Arbeit leisten?« Das muß ein Irrtum sein, dachte ich. Friedrich konnte unmöglich gewollt haben, daß ich hier putze! Wahrscheinlich hatte diese Ziege das völlig eigenmächtig beschlossen und schwindelte mich an, nur damit sie selbst die Dreckarbeit nicht machen mußte!

»Juristische Arbeit?« meinte sie stirnrunzelnd. Dann hellte sich ihre Miene auf. »Oh, klar, das! Kommen Sie mal mit!« Ich folgte ihr aufatmend in die Diele. Jetzt würde sich alles aufklären. »Hier, das gehört natürlich auch zu Ihren Aufgaben«, meinte sie und wies auf einen meterhohen, verstaubten Stapel hinter ihrem Schreibtisch. Es waren originalverpackte Ergänzungslieferungen von Gesetzestexten, von Schönfelder I und II, von Sartorius I und II, von Fuhr-Pfeil, von Steuergesetzen und von anderen Loseblattsammlungen, die mir bisher noch unbekannt waren, die ich aber offensichtlich bald kennenlernen würde.

»Das ist nicht Ihr Ernst«, sagte ich fassungslos. »Da haben Sie ja mindestens seit zwei Jahren nicht einsortiert!«

Sie preßte die blutroten Lippen zu einem bösen Strich zusammen. »Glauben Sie, ich habe nichts Besseres zu tun, als diese öde, stupide Arbeit zu machen? Es dauert Stunden, ein Päckchen in eine Sammlung einzusortieren.«

Allerdings. Ich hatte selbst erst kurz vor Weihnachten die letzten Ergänzungslieferungen in meine Gesetzessammlungen eingeordnet. Alt raus, neu rein. Eine Arbeit, über der man kurz oder lang vom Wahnsinn befallen würde. Es waren fette Zahlen, magere Zahlen, Überträge und die Anzahl der Blätter im Auge zu behalten, zum Beispiel: Herauszunehmen: 109 7–109 a 4, Anzahl der Blätter: 3, Einzufügen: 109 7–109 a 4 a, Anzahl der Blätter: 6. Das nannte man Anweisung zum Einordnen, die ging meist über mehrere Seiten, bis man zum Schluß feststellte, daß man statt der vorgeschriebenen insgesamt herauszunehmenden 177 Blätter 179 herausgenommen hatte, oder daß sich von den insgesamt einzufügenden 254 Blättern ein Stoß von mindestens zwanzig Blättern unter 45 g anstatt unter 45 c wiederfand – und zwar nachdem man die komplizierte Vorrichtung des Ordners wieder unter größten Mühen zusammenmontiert hatte, ein schweißtreibendes Konglomerat aus Stäbchen-Teil, Röhrchen, Drahtniederhalter und Buchblock. Wenn man dabei etwas durcheinanderwarf, lief man Gefahr, daß die ganze Sammlung, bestehend aus Abertausenden von Blättern, wie welkes Herbstlaub auseinanderfiel und durchs Zimmer segelte.

»Aber das ist doch verrückt!« protestierte ich. »Da sind doch mindestens drei, vier Lieferungen für jede Sammlung. Ich würde ja beim ersten Päckchen massenweise Seiten einsortieren, die ich beim nächsten schon wieder rausnehmen müßte! Da wäre es doch viel ökonomischer, jede Sammlung gleich neu und aktuell zu kaufen, da würde man sich die Arbeit sparen!«

Sie sah mich an, als hätte ich nicht mehr alle Tassen im Schrank. Und da kapierte ich. Es war ökonomischer, wenn ich es machte, auch wenn es doppelte und dreifache Arbeit war. Es kostete ja keinen Pfennig!

Nachdem sie mir erklärt hatte, ich könnte so lange wuseln wie ich wollte, zwei oder drei Stunden, ihretwegen auch vier, Hauptsache, morgen wäre alles sauber, verschwand sie. Ich ließ mich auf ihren Drehstuhl fallen und schaute erbittert auf den Stapel der Ergänzungslieferungen. Selbst wenn ich volle zwei Stunden pro Woche daran arbeitete – für die Aktualisierung der Gesetzestexte würde ich Monate brauchen!

Und der Dreck überall! Wenn ich lediglich die restlichen beiden Stunden meiner vorgesehenen vier Stunden Mindestarbeitszeit pro Woche aufs Putzen verwendete, würde es niemals sauber hier aussehen! Hatte Friedrich das gemeint, als er sagte, daß es vielleicht mal ein Stündchen länger dauern würde? Nein, bestimmt nicht, entschied ich sofort. Das war die perfide Strategie dieser Marilyn-Margot. Sie wollte alle niederen Arbeiten delegieren und für sich nur die Sahne übrigbehalten. Der arme Friedrich, er merkte gar nicht, was für eine Natter er da an seiner Brust nährte.

Oh, aber er würde es merken! In einer Aufwallung von Edelmut und Selbstaufgabe beschloß ich, diese verdreckte, undiszipliniert geführte Kanzlei in einen Zustand der Perfektion zu versetzen, der ihn in einen Taumel der Begeisterung stürzen würde. Während ich den Staubsauger hervorholte und den häßlichen Teppichboden damit bearbeitete, malte ich mir aus, wie Friedrich morgen in sein Büro kommen würde, wie er erstaunt die Augen aufreißen würde, wenn er sich umsah. Alles wäre so sauber, glänzend, frisch und gepflegt, wie vermutlich noch niemals zuvor. Ich füllte den Putzeimer in dem winzigen Waschbecken in der Toilette mit Wasser und machte mich mit Ata und Scheuerlappen über die angegrauten Fensterbänke her. Natürlich würde diese falsche Schlange behaupten, sie selbst hätte alles so herrlich sauber-gemacht, aber er würde das selbstverständlich sofort durchschauen. »Franziska«, würde er sagen und mich mit seinen warmen blauen Augen liebevoll anblicken, »wie konnten Sie das nur tun, sich so für mich zu erniedrigen! Wie kann ich das wiedergutmachen!« Dabei würde er mit heißen Lippen meine vom Putzen roten, geschundenen Fingerspitzen küssen, genauso, wie Klaus es gemacht hatte, und ich würde mit vor Leidenschaft schwacher Stimme hauchen: »Das ist mir Belohnung genug!«

Am nächsten Morgen war ich noch ziemlich verschlafen, als Karl-heinz zur Wohnungsbesichtigung kam. Ich unterdrückte mühsam ein Gähnen und rieb mir die Augen, als ich ihn einließ.

»Hallo, Franzi, hab' ich dich aus dem Bett geworfen?« fragte er lächelnd und stellte eine Tüte neben der Tür ab. Seine Ohren leuchteten rot von der Winterkälte draußen, und er rieb sich die Hände und blies hinein. Ich schüttelte den Kopf. »Nein, ich war schon auf, schließlich bin *ich* angezogen, oder?« Ich konnte es nicht lassen, das »ich« zu betonen, sah ihn aber dabei nicht an, sondern fuhr leichthin fort: »Ich bin nur gerade noch mal eingenickt, weißt du, gestern abend in der Kanzlei ist es ziemlich spät geworden, bis wir mit der Arbeit fertig waren.«

Er sah mich stirnrunzelnd an. »Und, sagt dir die Tätigkeit in einer Anwaltskanzlei zu?«

Ich drehte mich um, damit er mein Gesicht nicht sehen konnte. Im Lügen war ich nie besonders gut gewesen. »Klar! Es war sagenhaft interessant und vielseitig«, rief ich über die Schulter, als ich in die Küche ging, um Kaffee zu kochen.

Zu der Kücheneinrichtung gehörte auch eine komplette Ausstattung von Töpfen, Geschirr und Besteck, alles abgelegte Sachen von Frau Stubenrauch, aber immerhin. Mir war es egal, und wenn sie die Teller und Tassen irgend jemandem auf irgendeinem Polterabend aus den Händen gerissen hätte. Hauptsache, ich mußte mir im Moment nichts Neues anschaffen. Meine nächste Investition würde ein Eßtisch mit vier Stühlen sein, und dann vielleicht eine hübsche Gardine. Sonja würde noch mal einen Tausender zuschießen müssen, wenn ich nicht meine Gäste auf Dauer im Stehen oder an meinem Schreibtisch bewirten wollte.

»Die Wohnung ist prima«, meinte Karlheinz und setzte sich mit seiner Kaffeetasse an den Schreibtisch, während ich mich auf dem zerwühlten Bett niederließ. »Wie fühlt man sich denn so, in seiner eigenen Bude?«

Ich blickte ihn nachdenklich an. »Es ist schon komisch. Auf der einen Seite fühle ich mich toll, irgendwie erwachsener, selbständiger. Jetzt bin ich ja mein eigener Herr. Ich muß dafür sorgen, daß genug zu essen im Haus ist, daß Miete, Strom, Wasser, Radio und das alles regelmäßig bezahlt wird. Aber auf der anderen Seite fühle ich mich auch unsicher und ein bißchen ängstlich, ob ich das alles allein schaffe, ob ich alles richtig mache. Ich war noch nie ganz allein, weißt du.«

Er nickte. »Bei mir war es so ähnlich. Als meine Mutter damals gestorben ist … das war wie ein Sprung ins kalte Wasser. Ich hatte unheimlich Schiß, ob ich es allein schaffen würde, das Studium, die Arbeit, überhaupt das Alleinsein.«

»Aber du hast es hingekriegt«, stellte ich fest. Und zwar ohne, daß er – wie ich – zwölfhundert Mark jeden Monat von seinen Eltern bekam.

»Hm«, sagte er. Plötzlich sprang er auf. »Das hätte ich fast vergessen, ich habe ja auch noch ein Weihnachtsgeschenk für dich.« Er holte die Tüte aus der kleinen Diele und nahm ein Päckchen heraus. »Es ist nur eine Kleinigkeit.«

Ich riß das Geschenkpapier ab und starrte überrascht das schwere, mit Türkisen besetzte Silberarmband an. »Aber Karlheinz, das ist viel zu …«

»Ich dachte, es sieht nett zu deinen Augen aus, Franzi, die Steine haben genau dieselbe Farbe wie deine Augen.«

Ich legte zögernd das Armband an und wich verlegen seinem Blick aus. »Vielen Dank, es ist wirklich sehr schön!«

»Franzi …«

»Karlheinz …« fingen wir beide gleichzeitig an, dann verstummten wir wieder.

»Wieso hast du mir eigentlich nicht erzählt, daß du eine Freundin hast?« platzte ich dann heraus, mitten in die Stille. Ich biß mir sofort auf die Lippe, weil es sich so anklagend angehört hatte.

»Eine Freundin? Wer sagt denn, daß ich eine Freundin habe?« Er wirkte ehrlich überrascht.

Ich wurde dunkelrot. »Tu doch nicht so. Ich habe sie doch gehört. Oder willst du mir etwa erzählen, daß es bloß das Radio war, oder deine entfernte Cousine, die zufällig bei dir übernachtet hat?«

»Nein, natürlich war es nicht das Radio, auch nicht meine Cousine. Aber es war auch nicht unbedingt eine Freundin.«

»Oh.« Mehr fiel mir dazu nicht ein.

»Ich bin auf einer Silvesterfete ganz schön versumpft. Es hat sich eben so ergeben.«

»Und, seid ihr jetzt fest zusammen?« fragte ich betont gleichgültig.

»Nein. Es war eine einmalige Geschichte. Einmalig im Sinne von zufällig.«

Aha. Es war also das gewesen, was aufgeklärte Menschen als *One-night-stand* bezeichnen – so etwas in der Art, was ich mit dem Initiator vorgehabt hatte. Abgesehen von mir Landei gab es offensichtlich genug andere Leute auf der Welt, die *es* jederzeit und mit Freuden auch ohne Liebe taten.

Ich fingerte nervös an dem Armband herum. Aus Gründen, die ich nicht verstand, war es mir auf einmal völlig unmöglich, Karlheinz anzusehen, aber ich merkte, daß er mich beobachtete. Als er aufstand und näherkam, zuckte ich zusammen, und als er sich zu mir auf das Bett setzte, rutschte ich instinktiv ein Stück zur Seite. Er griff nach meiner Hand mit dem Armband, schob die andere Hand sanft zur Seite und hob mein Gelenk höher, ins Licht. »Es sieht wirklich gut an dir aus, Franzi«, sagte er mit belegter Stimme. Ich spürte, wie ich keine Luft mehr bekam, weil mir plötzlich sein athletischer Körper wieder vor Augen stand. Und dann mußte ich an die verschlafene Stimme der Schnuckimausi denken. Ich entriß ihm die Hand und sprang auf. »Jetzt muß ich dringend abwaschen«, erklärte ich und rannte mit den beiden noch halbvollen Tassen in die Küche. Er stand ebenfalls auf und kam mir seufzend nach. »Hast du heute was vor, Franzi?«

»Ja«, log ich. »Ich bin heute mit Hildchen verabredet, und für danach habe ich auch schon Pläne.«

Er sah mich mit zusammengezogenen Brauen an. »Schade«, sagte er langsam. »Na, dann gehe ich mal wieder, ich will dich nicht stören.«

Ich hob stumm die Schultern. An der Tür drehte er sich noch mal um. »Übrigens – das Windspiel habe ich in der Vorhangschiene über meinem Schreibtisch aufgehängt. Es sieht toll aus. Vergiß nicht, daß du mir noch die Geschichte schuldest, die damit zusammenhängt.«

Ich gab keine Antwort, sondern schrubbte verbissen an den Tassen herum, bis ich endlich die Tür zufallen hörte. Dann warf ich alles ins Spülwasser, so heftig, daß es hochspritzte, rannte zum Fenster und riß es auf. Wenn ich den Hals langmachte, konnte ich ein Stück von der Straße erspähen. Ich sah ihn, wie er mit in den Hosentaschen vergrabenen Händen zu seinem Taxi ging und dabei einen Stein vor sich herkickte.

Als er eingestiegen und weggefahren war, machte ich das Fenster wieder zu und setzte mich aufs Bett. Mit einemmal fühlte ich mich weder selbständig noch erwachsen, sondern einfach nur einsam und elend.

23. Kapitel

Ich hatte nicht viel Zeit, mich meiner miesen Stimmung hinzugeben, denn wenig später klopfte Frau Stubenrauch, fröhlich strahlend, einen mißmutigen Bubi hinter sich herziehend. Sie müßte nur mal eben ein ganz klitzekleines Stündchen weg, der Kindergarten wäre leider immer noch geschlossen, ausgerechnet heute, wo sie doch den wahnsinnig dringenden Termin bei ihrem Gynäkologen hätte, sie hätte da doch schon seit Tagen diesen schrecklich unangenehmen Ausfluß, und so was könnte man doch so einem kleinen Jungen nicht zumuten.

Aber mir konnte man es ohne weiteres zumuten, dachte ich resigniert.

»Es kann aber sein, daß ich nachher mal weg muß, ein paar Besorgungen machen.«

»Nehmen Sie ihn ruhig mit«, winkte sie lässig ab, »Bubi fährt gerne mit dem Bus, gell, Bubi? Ich erstatte Ihnen selbstverständlich die Auslagen, für Busgeld und Pommes frites. Aber nicht soviel Ketchup auf die Pommes, gell, Bubi?« Sie wedelte gutgelaunt mit der frischmanikürten Hand zum Abschied durch den offenen Türspalt, und als die Wohnungstür hinter ihr ins Schloß fiel, roch ich Opium von Yves Saint-Laurent.

Bubi starrte mich an, den Finger tief in der Nase vergraben. »Was ist Ausfluß? Wo ist denn dein Besuch? War das der Vergewaltiger? Ist er schon wieder weg? Ich will Pommes, aber mit viel Ketchup!«

Ein paar Wochen später war ich nicht nur zur unentbehrlichen Kanzleikraft avanciert, sondern auch zur gefragten Pädagogin. Es gab immer wieder ungeheuer dringende, unaufschiebbare Termine, zu denen Frau Stubenrauch ganz kurzfristig erscheinen mußte, und alle waren von der Art, die man einem fünfjährigen Kind unmöglich zumuten konnte. Fußpfleger: Ach, wie wunderbar, daß ich auf Sie zählen kann, Franziska, wie sehr habe ich in den letzten Wochen unter meinem eingewachsenen Zehennagel gelitten. Friseur: Sehen Sie sich das an, Franziska, eine ganz böse Haarbalgentzündung, das kommt nur von dieser komischen Tönung, ich brauche unbedingt eine Kopfhautspezialbehandlung, das dauert Stunden – das wäre fürchterlich für Bubi.

Zahnarzt: Franfifka, fauen Fie mich nicht an, ich bin entfetflich entftellt, ich muf fofort meine Prothefe richten laffen.

Und schließlich Therapeut: Das setzt mir alles so zu, Franziska, die ständige Belastung, auf das Kind aufpassen zu müssen, ich weiß nicht, was aus mir werden soll, wenn ich diese Therapie nicht mache…

Zweimal die Woche ging sie auch abends weg, in den Rotary Club, zu Amnesty, zu Unicef, zur Aidshilfe und dergleichen altruistischen Zusammenkünften mehr, immer in regelmäßigem Turnus. Gnädigerweise legte sie diese Abende, an denen sie stets todschick zurechtgemacht und parfümiert davonrauschte, auf meine freien Abende, das heißt, es wären meine freien Abende gewesen, wenn ich nicht oben in ihrer gepflegten Wohnung hätte sitzen und Bubis Schlaf bewachen müssen, nachdem ich ihn – was besonders nervenzermürbend war – nach langwierigen Präliminarien wie Ausziehen, Zähneputzen und Vorlesen ins Bett geschafft hatte.

An zwei Abenden ging ich putzen und Ergänzungslieferungen einsortieren. Jedesmal hoffte ich darauf, Friedrich Stubenrauch anzutreffen, aber er war immer schon weg, und lediglich eine hämisch grinsende Margot ließ mich ein, nur um sofort wieder zu verschwinden. Nach drei Wochen schien ich in der Vertrauensskala langsam einen besseren Rang einzunehmen, denn eines Abends händigte sie mir den Schlüssel aus. »Hier, Schätzchen, damit können Sie kommen und gehen wie Sie wollen, da sehen Sie mal, was wir für ein Vertrauen zu Ihnen haben.« Sie sagte tatsächlich: wir! Ich kochte vor Wut. »Hat Herr Stubenrauch das angeordnet? Ist er eigentlich auch irgendwann hier? Ich würde ihn gerne mal sprechen.«

Sie starrte mich an wie etwas, das unter einer Mauerritze hervorgekrochen ist. »Das wollen viele, Schätzchen. Er hat seine Zeit nicht gestohlen.« Damit rauschte sie von dannen.

Auf diese Weise sah ich niemanden mehr, wenn ich abends zu meiner unglaublich interessanten und vielseitigen Arbeit in die Kanzlei kam. Ich hoffte immer noch, daß Friedrich Stubenrauch irgendwann einmal unverhofft auftauchte und mich für meine Augiasdienste reumütig um Verzeihung anflehte, mir schwor, daß er diese falsche Margot auf der Stelle entlassen würde, aber nichts dergleichen geschah. Vermutlich war er einfach zu sehr eingespannt. Sicher nahm er immer Berge von Akten mit heim; in der Kanzlei gab es nicht allzu viele davon, wie ich einmal beim Saubermachen der Aktenschränke feststellte.

Blieb noch der Mittwochabend, den hielt ich mir eisern frei, für meine Bauchtanztruppe. Patschuli war begeistert von unseren Fortschritten, fand uns rassig, erotisch, erregend weiblich bei unserem Gerassel und Geschüttel zu ihrem arabischen Gedudel. Wir übten Hüftwipp- und Zitterschimmy, das war eine Art konvulsivisches Zucken gewisser Körperpartien, und wir glitten lässig im Halbmondkamelschritt mit und ohne Schleier durch die miefige Turnhalle.

Meine Vormittage waren ziemlich ausgefüllt mit Vorlesungen, an den Nachmittagen kaufte ich ein, lernte, paßte auf Bubi auf. Ich hatte mir angewöhnt, ihn überallhin mitzuschleppen. Er trottete immer brav an meiner Hand neben mir her, stellte ununterbrochen nervtötende Fragen und hatte ständig Hunger auf Pommes frites und Eis. Meine Spesen waren beachtlich, und Frau Stubenrauch guckte oft ungläubig. Ich hatte sie im Verdacht, daß sie hinterher Bubi eingehend über den Wahrheitsgehalt meiner Ausgaben befragte. Ich gewöhnte mir an, für jede Portion Eis und jede Limo, jedes Tütchen Pommes frites Quittungen zu verlangen, die ich ihr anschließend in die Hand drückte. Sie nahm sie mit freundlicher Gelassenheit entgegen, offensichtlich erfreut über so viel Umsicht.

Am liebsten ging Bubi mit zu Hildchen. Während ich mich im Haushaltskeller durch die Wäscheberge kämpfte – ich brachte es nicht übers Herz, Hildchen mit all dem Bügelkram alleinzulassen –, hörte er mit Mucki in dessen Zimmer Kassetten. Ich fragte nicht danach, was für Kassetten das waren, dazu war ich zu froh, einmal meine Ruhe zu haben, aber ich hatte den Eindruck, daß die Augen der beiden manchmal verdächtig glitzerten, wenn sie wieder nach unten kamen.

»Franzi, in letzter Zeit gefällst du mir gar nicht gut«, sagte Hildchen einmal zwischen Tür und Angel, als ich mitsamt meiner frischgewaschenen Wäsche und Bubi nach einem anstrengenden Bügelnachmittag wieder abziehen wollte, »du hast richtige Ringe unter den Augen. Du solltest nicht so viel arbeiten.«

Ich zuckte die Achseln. »Das wird demnächst wieder besser, wenn die Semesterferien anfangen.«

Dann fiel mir ein, daß dann ja auch Karlheinz' Ferienhausarbeiten fällig waren. Ich hatte ihm meine Hilfe versprochen, und dazu würde ich auch stehen. In der letzten Zeit hatte ich ihn nicht oft gesehen, er fuhr ziemlich viel Taxi, und ich hatte auch zu tun. Ich war vielleicht zwei-, dreimal mit ihm in der Mensa essen, aber da waren Vanessa, Marlene und ein paar andere auch dabei. Einmal besuchte ich ihn mit Bubi im Schlepptau zu Kaffee und Kuchen in seiner Wohnung. Von meinem Platz in der Küche aus konnte ich in sein Schlaf-Arbeitszimmer sehen. Ich mußte an die Schnuckimausi denken, mit der er dort im Bett gelegen hatte.

Dann fiel mein Blick auf das Windspiel. Es pendelte und drehte sich leicht in dem schwachen, warmen Luftstrom, der von der Heizung aufstieg, und die Nachmittagssonne brachte die kristallenen Tropfen zum Funkeln. Ich bewunderte stumm das flirrende Spiel der Lichtreflexe auf den winzigen, geschliffenen Spiegelplättchen und dachte an den alten Mann. Ob er wohl schon mit seiner großen Liebe vereint war? Karlheinz folgte meinen Blicken und schaute mich merkwürdig an, so, als wollte er mir irgendwas Wichtiges sagen. In dem Moment sagte Bubi: »Das ist doch der, der neulich bei dir war, der Vergewaltiger. Ist er ein Schürzenjäger?« Ich verschluckte mich an dem Kuchen – Frankfurter Kranz – und Karlheinz mußte mir mindestens fünf Minuten auf den Rücken schlagen, bis die Mandelsplitter aus meiner Kehle kamen.

Dann war endlich der langersehnte Besuch bei Vanessas Vater in dessen Ordinationsräumen in der Klinik fällig. Als Vanessa mir eines Tages Ende Januar eröffnete, daß ich am nächsten Nachmittag einen Untersuchungstermin hätte, konnte ich mein Glück kaum fassen. Ich komplimentierte Frau Stubenrauch mitsamt Bubi höflich hinaus und erklärte, heute müßte ich leider selbst zum Arzt, eine Frauensache, die man einem fünfjährigen Kind unmöglich zumuten konnte, vielleicht könnte er ausnahmsweise mal im Vorzimmer des Therapeuten warten.

Also war ich an diesem Nachmittag zum ersten Mal seit Wochen ohne Verpflichtungen, nur mit der erfreulichen Aussicht vor mir, meinen großen Wohltäter endlich kennenzulernen.

Vanessas Vater, der Chefarzt, war hochgewachsen, schlank und hatte dunkle Locken mit distinguierten silbernen Schläfen, ein Bild von einem Chefarzt sozusagen. Professor Brinkmann wäre vor Neid erblaßt. Er begrüßte mich freundlich, fragte, was das Studium so mache, er selbst könne ja diese Juristen nicht verstehen, immer wüßten sie alles besser, auch und vor allem besser als die Ärzte, er könne das beurteilen, denn er hätte jetzt schon drei von dieser Sorte in der Familie. Ob ich seinen Sohn nicht schon kennengelernt hätte, der wäre Verwaltungsjurist in Brüssel, und seine Tochter, seine älteste, die wäre Anwältin in der xy-Kanzlei… Er redete und redete, dabei untersuchte er meine Fesselballons, die ich inzwischen aus dem Riesenzelt geholt hatte. Danach durfte ich mich wieder anziehen, und wir setzten uns an seinem Schreibtisch einander gegenüber; er thronte auf einem riesigen Chefarztsessel, der irgendwie erhöht angebracht sein mußte, und ich saß auf einer Art Besucherklapp-stuhl, eigentlich schien es eher so eine Art Kinderstuhl zu sein, es war fast so, als würde ich auf dem Boden sitzen, während er beinahe einen Meter über mir zu schweben schien, ganz Chefarzt-Halbgott in Weiß.

»Ja«, sagte er von oben herunter.

»Ja was?« fragte ich ängstlich.

»Ja, das ist so eine Sache. Die Reduktion. Es ist ein besonders gela-gerter Fall. Vor allem im Hinblick auf die Tatsache, daß Ihre Mamma sich sozusagen durch eine klassische, ausgewogene Anatomie aus-zeichnet, die man nur als…« – er malte mit beiden Händen ein rie-senhaftes Stundenglas in die Luft –, »äh… ja, eben als klassisch be-zeichnen kann. Dennoch…« Er räusperte sich gewichtig. »Die psy-chische Komponente bedarf um so eingehenderer Beachtung, als die geistige Reife von dem Status der körperlichen Entwicklung diffe-riert…«

Er erzählte in dem Stil seitenweise weiter, es lief darauf hinaus, daß ich für meinen tollen Busen einfach mental zu unreif und däm-lich war. Mir war das völlig gleichgültig, Hauptsache, er würde mich operieren. Dann wurde er eifriger in seinen Ausführungen. Er kramte diverse Lichtbildmappen und Textentwürfe aus seinen Schreibtischschubladen, die er vor mir ausbreitete. »Sehen Sie, das ist sozusagen mein Steckenpferd, die Dokumentation von Brustope-rationen, die Darstellung der kompletten Anamnese und alles wei-tere von der ersten Untersuchung über den ersten Schnitt bis hin zur fertigen, neu gestalteten Brust, alles in Wort und Bild.«

Ich sah mir ein paar Bilder an. Mir wurde übel. Ich wollte es gar nicht so genau wissen.

»Sehen Sie sich das an«, sagte er begeistert, »hier, wie raffiniert die Sektion dieser Mamilla ausgeführt wird, den eleganten Verlauf der Naht an absolut unauffälliger Stelle!«

»Naht?« fragte ich dümmlich.

»Natürlich gibt es auch weniger gelungene Ansätze«, stellte er mit

Bedauern in der Stimme fest. »Diesen Dingen gilt meine wahre Arbeit, die eigentliche Dokumentation. Beseitigung von Kunstfehlern. Schauen Sie sich diese schlampige Technik an!« Er hielt mir ein besonders häßliches Foto vor die Nase, wie ein Lehrer, der aus der Höhe seiner fachlichen Kompetenz dem Erstkläßler von ganz weit oben seine versiebte Arbeit herunterreicht. »Das ist ein Risiko, mit dem die Patientin bei jeder Brustoperation rechnen muß«, erklärte er, »die schielenden Brüste.«

»Schielen?« krächzte ich schwächlich und starrte auf ein anderes Foto, das er mir zeigte. In der Tat, die Brüste schienen zu schielen. Aber wohin? Auf den Nabel? Jedenfalls die eine. Bei der anderen war ich mir nicht so sicher, vielleicht guckte die auf den rechten Ellbogen.

Er sah mich mit geblähten Nasenflügeln an. »Sind Ihre Mamillae erogen?«

Ich blickte ihn verständnislos an.

»Ich meine, ob Sie die Mamillaestimulation als sexuell wesentliche Komponente empfinden, wenn Sie mit einem Mann zusammen sind. Für den Fall muß ich Sie darauf aufmerksam machen, daß Sie darauf möglicherweise werden verzichten müssen. Nicht auf den Mann, auch nicht auf die Stimulation«, er lachte glucksend. »aber auf die Erregung. Auch eines der Risiken.«

Ich gab keine Antwort. Ich starrte auf die Fotos. Ich sah schielende Brüste, blutige, klaffende Schnitte, häßliche, wulstige Nähte, bläuliche, geschwollene Narben.

»Und schließlich«, meinte er, »*last but not least*, das kleine Problem mit der Größe.«

»Größe?« sagte ich zerstreut, auf die Fotos starrend.

»Ja, allerdings. Sehen Sie, im Gegensatz zur Brustvergrößerung geht man bei der Brustverkleinerung sozusagen nach Gefühl vor. Man nimmt was raus, eine Handvoll oder zwei, je nachdem, aber man weiß natürlich nicht aufs Gramm genau, wieviel. Zwei-, dreihundert Gramm… Eben nach Gefühl.«

»Darf's ein Scheibchen mehr sein«, flüsterte ich entsetzt.

Er wieherte vor Lachen. »Hahaha! Wirklich, sehr gut ausgedrückt, da soll doch mal einer sagen, Juristen haben keinen Sinn für Humor!« Er kicherte vergnügt auf mich herunter, dann fuhr er fort: »Nun, worauf ich dabei hinauswill: Bei einer Frau sind die Brüste in der Regel ziemlich gleich groß und gleich schwer. Nicht hundertprozentig, das ist klar, aber eben annähernd. Na ja, und wenn der Operateur sich bei dem Griff ins Drüsengewebe mal etwas vertut… nicht, daß das allzu häufig vorkäme, aber doch immerhin…«

»Dann ist auf der einen Seite ein Scheibchen mehr ab!« ergänzte ich tonlos. Ich stand langsam auf von dem zu niedrigen Besucherklappstuhl.

»Herr Professor, ich bedanke mich vielmals für Ihre Aufmerksamkeit. Aber ich fürchte… ich weiß nicht so recht…« Ich brachte es kaum heraus, so elend war mir zumute. Er nahm meine Hand, die ich ihm zum Abschied gab, und hielt sie einen Moment fest.

Ich starrte auf meine Füße, aber als er meine Hand immer noch nicht losließ, schaute ich hoch und sah ihn an. Er schüttelte den Kopf und lächelte leicht. »Glauben Sie einem erfahrenen Chirurgen, Franziska. Sie haben sich gerade eben richtig entschieden, vollkommen richtig. Niemand, der auch nur eine Fingerspitze voll Verantwortungsgefühl als Arzt hat und weniger an sein Honorar als an seinen ärztlichen Eid denkt, würde diese Operation bei Ihnen machen. Kommen Sie in fünfundzwanzig oder dreißig Jahren wieder, wenn es sich lohnt. Aber vielleicht ist es ja dann nicht mehr nötig.« Sein Lächeln wurde breiter. »Vielleicht ist es dann von allein besser geworden.«

»Von allein?« meinte ich ungläubig.

»Ja. Von ganz allein. Meist ist es nicht die Brust, die korrigiert werden muß, sondern die Einstellung der Frau. Ganz unblutig, ohne Schmerzen, es dauert vielleicht etwas länger, aber es ist genauso wirksam. Seien Sie Ihr eigener Chirurg. Fangen Sie so schnell wie möglich damit an.«

Er hat recht. Er hat recht. Er hat recht. Das ging mir immer wieder durch den Kopf, wie eine Litanei, als ich durch die nach Bazillokill stinkenden Gänge des Krankenhauses dem Ausgang zustrebte. Ich wünschte mir einen großen Spiegel, vor dem ich mir meine Sachen vom Leib reißen konnte, um meine Brüste zu betrachten, groß wie Fesselballons, aber heil und unversehrt, weder schielend noch mit Nähten an unauffälliger Stelle, und beide Mamillae da, wo sie hingehörten, erogen wie eh und je. O ja, dachte ich, ab sofort sind sie nicht mehr groß, höchstens noch üppig, ja, das hörte sich gut an. Ich würde mir keinen Eßtisch kaufen, sondern einen Blues, ach was, einen – einen für jeden Tag in der Woche! Und die formlosen Hängehemden würden verschwinden, ab sofort waren hübsche T-Shirts angesagt, und ich würde wieder Gürtel tragen, in aller Öffentlichkeit, und ins Schwimmbad würde ich auch gehen…

In mir brannte das lodernde Feuer der Erkenntnis: Nicht meine Brust war zu groß, ich war zu klein, geistig klein, kleingeistig, kleinmütig, kleinkariert.

Als ich an diesem Nachmittag wieder nach Hause kam, war ich um dreihundert Mark ärmer, dafür aber um drei Blues und zwei bildschöne, auf Taille gearbeitete T-Shirts reicher sowie um die Erfahrung, daß frau immer so hübsch ist, wie sie sich fühlt. Und ich war wild entschlossen, ab sofort schön zu sein. Als mir dann unvermittelt einfiel, daß ich ja nun auf einen Schlag zweitausend Mark zur Verfügung hatte – meine sorgsam gehütete Mamma-Reduktionsreserve –, kannte mein Entzücken keine Grenzen mehr. Damit hatte ich meine Finanzen auf Monate hinaus problemlos konsolidiert.

Trällernd zog ich eines der neuen T-Shirts an und marschierte ins Bad. Ich bewunderte gerade meine vollbusige Playmate-Figur vor meinem Badezimmerspiegel, als es Sturm klingelte. Im ersten Moment geriet ich in Panik, ich dachte, o Gott, bloß schnell raus aus diesem T-Shirt! Aber dann straffte ich entschlossen die Schultern und öffnete. Ich zwang mich, die Hand nicht höher als bis zu meinem Hosenbund zu heben, als ich merkte, daß sie sich verselbständigen wollte, um mich am Kopf oder am Hals zu kratzen (wobei mein Unterarm den Busen verdeckt hätte). »Tommy, was machst du denn hier?« fragte ich erstaunt. Er war rot im Gesicht und atmete heftig, und der Impuls, mir durch die Haare zu fahren – am liebsten mit beiden Händen – oder zu kontrollieren, ob ich mein Halskettchen noch anhatte, wurde nahezu unwiderstehlich. Aber seine Erregung hatte nichts mit meinem neuen T-Shirt zu tun. »Mutti mußte ins Krankenhaus!« stieß er mit zitternder Stimme hervor.

»Was?« fragte ich entgeistert.

»Ja, ganz plötzlich, vor 'ner Stunde erst, ich… ich weiß gar nicht…«

»Komm erst mal rein. Setz dich, am besten an meinen Schreibtisch, ich hab' immer noch keine Stühle. Erzähl mal.«

Er rang die Hände. »Sie hat Schmerzen gekriegt, Bauchweh, das hatte sie in der letzten Zeit öfter. Sie hat gedacht, es wäre die Galle oder so, zum Arzt wollte sie nicht. Und dann, heute nachmittag, auf einmal, da ist sie hingefallen, sie war ganz weiß im Gesicht, ich… Franzi, ich… mein Gott, ich habe erst gedacht, sie ist tot!« Er schluckte. »Sie war ganz still und hat sich nicht mehr gerührt. Zum Glück war ich überhaupt zu Hause, außer mir war niemand da, Mucki war beim Fußball, Hansi ist auch unterwegs… fünf Minuten später wäre ich auch weg gewesen. Ich habe die Ambulanz gerufen, und sie haben sie mitgenommen. Ich bin mit dem Wagen hinterher, ich glaube, ich habe 'ne rote Ampel überfahren, Franzi, gibt das Führerscheinentzug?«

»Keine Ahnung«, sagte ich grob, »jetzt erzähl schon weiter, verdammt!«

»Im Krankenhaus haben sie sie untersucht, sie hat eine Zyste am Eierstock, ziemlich groß, sie haben mir da was erzählt von Stieldrehung oder so, davon hat sie einen Schock gekriegt, sie hätte echt sterben können davon, sie hatte Glück. Jetzt wird sie gerade operiert. Um Gottes willen, was soll ich jetzt machen, Franzi?«

Ich war erschüttert. Hildchen im Krankenhaus, unter dem Messer! Konfus wirbelten die Gedanken in meinem Kopf herum. Als erstes schoß mir durch den Kopf: Ob sie saubere Unterwäsche anhatte? Verrückt, woran der Mensch in solchen Situationen denkt! Uromi hatte stets gepredigt, daß ein ordentliches Mädchen jeden Tag reine Leibwäsche anziehen müsse, denn schließlich könne es jederzeit passieren, daß man überraschend ins Krankenhaus eingeliefert werde, dann hätte man keine Zeit mehr, frische Sachen anzuziehen.

»Wir müssen Sachen für sie packen und ihr ins Krankenhaus bringen«, sagte ich nüchtern. »Und wir müssen sofort zu euch, um Mucki und Hansi Bescheid zu sagen. Vielleicht sitzen sie schon da und machen sich Sorgen. Und wir müssen Adnan anrufen und es ihm sagen. Und Herbert. Und eurer Nachbarin. Die kann vielleicht ein bißchen bei euch nach dem Rechten sehen, solange Hildchen im Krankenhaus bleiben muß.«

»Die ist verreist.«

»Egal. Dann kümmere ich mich um euch. Wir fahren jetzt erst mal zu euch, die Sachen für Hildchen holen. Ich packe, du rufst an. Dann sehen wir weiter.«

Als wir am Abend mit Hildchens Tasche – ich hatte vom Bademantel über Nachthemden und Unterwäsche bis zu Waschsachen und Schlappen alles eingepackt, was sie für einen Krankenhausaufenthalt am nötigsten brauchen würde – auf die Frauenstation des Krankenhauses kamen, lag sie noch auf der Intensivstation. Der diensthabende Arzt erklärte uns, daß es ihr den Umständen entsprechend gutginge, die Operation war erfolgreich verlaufen, die Zyste entfernt. Sie sei so groß gewesen wie ein mittlerer Kohlkopf, und unsere Frau Mutter solle sich in Zukunft doch vornehmen, regelmäßig zur Untersuchung zu gehen. Sie würde mindestens zwei Wochen hierbleiben müssen. Das war der Stand der Dinge, als wir, nachdem wir ihre Tasche ausgepackt und ihre Sachen in einem der Schränke in ihrem Zimmer verstaut hatten, wieder nach Hause fuhren.

Es war schon zehn Uhr, aber Hansi und Mucki waren beide noch auf. Sie saßen nebeneinander auf dem Sofa, zwei verlorene, hilflose Kinder, und sahen uns ängstlich entgegen.

»Es ist alles okay«, beruhigte ich sie, »eurer Mutter geht es gut, ich fahre morgen mit euch ins Krankenhaus, da könnt ihr sie besuchen.«

Auf ihren Zügen malte sich Erleichterung. Nachdem ich einen blassen, stillen Mucki ins Bett gebracht hatte, versuchte ich wieder, Onkel Herbert zu erreichen; diesmal hatte ich mehr Glück. Er schrie mich am Telefon an vor lauter Aufregung, als ich ihm die Hiobsbotschaft mitteilte. Er wollte sofort alles genau wissen, was mit Hildchen wäre, in welchem Krankenhaus sie läge, ob die Operation gut verlaufen wäre. »Ich fahre sofort zu ihr«, erklärte er am Schluß in beschwörendem Tonfall, »und danach komme ich nach Hause.«

»Euer Vater kommt her«, sagte ich mit gemischten Gefühlen zu Hansi und Tommy, die schweigsam im Wohnzimmer saßen. Hansi wirkte erfreut, Tommys Gesichtsausdruck war unergründlich.

Ich mußte an Adnans Reaktion denken, als ich ihm am Telefon von Hildchens plötzlicher lebensbedrohlicher Erkrankung erzählt hatte, bevor Tommy und ich ins Krankenhaus gefahren waren. Er hatte zwar besorgt geklungen, aber nicht annähernd so betroffen wie Herbert. Er hatte auch nicht die Absicht geäußert, sie sofort zu besuchen. Er hatte mich nicht mal gefragt, in welchem Krankenhaus sie lag. Vermutlich hielt er es nicht für nötig, denn sicher würde er morgen wie immer mit einem Riesenberg schmutziger Hemden hier aufkreuzen, und da würde er es ohnehin erfahren.

Am nächsten Tag kam er tatsächlich, wie immer wölfisch grinsend, mit attraktiv zerzauster schwarzer Lockenmähne und blitzenden Zähnen. Und einem Sack voll schmutziger Wäsche. Ich war gerade in der Küche und kochte ein schnelles Mittagessen, Spaghetti mit Hackfleischsoße und Gurkensalat, als er die Haustür aufschloß. Er trat mit seinem Wäschesack ganz nah an mich heran, zu nah für meinen Geschmack. »Mhm, wie gut das riecht, was kochst du denn da Schönes, Franzi?«

»Spaghetti«, erwiderte ich wortkarg.

»Mhm, das riecht aber wirklich gut!« Ich hatte den deutlichen Eindruck, daß er eher an mir als an dem Essen schnupperte.

»Die Jungs kommen gleich aus der Schule«, informierte ich ihn, »und Herbert auch.«

Das saß.

»Herbert?« fragte er argwöhnisch. »Was hat der hier verloren?«

»Er ist der Vater der Jungs, weißt du. Und er ist gestern abend sofort zu Hildchen gefahren und hat stundenlang an ihrem Bett gesessen, bis sie aus ihrer Narkose aufwachte, und danach ist er sofort hergekommen, weil er sich um seine Söhne kümmern wollte. Er wird vorläufig hierbleiben.«

Er zuckte die Achseln, anscheinend war er deswegen nicht allzu beunruhigt. »Franzi«, meinte er einschmeichelnd, »ich muß dir was gestehen.« Er legte seine Hand auf meine Schulter und ließ sie dann langsam an meinem Oberarm herabgleiten.

»Was denn?« Ich schüttelte unwillig die Hand ab.

»Niemand hat bislang meine Hemden so perfekt gebügelt wie du!«

Seine Hand lag auf meinem Rücken, dicht über meinem Hintern, und er machte wieder Anstalten, sie tiefer rutschen zu lassen. »Du hast ja so ein hübsches T-Shirt an«, säuselte er, eindeutig busenorientiert, »ganz anders als sonst. Richtig sexy siehst du aus, Kleines.«

Ich trat einen Schritt zur Seite. »Hör zu, Adnan, für deine Hemden mußt du dir eine andere Lösung überlegen. Ich kümmere mich zwar um die Jungs, so gut ich kann, aber ich habe zu viele andere Verpflichtungen, um deine Wäsche auch noch zu machen.«

Er machte einen Schmollmund, wahrscheinlich glaubte er, mich damit schwach zu machen. Aber diesmal blieb ich hart. Als er mit seinem Wäschesack wieder abgezogen war, überlegte ich mir, was Hildchen wohl dazu sagen würde, daß ich ihren Liebsten mit seiner dreckigen Wäsche wieder heimgeschickt hatte. Und was würde sie dazu sagen, daß er nicht mal gefragt hatte, in welchem Krankenhaus sie lag und wie es ihr ging?

24. Kapitel

In den nächsten beiden Wochen hatte ich das Gefühl, ständig über irgend etwas gebeugt zu sein. Über meine Bücher. Über den Putzeimer, das Bügelbrett, den Kochtopf, Hildchens eingefallenes, bleiches Gesicht bei meinen täglichen Besuchen im Krankenhaus, Muckis Hausaufgaben, und über die verschwimmenden Zahlen – magere wie fette – der Ergänzungslieferungen.

Eines Morgens schlief ich während der Vorlesung ein. Mit vager Dankbarkeit spürte ich, wie Vanessa neben mir ihre pflaumenlila-blaue, handschuhlederweiche, extravagante Handtasche hochhob und sie mir sanft unter die Wange schob, damit ich es auf der harten Bank vor mir bequemer hatte. Ich seufzte zufrieden und ließ mich ins Land der Träume davontragen.

Ich war wieder Heidi, auf der Riesen-Himmelsschaukel, und ich rief verzweifelt nach jemandem, der mich anschubste, weil ich sonst nicht schnell genug von Hildchens Krankenbett zurück in meine Wohnung kam, wo Frau Stubenrauch mit Bubi auf mich wartete, weil sie ihren Termin beim Therapeuten nicht verpassen durfte. Und von dort mußte ich ohne haltzumachen weiterschaukeln, zu den drei armen mutterlosen Jungs, die vor Hunger jammerten und in der Februarkälte schlotterten, weil sie keinen sauberen Faden mehr im ganzen Haus fanden, mit dem sie sich hätten bedecken können. Die Himmelsschaukel wurde immer langsamer, weil ich die ungebügelten Wäscheberge mit in die Kanzlei transportieren mußte, vielleicht gab es dort ein funktionstüchtiges Dampfbügeleisen. Aber die Marilyn-Margot erwartete mich mit hämischem Grinsen und deutete auf die Ergänzungslieferungen; der Stapel war bis zur Decke angewachsen.

Ich stöhnte entsetzt, nein, nur das nicht, das würde mir Friedrich, dieser schöne, wunderbare Mann niemals antun. Ich mußte ihn sprechen! Aber immer, wenn ich mit der Schaukel auch nur in seine Nähe schaukeln wollte, sprang die böse Stiefmutter Marilyn-Margot dazwischen. Sie sah plötzlich aus wie ein Wesen aus *Nightmare on Elmstreet*, ihre Wasserstoffwellen standen wie spitze Dolche vom Kopf ab, und sie leckte ihre Lippen, als ob sie mich fressen wollte. Ich schrie laut auf und sprang von der Schaukel, damit sie mich nicht mit ihren messerscharfen Zähnen erwischte. Ich schlug hart auf dem Boden auf, knallte mit dem Kinn unsanft gegen einen riesigen Felsblock – und da wachte ich auf.

Der Felsblock war Marlenes Second-Hand-Alu-Aktenkoffer, und sie zog mich, mit Vanessas Hilfe, mühsam vom Boden hoch.

»So geht das nicht weiter«, erklärte Vanessa kategorisch. »Du arbeitest nur noch, nonstop, rund um die Uhr. Du bist wie eine Maschine, die nicht mehr abschalten kann. Du machst dich kaputt. Und wofür? Für eine Familie, die aus lauter Luftnummern besteht!«

»Das ist nicht wahr!« rief ich. Dieter Stubenrauch, zu dessen herrlich eintönigen Ausführungen ich so tief geschlafen hatte, blickte irritiert auf, unterbrochen in seinem auswendig gelernten Redestrom.

»Die Jungs sind keine Luftnummern«, fuhr ich flüsternd fort, »und du müßtest mal Herbert sehen, der arbeitet bis spät in die Nacht an Korrekturen für die Schule, und er büffelt mit Tommy Mathe fürs Abi, und danach hilft er mir trotzdem noch im Haushalt, er tut wirklich, was er kann, einen zuvorkommenderen Mann hast du noch nicht gesehen. Und die Jungs erst! Sie sind so brav wie nie zuvor, sie ziehen immer sofort ihre Schuhe aus, wenn sie reinkommen, und Hansi bringt sogar seine Socken...«

»Du bist schwer von Begriff, du Trulla!« zischte Vanessa erbost.

Ich erwiderte ihren Blick wütend. Ich haßte die Art und Weise, wie sie mich bevormundete. Sie glaubte, mein Leben managen zu müssen, und das bei jeder sich bietenden Gelegenheit. Zugegeben, die

Scharte mit dem Initiatior hatte sie ausgewetzt, weil ihr Plan, mich mit Hilfe ihres Vaters von meinem Busenverkleinerungswahn abzubringen, aufgegangen war, aber meine Frankfurter Familie als Luftnummern zu bezeichnen – das ging zu weit!

»Ich meine doch diese Stubenrauch-Bagage«, sagte sie zornig. »Sieh dir doch den Typ da vorne mal an! Hast du ihn schon jemals außerhalb der Vorlesungen gesehen? Zum Beispiel mit Bubi zusammen? Der Kerl weiß doch überhaupt nicht mehr, daß er einen Sohn hat!«

»Er steht kurz vor der Vollendung seiner Habilitationsschrift«, verteidigte ich Bubis Vater, »er lebt nur für seine Bücher!«

»Für *das* Buch, meinst du wohl«, kommentierte Vanessa gehässig Dieter Stubenrauchs Bestrebungen, zu akademischen Würden zu gelangen. »Er liest doch immer nur das eine. Ich habe von dem noch nie irgendwas gehört, was nicht in *dem* Buch gestanden hätte!«

Da hatte sie eindeutig recht. Ich rieb mir schweigend die übernächtigten Augen. Ich hatte bis halb zwei nachts Hemden gebügelt. Herberts Hemden waren von nicht ganz so erlesener Qualität wie die von Adnan, aber sie waren genauso zahlreich. Zwei Stück pro Tag. Vielleicht schwitzten Lehrer einfach mehr als andere Leute. Er hatte sie sonst immer zum Bügeln einer Nachbarin gegeben und im Austausch dafür ihrem sitzengebliebenen Sohn Nachhilfe erteilt, aber jetzt, wo er wieder in seinem eigenen Haus wohnte, fiel beides flach, die Nachbarschafts- und die Nachhilfe. Nur das Bügeln nicht, das erledigte ein kleines Heinzelmännchen namens Franziska.

»Weißt du«, sinnierte Marlene neben mir, »du leidest an etwas, das der Psychologe als Helfersyndrom bezeichnet. Du mußt ständig für irgendwelche Leute Hilfsdienste niederster Art leisten, weil du nur dann deinem Leben eine Daseinsberechtigung abgewinnen kannst.« Aha. Anscheinend hatte sie auch Frühstücksfernsehen geguckt.

»Das ist Quatsch«, sagte Vanessa an meiner Nase vorbei zu Marlene, »sie macht die Arbeit für ihre Tante aus Pflichtbewußtsein, und die Arbeit für die Madame Stubenrauch aus Mitleid für diesen Bubi-

Quälgeist, und die Arbeit für diesen Möchtegern-Anwalt, weil sie scharf auf ihn ist, auf diese Luftnummer!«

Elmar und Waldemar, die eine Reihe vor uns saßen, blickten von ihren Laptops auf und drehten sich interessiert zu uns um.

»Das ist nicht wahr«, widersprach ich empört. »Ich sehe ihn doch nie! Ich habe ihn noch nicht einmal gesehen, seit ich dort arbeite! Diese Ziege, dieser Marilyn-Verschnitt, die sabotiert das, da bin ich mir ganz sicher! Der weiß überhaupt nicht, was ich da abends für Drecksarbeit mache!«

Vanessa kicherte. »Franzi, du kleines Dummerchen! Ich könnte dir Sachen über den Typ erzählen…« Ihre Augen glitzerten. »Du hast ja keine Ahnung! Aber diese Dinge mußt du selbst rausfinden, du glaubst sie mir doch nicht. Außerdem weiß er ganz genau, was du abends dort machst!«

»Weiß er nicht!«

»Weiß er doch!«

»Du bist gemein«, stieß ich hervor.

»Warum fragst du ihn nicht einfach?« meinte Marlene vernünftig. Sie spitzte den Mund und warf Elmar ein Küßchen zu. Elmar küßte zurück. Marlene und er waren seit Silvester ein Paar. Es hatte als *One-night-stand* angefangen, wie Marlene völlig unbefangen in Elmars Beisein erzählt hatte, man wäre sich beim *slow sex* näher gekommen, und daß manche Ossis vielleicht Schwierigkeiten damit hatten, richtig »Kaffee« zu schreiben, aber in *dieser* Beziehung hätte Elmar von ihr echt noch was lernen können. Elmar hatte dazu mit knallrotem Gesicht gegrinst. Jetzt konnte er über Ossi-Witze nicht mehr lachen.

Ja, sie hatte recht. Warum fragte ich Friedrich nicht einfach? Wenn er erst erfahren würde, wie ich mich für ihn abschuftete, würde er dem schnell einen Riegel vorschieben, dessen war ich mir ganz sicher.

An diesem Abend war mal wieder Babysitting bei Bubi angesagt. Frau Stubenrauch empfing mich strahlend und in aufgekratzter Stimmung in ihrer eleganten Beinahe-Single-Wohnung; sie trug zu einer meterdicken Parfumwolke das kleine Schwarze und ein großes Brillantkollier, wahrscheinlich würde es etwas später werden, ich könnte mich ja aufs Sofa legen, aber bitte die Schuhe ausziehen. Ich fragte nicht, wo sie hingingen, es würde sicher einem guten Zweck dienen. Mir fielen schon fast die Augen zu, als ich Bubi ins Bett brachte. Ich hatte den ganzen Nachmittag mit Bügeln verbracht und anschließend noch mit meinem Cousin Mucki für die Mathearbeit geübt, die er morgen schreiben würde.

Herbert hatte heute keine Zeit dafür gehabt, er steckte mitten in der Vorbereitung für eine ungemein wichtige Lehrerkonferenz, Tommy mußte selbst für eine Arbeit üben, und Hansi hatte behauptet, in seiner Schule hätten sie Geometrie noch nicht durchgenommen. Also mußte ich mein Bestes geben. Armer Mucki, wahrscheinlich würde er die Arbeit versauen. Mir war erst in der Straßenbahn eingefallen, daß ein rechter Winkel nicht hundertachtzig, sondern bloß fünfundvierzig Grad hatte. Oder waren es neunzig?

Bubi jammerte in seinem Bett, weil die Batterien von seinem Kassettenrecorder leer und die neuen noch nicht fertig aufgeladen waren.

»Ich kann nicht schlafen ohne Musik!« brüllte er aus seinem Zimmer. So, wie er es aussprach, hörte es sich wie Mussick an.

Ich hing total erschöpft auf dem Sofa und zog mir die Schuhe aus.

»Dann bleib doch einfach wach!«

»Ich bin aber müde!«

»Dann schlaf doch, zum Teufel!«

»Ich kann aber nicht ohne Mussick schlafen!«

»Dann zähl bis hundert, und bei hundert schläfst du!« Ich rieb mir die Augen und legte die Beine hoch.

»Ich kann aber bloß bis fünfzig!« schrie Bubi zornig.

»Dann zähl erst mal bis fünfzig, und wenn du dann immer noch nicht schläfst, sehen wir weiter.«

Ich hörte, wie er anfing zu zählen und zog mein »Verwaltungsrecht leicht gemacht« aus der Hosentasche. In der letzten Zeit drängte sich mir zunehmend deutlicher der Eindruck auf, daß ich beträchtliche Wissensdefizite in der Lehre vom Verwaltungsrecht aufwies, es fing schon so an, wie es in der Schule mit Mathe angefangen hatte – in den Vorlesungen begriff ich nur noch solche elementaren Verlautbarungen wie: Meine Damen und Herren, wir machen eine Viertelstunde Pause, oder: Meine Damen und Herren, wir sehen uns dann in acht Tagen wieder.

»Ich bin schon bei siebzehn!« schrie Bubi drohend.

»Das ist fein«, sagte ich geistesabwesend, »zähl schön langsam!«

Aha. Da war's auch schon. Fehlerhafte Verwaltungsakte. Das war wichtig, sozusagen das A und O des Verwaltungsrechts, denn alles Übel in Klausur und Examen rührt vom fehlerhaften Verwaltungsakt her.

Ich versuchte krampfhaft, mir einzuverleiben, daß bei sachlicher Unzuständigkeit einer Behörde der Verwaltungsakt nichtig ist, bei örtlicher aber grundsätzlich nicht nichtig, es sei denn, ein Grundstück ist betroffen, dann ist er wieder doch nichtig. Aha. Wenn der Beamte geisteskrank ist, ist der Verwaltungsakt einwandfrei, es sei denn, er hätte außerdem noch irgendwas verkehrt gemacht, zum Beispiel wenn er bei der Post wäre, aber einen Fischereischein erteilen würde – dann wäre er nämlich nicht nur geisteskrank, sondern außerdem noch unzuständig. Aha. Ferner tat es der Wirksamkeit des Verwaltungsaktes keinen Abbruch, wenn der Beamte bestochen, getäuscht oder bedroht war, es sei denn, er würde mit vorgehaltener Pistole bedroht, damit er den Fischereischein rausrückte, das wäre dann doch zu hart, dann war der Verwaltungsakt wieder nichtig.

»Jetzt bin ich schon fast bei achtundzwanzig!« verkündete Bubi mit ungebrochener Energie.

Ich ließ das Heftchen auf meinen Schoß sinken. Wahrscheinlich würde ich schlafen, noch bevor er bei vierzig war. Vanessa hatte ganz recht. Das war einfach alles zuviel für mich. Wie schon heute morgen ging mir gerade wieder dumpf durch den Kopf, daß ich es irgendwie managen müßte, mit Friedrich zu sprechen, um wenigstens die Putz- und Sortierabende aus der Welt zu schaffen, als ich den Schlüssel in der Wohnungstür hörte. War Frau Stubenrauch schon zurück? Wahrscheinlich hatte sie bloß ihre Parfumflasche vergessen. Im nächsten Moment sprang ich vom Sofa hoch wie von einem elektrifizierten Trampolin. *Er* war es! *Er* stand mitten im Wohnzimmer, so als wären meine geheimsten Gedanken erhört worden! Himmel noch mal, und ich hatte keine Schuhe an, meine Bluse war verknittert und aus der Jeans gerutscht, meine Haare verstrubbelt, meine Augen verklebt, mein Mund knochentrocken.

Dafür waren seine Augen so blau wie die blauesten Veilchen, und der Brilli in seiner Krawatte blitzte mit seinen Grübchen um die Wette… und meine Hände waren augenblicklich klatschnaß.

»Na so was, das ist aber nett! Guten Abend, Franziska!«

»Ich… äh… guten Abend!« stammelte ich und wischte mir hektisch meine Hände an der verkrumpelten Bluse trocken, bevor ich ihm die Rechte zur Begrüßung gab. Ich fiel mit zitternden Knien aufs Sofa und versuchte hastig, das Leichtgemacht-Ding unter meinem Hintern zu verstecken.

Er ging zum Wohnzimmerschrank und machte ihn auf. »Sie passen sicher auf Bubi auf, stimmt's?« meinte er launig.

»Äh… ja.«

»Meine Mutter kann wirklich froh sein, Sie sind ja so eine patente junge Dame!«

»Äh…«

Er holte einen Stapel Dokumente heraus. »Papierkram«, meinte er seufzend. »Die Häuser, die Erbengemeinschaft, Sie verstehen?«

»Äh… natürlich«, brachte ich mühsam hervor. Himmel, wie gut er aussah! In meinem Kopf herrschte auf einmal gähnende Leere. Irgendwas wollte ich ihm doch sagen, oder nicht? Du liebe Zeit, was war es nur?

»Klappt Ihre Arbeit in der Kanzlei?«

»Äh… Kanzlei? Aaah… um genau zu sein, jetzt wo Sie es sagen…«

»Schön, das freut mich aber.« Er begann in einer der Akten zu blättern und vor sich hin zu murmeln. Ich starrte ihn hingerissen an. Wie konnte diese dämliche Vanessa nur auf die Idee kommen, dieser wunderbare Mann wüßte von meinen niederen Frondiensten!

Bubi brüllte: »Jetzt bin ich bei zweiundvierzig!« Irgendwo mußte er sich verzählt haben, dachte ich verschwommen.

»Läuft das Studium gut, Franziska?«

»Äh... eigentlich...«

»Das ist nett.« Er klappte die nächste Akte auf und blätterte. »Man darf sich als Anfänger nicht aus der Fassung bringen lassen, das ist das Wichtigste dabei, das dürfen Sie niemals aus den Augen verlieren.«

»Aaah...«

»Nehmen Sie nur mal das öffentliche Recht. Zum Beispiel die Lehre vom Verwaltungsakt. Da hilft nur eisernes, diszipliniertes Lernen, ständiges, intensives Wiederholen. Wer die Lehre vom Verwaltungsakt nicht begreift, wird niemals ein guter Jurist.«

Schluck.

»Oder nehmen Sie das Zivilrecht. Was glauben Sie, wird der Prüfer sagen, wenn Sie die Klausur in Form eines schlichten Besinnungsaufsatzes gestalten, ohne den Hauch einer Anspruchsgrundlage? Nun?«

»Arghh...?« würgte ich heraus. Hatte ich das nicht schon mal irgendwo gehört? Ich überlegte wie rasend, aber es wollte mir nicht einfallen. Jede Chance, ihn mit meinem juristischen Sachverstand zu beeindrucken, war vertan.

»Nun, es ist ganz einfach, Sie müssen sich bei jeder Zivilrechtsklausur nur eine entscheidende Frage stellen: Wer will was von wem woraus? Mit diesem Wissen gehen Sie sicherer in jede Klausur als mit einer dieser preisgünstigen Lernhilfen.«

»Hmpf!« schluckte ich nervös. Das Leichtgemacht-Ding brannte unter meinem Hintern.

»Fünfundvierzig, sechsundvierzig, vierundzwanzig!« brüllte Bubi.

»Natürlich«, gab er fröhlich zu, »ich habe gut reden, nicht wahr, das denken Sie doch?«

»Uuh?«

»Sicher, das eine oder andere Mal habe ich als Anfänger auch auf diese Hilfen zurückgegriffen, das tut doch jeder, nicht wahr, hahaha.«

»Ähem…«

Er drohte spielerisch mit erhobenem Zeigefinger: »Aber nicht mit in die Klausur nehmen, gell? Das wird nicht gern gesehen!«

»Ach so«, flüsterte ich bedrückt.

»Siebenundzwanzig, einundvierzig, fünfzig, ich koomme!!!«

Während ich noch fieberhaft darüber nachdachte, was ich Wichtiges mit Friedrich Stubenrauch zu besprechen hatte, kam Bubi ins Zimmer gehüpft.

»Ich bin fertig«, erklärte er.

»Häh?« fragte ich verständnislos.

»Ich hab' bis fünfzig gezählt, jetzt sehen wir weiter. Das hast du selbst gesagt. Was will der denn hier?«

»Bubi, du bist eine Plage«, sagte Friedrich kühl. »Sie sollten hart bei diesem Kind durchgreifen, das kann ich Ihnen nur empfehlen! Auf Wiedersehen!«

Er klemmte sich die Akten unter den Arm, nahm meine schlaffe, patschnasse Hand und drückte sie vorsichtig, bevor er mit einem letzten Grübchenlächeln und einem aufmunternden Blick aus seinen leuchtenden blauen Augen verschwand.

»Jetzt ist er weg. Hast du ihm deine Monstertitten gezeigt? Hat er dich vergewaltigt? Sind die Batterien für meinen Recorder aufgeladen? Ich will endlich Mussick hören!«

25. Kapitel

In dieser Nacht fand ich vor lauter Frust keinen Schlaf. Was war ich doch für ein oberblödes Landei! Jetzt hatte ich schon mal die unwiederbringliche Gelegenheit gehabt, mit Friedrich Stubenrauch über die gräßliche Putzarbeit zu sprechen, und was hatte ich daraus gemacht? Das würde mir nicht noch mal passieren! Ich war wild entschlossen, diese Scharte auszuwetzen, und zwar sofort, ohne »schuldhaftes Zögern«, wie der Jurist sagt.

Als mir Frau Stubenrauch am nächsten Nachmittag Bubi brachte – inzwischen erfand sie nicht mal mehr irgendwelche dringenden Termine, ihr dezentes Make-up und ihr Parfum genügten als Ankündigung von mindestens drei bis vier Stunden Babysitting vollkommen –, fragte ich sie nach der Telefonnummer ihres Sohnes Friedrich.

»Warum wollen Sie die denn wissen?«

»Sie steht nicht im Telefonbuch, und in der Kanzlei ist er morgens nie zu erreichen. Seine Sekretärin erklärt mir jedesmal, daß er Gerichtstermine wahrnimmt. Nachmittags ist er immer in wichtigen Mandantengesprächen, wenn ich anrufe. Immer. Ich muß ihn aber dringend mal sprechen.«

»Sind Sie denn über irgend etwas unzufrieden, Franziska?« fragte sie in leicht besorgtem Tonfall.

»So könnte man es vielleicht nennen. Frau Stubenrauch, Sie wissen, daß ich die Wohnung unter der Prämisse gemietet habe, an zwei Abenden in der Woche in der Kanzlei Ihres Sohnes zu arbeiten. Das habe ich in den letzten Wochen getan, regelmäßig, und bisher hat sich niemand über meine Arbeit beschwert. Aber ich habe auch nicht den geringsten positiven Widerhall gehört, nicht ein Wort. Das untergräbt meine Arbeitsmoral.«

»Ach so!« rief sie aus, sichtlich erleichtert. »Wenn's nur das ist!« Sie kritzelte mir rasch die private Telefonnummer von Friedrich auf einen Zettel und verschwand dann, eine Parfumwolke und den nasebohrenden Bubi hinterlassend.

»Komm, Bubi«, sagte ich, »wir beide gehen jetzt telefonieren!«

Friedrich ging sofort dran, und als ich seine sonore Stimme hörte, kriegte ich augenblicklich Herzklopfen, nicht annähernd soviel wie von Angesicht zu Angesicht, ganz leichtes nur, aber doch soviel, daß ich es merkte. »Ich müßte dringend mal was mit Ihnen besprechen«, sagte ich schüchtern. »Gestern habe ich … bin ich … ich habe irgendwie vergessen … Vielleicht könnten wir morgen …«

»Natürlich habe ich morgen Zeit für Sie!« versicherte er mir zuvorkommend.

Ich Schaf! Wie verständnisvoll er doch war! Warum hatte ich ihm meine Probleme nicht einfach gestern schon geschildert?

Mit zärtlicher Stimme fuhr er fort: »Ich erwarte Sie – sagen wir um sechs Uhr?«

»In der Kanzlei?«

»Ach, vielleicht sollten wir uns in einem etwas privateren Rahmen treffen. Hätten Sie Lust, mit mir essen zu gehen?«

Mein Herz machte einen kleinen Satz. Er wollte mit mir essen gehen!

»Oh, das würde ich sehr gern tun!« rief ich begeistert.

»Dann kommen Sie um sechs Uhr ins Churrasco. Da gibt es die herrlichsten Steaks.«

Wir verabschiedeten uns, ich legte auf und sagte glücklich zu Bubi: »So, jetzt wollen wir doch mal sehen!«

Ich hatte kaum aufgelegt, als ich mir auch schon Gedanken machte, was ich zu dem großen Ereignis morgen anziehen sollte. T-Shirt-mäßig war ich inzwischen bestens gesettled, ich hatte die Auswahl unter einem reichlichen halben Dutzend hübscher, enger Oberteile. Aber ein Paar neue Schuhe könnte ich dringend brauchen, und eine neue Jacke oder ein neuer Rock wären auch nicht schlecht …

Summend zerrte ich Bubi hinter mir her zur Straßenbahnhaltestelle.

»Wo gehen wir hin?« wollte er wissen. »Besuchen wir wieder den
Vergewaltiger und essen Kuchen?«

»Nein, heute nicht. Wir gehen in die Stadt, einkaufen.«

»Ich will Pommes.«

»Klar, kriegst du. Aber erst hinterher.«

»Ich will Ketchup drauf.«

»Sicher.«

»Aber viel.«

»Ja, keine Sorge.«

»Ich will auch Cola.«

»Mhm.«

»Krieg’ ich auch Cola?«

»Ja doch, Bubi.«

»Wann kommt die Bahn?«

»Gleich. Kannst du jetzt mal die Klappe halten? Ich muß nachdenken.«

»Dauert’s noch lange, bis gleich ist?«

»Nein, gleich ist’s soweit.«

Wie sollte ich es morgen anstellen? Irgendwie mußte ich Friedrich
beibiegen, daß mir die Putzerei, die mir diese Marilyn-Ziege aufs
Auge gedrückt hatte, wahnsinnig auf den Sender ging. Aber es dürfte
sich nicht zänkisch anhören, es mußte ganz lässig und cool heraus-
kommen. Zum Beispiel: Herr Stubenrauch… Nein, das war bescheuert. Stubenrauch hörte sich ja so bescheuert an.

Ich würde sagen: Friedrich, Sie gestatten doch, daß ich Friedrich zu
Ihnen sage… Ja, das war gut. Natürlich würde er es sofort gestatten,
und wie warm seine blauen Augen dabei leuchten würden!

Selbstverständlich sagen Sie Friedrich zu mir, ich hätte es Ihnen
gleich sowieso vorgeschlagen, schließlich sage ich ja auch Franziska
zu Ihnen…

Die Straßenbahn kam, und wir stiegen ein. Bubi riß fetzenweise
Schaumstoff aus einem Loch in seinem Sitz. »Laß das, Bubi!« er-

mahnte ich ihn zerstreut. Mir war gerade etwas ziemlich Unangenehmes in den Sinn gekommen. Ich würde den netten Friedrich Stubenrauch nie heiraten können! Nicht, daß ich unbedingt scharf aufs Heiraten gewesen wäre, aber nur mal angenommen – nur mal angenommen – er fände mich auch so wahnsinnig toll wie ich ihn und wir würden was miteinander anfangen, und vielleicht könnten wir dann einfach nicht mehr voneinander lassen… und Steuern konnte man schließlich auch dabei sparen… Aber dann müßte ich Stubenrauch heißen.

Das war für mich die absolut gräßlichste Vorstellung überhaupt. Natürlich könnte er auch meinen Namen annehmen, der war sehr nett und neutral, kein Mensch hatte jemals darüber in der Schule gelacht, aber wer würde schon zu einem Anwalt gehen, der Friedrich Friedrich hieß? Die Leute würden vor Lachen umfallen, wenn sie vor seinem Schild standen. Das ganze Gericht würde sich schrecklich begeiern, sobald er zu einem Termin erschien.

Bubi schmiß Schaumstoffetzen quer durch die Straßenbahn. »Hör zu, wenn du noch Wert auf deine Pommes legst, läßt du das auf der Stelle sein!« warnte ich ihn. Er ließ die Hand sinken, mit der er schon zum Wurf ausgeholt hatte, und schob sich die Ladung in den Mund.

»Bubi!« schrie ich entsetzt. »Das ist doch giftig!« Wütend pulte ich ihm die Brocken zwischen den Zähnen hervor, er würgte und spuckte mir das gut eingespeichelte Zeug auf meine frischgewaschenen Jeans.

Nachdem wir ausgestiegen waren, überlegte ich weiter. Also, ich würde sagen: Friedrich, ich würde mich gern mit Ihnen über meine Arbeit in der Kanzlei unterhalten. Es gibt da etwas, das Sie wissen sollten… Dann würde ich ganz langsam und beiläufig, wie unbeabsichtigt, meine rotgeputzten Finger auf dem Tisch verschränken, und er würde sofort bestürzt ausrufen: O mein Gott, Franziska, was haben Sie denn nur mit Ihren zarten Händen angestellt! Und er würde meine armen, überbeanspruchten Fingerspitzen küssen, und…

»Krieg’ ich jetzt Pommes?«

»Gleich. Erst mal will ich mir was kaufen.«

»Was denn?«

»Schuhe.«

»Wann kaufst du dir denn die Schuhe?«

»Gleich.«

»Wo denn?«

»Im Schuhgeschäft.«

»In welchem denn?«

»In dem da vorn.«

Sobald die Sache mit der Putzerei zu meiner Zufriedenheit geklärt wäre, könnten wir zum gemütlichen Teil übergehen. Ich mußte ihn irgendwie merken lassen, wie nett ich ihn fand. Inzwischen hatte ich gelernt, daß frau keineswegs warten muß, bis der Anmacher die Initiative ergreift; in meinem Liebesratgeber, den Vanessa mir zu Weihnachten geschenkt hatte, hieß es ausdrücklich, daß diese Zeiten ein für allemal vorbei sind.

»Ist jetzt schon gleich?«

»Was? Wieso?«

»Du hast gesagt, ich krieg’ gleich Pommes.«

»Ja, klar.«

»Ich will Pommes.«

»Die kriegst du auch gleich.«

»Wann ist denn gleich?«

»Gleich.«

»Ist jetzt schon gleich?«

»Nein, gleich.«

Es müßte ja nicht so eine total plumpe Anmache sein, und ich müßte auch nicht sofort meine Hand auf sein Knie legen. Schließlich war er ein Mann mit Erfahrung, sicher würde ihm bereits ein intensiver, vielsagender Augenaufschlag oder eine mit vor Erregung rauher Stimme hingeworfene Bemerkung meine Bereitschaft signalisieren. Ja, das war es, Augenkontakt und rauchige Stimme. Er würde sofort kapieren, was Sache ist und in seiner souveränen, unnachahmlich nonchalanten Art seine Hand mit dem kostbaren Siegelring auf meinen Arm legen, und dann würde er irgendwas zu mir sagen, was mir die Schuhe ausziehen, mir total durch und durch gehen würde. Ich mußte morgen daran denken, mir ein Tempo einzustecken, wahrscheinlich würde ich schon vorher schwitzige Hände kriegen.

Was er wohl zu mir sagen würde? Vielleicht wieder dasselbe, was er damals auf der Polizeiwache gesagt hatte. Kommen Sie, ich bringe Sie von hier fort! Wahnsinn! Meine Hände wurden sofort naß, als ich daran zurückdachte. Und daran, wie blau seine Augen waren…

Aber vielleicht würde er auch zuerst irgendwas Beifälliges über mein Outfit sagen. Und natürlich würde er auf meinen Busen gucken, aber über diese Sache war ich ja inzwischen erhaben.

»Jetzt ist aber gleich.«

»Was?«

»Du hast gesagt, gleich ist gleich. Und jetzt ist gleich. Die ganze Zeit war nicht gleich, aber jetzt hab' ich lang genug gewartet. Ist jetzt endlich gleich?«

»Ich sag' dir gleich, wenn gleich ist, in Ordnung?«

»Wann sagst du's denn?«

»Gleich. Ich meine, ich sage, wenn ich's sage, und wenn ich's sage, dann ist gleich. Wenn ich's nicht sage, dann ist auch noch nicht gleich. Hast du das kapiert?«

»Nein.«

»Dann halt einfach die Klappe, bis ich dir sage, daß gleich ist.«

Bubi riß sich los. »Du hast so ekelige schwitzige Hände.«

Ich rieb sie mir betreten an der Jacke ab. »Du kannst auch allein gehen, ohne Hand, aber wehe, du läufst mir weg, dann kannst du die Pommes vergessen, Bubi!«

»Ist jetzt gleich?«

»Ich sag' dir schon, wenn's soweit ist.«

»Wann sagst du's denn?«

»Wart's einfach ab.«

»Du vergißt es bestimmt. Dann ist schon gleich, und du denkst nicht dran!«

»Nein, zum Donnerwetter noch mal!« schimpfte ich entnervt. »Wir gehen erst Schuhe kaufen, und hinterher ist gleich, capito?«

Während ich Schuhe anprobierte und Bubi zwischen den Regalen herumsauste und die Probierhocker umschmiß, malte ich mir aus, welche herrlich erregenden Dinge Friedrich morgen abend in dem Restaurant zu mir sagen würde, um mir klarzumachen, was er mit mir tun wollte. Es würden magische, männlich-erotisch-verführerische Worte sein, soviel stand fest. Er würde mich auf keinen Fall mit so einem Quatsch in Verlegenheit bringen, wie ihn zum Beispiel Prinz Charles seiner Camilla am Telefon ins Ohr geblubbert hatte, von wegen, er wäre am allerliebsten mein Tampax, oder mit so einem Nippel-Mist, wie ihn Adnan immer von sich gab.

»Ich hab' Durst!«

Ich stöckelte vor dem Spiegel auf und ab und betrachtete die hochhackigen Pumps. O ja, das waren die richtigen Anmachschuhe!

»Ich will was zum Trinken! Ich will Cola!«

»Gleich.«

»Das sagst du immer, und dann ist immer nicht gleich!«

»Doch, diesmal schon, ehrlich. Gleich ist gleich, du wirst schon sehen.«

»Ist denn jetzt schon gleich?«

»Ja, gleich, ich will nur noch schnell die Schuhe bezahlen.«

»Ich hab' aber jetzt jetzt jetzt Durst!!!« brüllte Bubi aus Leibeskräften und riß bei jedem Jetzt ein Paar Schuhe aus dem Regal.

Ich gab mich an diesem Nachmittag mit neuen Schuhen zufrieden. Die Brüllerei in dem Schuhgeschäft hatte mir die Lust auf einen ausgedehnten Bummel gründlich verdorben. Vom Burger-King aus ging ich mit einem ketchupverschmierten, aber sehr zufriedenen Bubi sofort wieder zur Straßenbahnhaltestelle, denn ich wollte noch zum Krankenhaus, um Hildchen zu besuchen. Es ging ihr schon viel besser, sie lief herum, hielt im Gang Schwätzchen mit Schwestern und Patientinnen und lauerte wie ein Raubtier vor der Fütterung auf ihre Entlassung.

»Nächste Woche darf ich heim!« empfing sie mich mit leuchtenden Augen, als ich ihr ein paar Illustrierte und etwas Obst brachte.

»Schön!« freute ich mich. Zögernd fragte ich dann: »Sag mal, ist eigentlich der Adnan schon mal hiergewesen? Bubi, laß den Blödsinn!« schrie ich.

Bubi flitzte mit einem Bettpfannendeckel unterm Arm den Flur entlang und verschwand in einem der Zimmer. Ich verzog das Gesicht und wandte mich achselzuckend wieder zu Hildchen um. »Also, war er hier?«

Sie seufzte, faßte mich unter und ging mit mir den langen, bohnerwachsglänzenden Gang entlang. »Ja, einmal diese Woche und einmal letzte Woche.«

»Hildchen... hör mal, ich muß dir was sagen... du wirst es ja doch erfahren... Sei mir bitte nicht böse, ich konnte es nicht verhindern, und die Jungs... ich hatte das Gefühl, sie wollten es gerne so... also, was ich damit sagen will...« Ich holte Luft und platzte dann heraus: »Herbert wohnt momentan wieder bei euch zu Hause.«

Sie sah mich erstaunt an. »Aber Franzi-Kind, dachtest du etwa, das weiß ich nicht? Er kommt doch jeden Tag direkt nach der Schule hierher!«

»Ach«, sagte ich dümmlich.

»Ja. Und es bleibt auch dabei. Wir wollen es noch mal zusammen versuchen.«

»Wirklich?« staunte ich. »Und der Adnan?«

Sie verzog das Gesicht. »Franzi, wir haben uns getrennt, ganz einvernehmlich. Der Adnan ist ein lieber Kerl. Er hat mich aufgebaut, und dafür schulde ich ihm viel. Er hat mir mein Selbstwertgefühl zurückgegeben, und mich mit Zärtlichkeit überschüttet. Aber er ist...«, sie seufzte abermals, »er ist nur was für gute Zeiten. Nichts für die schlechten. Nichts für eine kranke, kaputte Frau. Genau das war ich aber vor zwei Wochen. Und wer sofort kam, war Herbert. Nicht nur, um schönes Wetter zu machen, weil er wieder zurück will oder so, sondern weil er sich wirkliche Sorgen um mich gemacht hat. Er hat sofort und bereitwillig erklärt, augenblicklich wieder auszuziehen, wenn ich nach Hause komme. Aber ich will, daß es so bleibt wie jetzt. Er soll dableiben. Er ist seit zwei Jahren allein, seit dieser gescheiterten Beziehung hat er nie wieder was Neues anfangen wollen. Ich denke, er hat aus seinen Fehlern gelernt…«

Aus dem Zimmer, in dem Bubi verschwunden war, ertönte ein furchtbares, ohrenbetäubendes Geschepper und dann ein infernalischer Gong. Bubi hatte einen zweiten Bettpfannendeckel gefunden.

An diesem Abend ging mir die Arbeit in der Kanzlei von der Hand wie Butter, die in der heißen Pfanne zerläuft. Ich summte und trällerte beim Staubsaugen und Einsortieren der Ergänzungslieferungen, die inzwischen zu einem winzigen Stoß zusammengeschrumpft waren. Anschließend fuhr ich mit der Straßenbahn zu Herbert und den Jungs, wo ich von zehn bis zwölf Uhr nachts bügelte und Essen für den nächsten Mittag vorkochte, Gemüsesuppe mit Rindfleisch. Nachdem ich Muckis Hausaufgaben durchgesehen und Hansis Zimmer nach Stinksocken abgerochen hatte – leise, um ihn nicht zu wecken –, stieg ich todmüde wieder in die Straßenbahn und fuhr zurück zu meiner Wohnung, wo ich um ein Uhr völlig ausgepowert ins Bett fiel.

Ich träumte, wie sich Friedrich mit leuchtendblauen Augen und betörenden Grübchen zu mir beugte und mir das Steak kleinschnitt. »Franzi, lassen Sie mich das für Sie tun, Sie sollen niemals wieder harte Arbeit leisten müssen!« Und nach dem Essen küßte er meine roten, abgearbeiteten Fingerspitzen, auf die ganz spezielle Art, die meine Knochen zum Schmelzen brachte.

Er hatte mich gerade zum Frischmachen ins Bad geschickt, mit der heiser geäußerten Ankündigung, sich in der Zwischenzeit um die Drinks kümmern zu wollen, als ein ungebetener Besucher unsere trauliche Idylle störte. Er klingelte und klingelte, und mit einemmal war es völlig finster, ich tastete umher, weil ich den Weg ins Bad nicht finden konnte. Um mich herum war es merkwürdig weich, und eine Stimme rief von weitem: »Mach schon auf!« Aha, Friedrich

konnte nicht selbst zur Türe gehen, sicher hatte er gerade in jeder Hand ein Glas Champagner. Es klingelte abermals, und ich tastete hektisch nach dem Lichtschalter, fand aber nur mein Kopfkissen. »O verdammt!« Ich fuhr hoch, mit schwerem Kopf, völlig übernächtigt, alles andere als ausgeschlafen. Wer nervte mich denn um diese Zeit? Ich stand mühsam auf und krächzte: »Ich komme gleich!«
Die Leuchtziffern auf meinem Wecker zeigten zehn Uhr morgens. Du liebe Zeit, ich hatte verschlafen! Unbeholfen tappte ich zum Fenster und zog die Rolläden hoch, dann ging ich zur Tür. »Wer ist denn da?«
»Ich bin's, Karlheinz! Hast du's vergessen?«
Himmel! Die Ferienhausarbeit! Die Semesterferien hatten angefangen, deshalb hatte ich ja auch gestern nacht meinen Wecker nicht gestellt, ich hatte keine Vorlesungen. Meine Güte, ich hatte die Hausarbeit total vergessen, dabei hatte Karlheinz mir schon Anfang Januar erzählt, wann er die Arbeit bekommen würde! Ich schnappte mir etwas zum Anziehen, machte die Wohnungstür auf und verschwand in derselben Sekunde im Bad. »Ich bin gleich soweit!« schrie ich durch die geschlossene Badezimmertür.
»Okay, ich mach' schon mal Kaffee!« schrie er zurück. Unter der Dusche überlegte ich, wann ich ihn zum letzten Mal gesehen hatte. Es mußte schon Wochen her sein.
»Das ist nicht wahr!« rief ich entsetzt, als ich den Sachverhalt durchgelesen hatte. Als Sachverhalte bezeichnen Juristen gemeinhin einen Fall, und zwar einen rechtlich verzwickten, direkt aus dem Leben gegriffenen Fall, dessen Einzelheiten es zu subsumieren gilt, um ihn so einer juristischen Wertung und Lösung zuzuführen. Karlheinz, der neben mir am Schreibtisch stand und Kaffee trank, musterte mit Interesse mein enges T-Shirt und den neuen Gürtel, den ich dazu trug. Meine Hände flatterten, plötzlich juckte mein Hals und mein Ohr, und meine Haare hätten auch dringend aus dem Gesicht gestrichen werden müssen. Aber das Gefühl verging sofort wieder; diese dämlichen Impulse wurden zum Glück immer seltener und kürzer.
»Ja, es ist ein Hammer«, gab Karlheinz zu, »ich möchte wissen, wie

der Ohrwurm darauf gekommen ist!« Die Strafrechts-Hausarbeit stammte vom Ohrwurm. Ich konnte nicht fassen, welchen Sachverhalt ich da las. Das war mit Sicherheit kein Zufall! Wie vom Donner gerührt, schaute ich mir den Sachverhalt noch einmal an, Wort für Wort:

S, eine Studentin, die seit Monaten verzweifelt auf Wohnungssuche ist, erfährt von einer Bekannten, daß in deren Nachbarschaft demnächst eine Wohnung frei werde. Der bisherige Mieter, der in Kürze ausziehen werde, habe erklärt, daß er durch den Vermieter berechtigt sei, einen Nachmieter auszusuchen und in den von diesem bereits blanko unterschriebenen Mietvertrag einzusetzen.

S sucht die angegebenen Adresse auf und stellt fest, daß M, der bisherige Mieter, offenbar gerade im Begriff ist, auszuziehen. Zwei Männer sind damit beschäftigt, Möbel aus dem Haus zu tragen und auf die Straße zu bringen. S geht ins Haus, wo sie in einer der Wohnungen M antrifft und ihr Interesse an der Wohnung bekundet. M zeigt ihr die Räume, woraufhin S erklärt, die Wohnung mieten zu wollen. M holt daraufhin ein Mietvertragsformular aus seiner Jackentasche. Er erklärt ihr, der Vermieter habe bereits unterschrieben, und er, M, sei berechtigt, im Auftrag des Vermieters mit einem neuen Mieter einen Vertrag zu schließen, so daß S nur noch unterschreiben müsse. In Wahrheit stammt jedoch die Unterschrift des Vermieters von M selbst, und M ist keineswegs berechtigt, einen neuen Mieter zu bestimmen.

S ist hocherfreut und will sogleich unterschreiben, aber M verlangt zunächst die Miete für einen Monat, die er im Namen des Vermieters einzuziehen habe, sowie Kaution und einen Abstand für angeblich von ihm selbst erneuerte Badezimmer- und Küchenkacheln. Alles in allem fordert er von S einen Betrag in Höhe von 1250,– DM. S, die nur 480,– DM bei sich hat, händigt M das Geld aus und stellt ihm über die restliche Summe einen Scheck aus. Sie unterschreibt das Mietvertragsformular, woraufhin M eilig verschwindet.

Während S sich im Badezimmer der Wohnung aufhält, kommt G, ein Gerichtsvollzieher in die Wohnung. Er hat, wovon S nichts weiß, an diesem Tag im Auftrag des Vermieters einen Räumungstitel vollstreckt und die Möbel sowie sämtlichen Hausrat des M aus der Wohnung entfernen lassen und will nun überprüfen, ob die Wohnung restlos geräumt ist. Auf dem Boden sieht er die Handtasche und die Brieftasche der S liegen. In der Annahme, es handle sich um einen Gegenstand des M, der bei der Räumung übersehen worden sei, hebt er die Brieftasche auf. Während er sie durchsieht, kommt die S dazu. G, in der Annahme, es handle sich möglicherweise um die Ehefrau des M, erkundigt sich, ob sie mit dem M verheiratet sei und ob sie Geld oder Wertsachen bei sich habe, da er außer mit der Räumung auch mit der Vollstreckung offener Mietforderungen des Vermieters beauftragt ist.

S, die aufgrund Gs unvermuteten Auftauchens und seines etwas ungepflegten Äußeren glaubt, G sei ein Einbrecher und gefährlicher Triebtäter, der über sie herfallen wolle, stürzt auf diesen zu und schlägt ihn nieder.

Wie haben sich die Beteiligten strafbar gemacht?

26. Kapitel

»Ich fasse es nicht!« rief ich anklagend. »Woher hat der Ohrwurm das?«

»Na, das liegt doch auf der Hand. Von deinem supertollen Anwalt!«

»Spinnst du? Nie und nimmer würde Friedrich so was Hinterhältiges tun! Das wäre... wäre Parteiverrat oder so, schließlich ist er in dieser Sache als mein Anwalt aufgetreten! Nein, nein, das muß der Ohrwurm von jemand anderem haben. Der Gerichtsvollzieher – bestimmt kennt er den Gerichtsvollzieher! Oder vielleicht haben Marlene oder Vanessa...«

»Quatsch. Ich sage dir, wie's gewesen sein muß. Der Ohrwurm ist ein Duzfreund von dem Dieter Stubenrauch, und der hat's von seinem Bruder, deinem supertollen Anwalt.«

Ich schüttelte den Kopf. »Nein, niemals!« sagte ich im Brustton der Überzeugung. »Ich treffe mich heute abend mit ihm zum Essen, da frage ich ihn.«

Während ich in maßloser Wut auf den verräterischen Sachverhalt starrte, spürte ich seine Blicke auf meinem Nacken. »Du gehst mit ihm essen?« fragte er leise.

Ich nickte stumm. Er schwieg ebenfalls. Nach einer Weile meinte er: »Seid ihr beide... du und er... hast du mit ihm...«

Ich schüttelte den Kopf, immer noch stumm, und dann spürte ich seinen Atem an meinem Hals, als er sich über meine Schulter beugte. Ich hielt unwillkürlich die Luft an. Er roch gut, schwach nach Rasierwasser, Shampoo und Milchkaffee.

»Was ist jetzt?« fragte er.

»Was ist was?« fragte ich atemlos zurück.

»Hilfst du mir bei der Arbeit oder nicht?«

Ich atmete wieder aus. »Natürlich helfe ich dir. Versprochen ist versprochen, was denkst du denn. Wenn du willst, ziehe ich gleich los und suche Literatur.«

»Nein, ich will erst eine Lösungsskizze entwerfen.«

Ich starrte immer noch auf den Sachverhalt. »Wie haben sich die Beteiligten strafbar gemacht?«

War ich auch beteiligt? Eindeutig. Das hieß, daß ein ganzer Abschnitt der Hausarbeit *meiner* Strafbarkeit gewidmet sein würde! Ich schluckte. Wenn das jemals rauskam!

»Ich habe mich nicht strafbar gemacht!« stieß ich in hilfloser Wut hervor.

»Nein, natürlich nicht«, sagte er sanft.

»Aber bestimmt denken viele, ich hätte mich doch strafbar gemacht. Sie subsumieren falsch, und dann bin ich wegen vermeidbaren Verbotsirrtums dran oder so! Und dieser blöde Ohrwurm, er hat noch nicht mal reingeschrieben, daß ich im strafrechtlichen Sinne Heranwachsende bin!«

»Das ändert doch nichts an der Lösung, Franzi. Es ist ja nicht nach dem Umfang der Bestrafung gefragt, sondern nach der Art der Strafbarkeit.«

»Außerdem habe ich den Typ nicht niedergeschlagen! Ich habe ihn bloß geschubst, und dabei ist er mit dem Kopf an die Wand geknallt! Ich sollte diesen Ohrwurm wegen Verleumdung verklagen«, beharrte ich. Ein Gedankenblitz durchzuckte mich, und ich sah hoffnungsvoll zu Karlheinz hoch.

»Hör mal, darf der das eigentlich? Ich meine, das ist doch praktisch mein Fall, ich habe das immerhin selbst erlebt, das darf er doch gar nicht benutzen, oder?«

Karlheinz lachte. Was für schöne Zähne er hat, dachte ich einen Moment lang geistesabwesend. Dann wurde ich wütend. »Wieso lachst du? Ich meine es völlig ernst!«

»Ach, Franzi!« Er lächelte. »Meinst du, daß du eine Art Urheber-rechtsschutz genießt für deine Erlebnisse? Außerdem wird dein Name nicht genannt. Es ist einfach ein Fall, wie ihn das Leben schreibt. Wenn du jetzt hingehst und deswegen Rabbatz machst, wird sich erst recht jeder das Maul zerreißen. Dann wird erst alles rauskommen!«

Ich dachte ein paar Sekunden lang nach. Schließlich meinte ich widerwillig: »Na schön, ich unternehme nichts. Aber ich frage Friedrich, ob er eine Ahnung hat, wer diese Sache weitergetragen hat. Und ich bestehe darauf, daß wir auch die Strafbarkeit des G untersuchen.«

»Wegen was denn?« fragte er grinsend.

»Wegen... wegen Hausfriedensbruch. Und versuchtem Diebstahl. Und Nötigung. Versuchte Vergewaltigung. Und Mordversuch!«

Er warf den Kopf zurück und lachte herzlich. Ich preßte die Lippen zusammen, denn ich hatte es völlig ernst gemeint. Aber im nächsten Augenblick erkannte ich, was für absurden Blödsinn ich von mir ge-geben hatte. Ich mußte grinsen, zuerst schwach, dann immer stärker; schließlich gluckste es in meinem Magen, und ich lachte genauso laut wie Karlheinz.

Wir steckten den ganzen Tag die Köpfe zusammen und erörterten den Sachverhalt. Ich brauchte eine Weile, um den Fall mit den neu-tralen Augen eines x-beliebigen Jurastudenten zu betrachten, ohne meine persönliche Betroffenheit ins Spiel zu bringen.

Wir einigten uns schnell auf die vorläufig zu prüfenden Delikte, Ur-kundenfälschung und Betrug beim M – ich war der Meinung, wir müßten auch Erpressung prüfen, weil der Kerl mir wegen der angeb-lich selbst gelegten Kacheln Abstand rausleiern wollte, und das Tat-bestandsmerkmal »Drohung mit einem empfindlichen Übel« wäre gewesen, daß ich sonst die Wohnung nicht gekriegt hätte, aber Karl-heinz beharrte darauf, das sei unzulässige Sachverhaltsergänzung. Soso. Aha. Na ja.

Dann die arme S.: als erstes Widerstand gegen Vollstreckungsbeamte – hier bestand ich darauf, eingehend die Rechtmäßigkeit der Vollstreckungshandlung zu prüfen –, ferner Körperverletzung (ich notierte mir dazu die Stichworte: Putativnotwehr, Trutzwehr und Schutzwehr). Zweifelnd bemerkte ich: »Es gibt bestimmt ein paar Blödmänner, die versuchten Totschlag prüfen!«

»Unsinn!« lachte Karlheinz.

»Zum Glück hat der Ohrwurm nicht reingeschrieben, wie es wirklich war. Stell dir vor, dort stünde: S reißt den Vorhang aus der Schiene, wirft ihn G über den Kopf und stößt ihn heftig gegen die Wand, woraufhin er mit dem Kopf gegen die Wand prallt und besinnungslos zu Boden stürzt! Das würde mindestens die Hälfte der Leute unter versuchten Mord subsumieren!«

»Immerhin, du hast eindeutig die Arg- und Wehrlosigkeit des Typs ausgenutzt«, grinste Karlheinz, »und umbringen wolltest du ihn auch, oder nicht?«

»Das hab' ich höchstens billigend in Kauf genommen«, kicherte ich.

»Das ist bloß bedingter Vorsatz, damit langt's nur zu Totschlagversuch!«

»Und vergiß nicht die Sachbeschädigung! Der Vorhang war eindeutig eine fremde Sache von nicht unbedeutendem Wert!«

Wir lachten und alberten noch eine Weile herum, dann fuhren wir mit Karlheinz' Taxi zur Uni und gingen gemeinsam in die Mensa zum Essen. Wir nahmen beide Essen aus Mutters Küche, es gab mal wieder Erbseneintopf, und als vom Grund meines Tellers ein Stück Speck auftauchte, mußte ich wieder lachen. Karlheinz lachte gutmütig mit, obwohl er nicht wußte, was ich so komisch fand. »Weißt du, Franzi«, sagte er zu mir, bevor wir uns vorübergehend trennten, um auf Literatursuche zu gehen – er ins Seminar, ich in die Unibibliothek –, »du bist wirklich der lustigste Mensch, den ich kenne!«

Bis zum Nachmittag hatten wir einen ordentlichen Stapel Fotokopien zusammen, von den wichtigsten Kommentierungen der in Frage kommenden Delikte sowie von einschlägigen Abhandlungen aus den gängigen Lehrbüchern. Karlheinz fuhr mich um halb fünf wieder nach Hause. Als er mich vor der Stubenrauch-Villa aussteigen ließ, war er nicht mehr so gut aufgelegt. »Viel Spaß nachher«, meinte er. Es hörte sich nicht so an, als wünschte er mir tatsächlich viel Spaß. Ich nickte mit abgewandtem Gesicht. »Bis morgen dann.«

Während ich mich für das Abendessen mit Friedrich zurechtmachte, mußte ich immer noch an Karlheinz' Gesichtsausdruck kurz zuvor im Wagen denken. Er hatte irgendwie traurig ausgesehen, so, als würde es ihm überhaupt nicht passen, daß ich mit einem anderen Mann ausging. Ob er eifersüchtig war? Nein, entschied ich sofort, das war unmöglich. Denn wenn er mehr für mich empfand als Sympathie, hätte er unmöglich mit dieser Schnuckimausi ins Bett hüpfen können, oder? Wahrscheinlich hatte er sogar mein wunderschönes Windspiel in ihrem Beisein aufgehängt! Bei dem Gedanken erfaßte mich Zorn, sofort trug ich eine Extraschicht Lippenstift auf, und ich schminkte meine Augen schräg, auf exotisch, ganz die laszive, geheimnisvolle Sirene. Ich zog einen meiner Blues an und dazu mein engstes T-Shirt, türkisblau, wie meine exotisch schrägen Augen, es paßte wunderbar zu dem schönen Armband von Karlheinz. Die Jeans flogen in die Ecke, statt dessen zog ich einen superkurzen Rock an, mit Gürtel. Und ich trug das T-Shirt im Rock und nicht darüber, und dazu meine hochhackigen neuen Anmachpumps. Friedrich sollten die Augen aus dem Kopf fallen, was Karlheinz konnte, konnte ich schon lange! Fritzi trillerte bewundernd, als ich, einen dezenten Hüftschwung einstudierend, durchs Zimmer stolzierte und vor dem Spiegel mit erotisierend rauher Stimme und gekonntem Augenaufschlag hauchte: »Friedrich, Sie gestatten doch, daß ich Friedrich zu Ihnen sage...«
Gerade als ich ausgehfertig war, klopfte Frau Stubenrauch, in die obligatorische Parfumwolke gehüllt und Bubi an der Hand.
Ich sagte schnell: »Tut mir schrecklich leid!« – das war eine Lüge –, »aber Sie sehen ja: Ich wollte gerade ausgehen!« Das war die reine Wahrheit.
»Ach!« meinte sie perplex.

»Ja.«

»Hm.«

»Ja. Und zwar jetzt sofort. Ich ziehe bloß noch meine Jacke an, dann gehe ich.«

»Hören Sie, Franziska, wenn es nicht zu lange dauert... Ich meine, Bubi kann morgen ausschlafen, und er hatte sowieso noch kein Abendessen. Sie wollen doch mit Friedrich essen gehen, nicht wahr? Also, ich bin sicher, er hätte nicht das geringste dagegen, er sieht seinen Neffen sowieso so selten...«

Ich knirschte mit den Zähnen, aber nur innerlich. »Können Sie ihn denn heute nicht mal selbst mitnehmen? Ich hatte nicht vor, gleich nach dem Essen wieder herzukommen, ich muß... ich muß danach noch zu meiner Tante, Sie wissen doch, die, die im Krankenhaus ist, und dort muß ich kochen, bügeln, waschen, putzen...«

»Aber ich bitte Sie, das ist doch überhaupt kein Problem, Bubi schläft überall, wo immer man ihn hinlegt, und ich muß doch heute abend wieder zu dieser Gruppentherapie...«

Sie ging kurz darauf zur Gruppentherapie, und ich ging zur Straßenbahnhaltestelle. Zusammen mit Bubi. Als wir zwanzig Minuten später das Churrasco betraten, kam ein strahlend schöner junger Angestellter mit einem Gesicht wie Apoll und Lippen wie Cupido auf uns zu. Er riß begeistert die Augen auf, als ich die Jacke auszog. »Ein Tisch für zwei Personen?« fragte er.

Ich fummelte an meiner Halskette herum und strich mit der anderen Hand die Haare aus der Stirn. Es ließ mich eben doch noch manchmal im Stich, mein neues Körperselbstbewußtsein. »Ich bin hier verabredet«, erklärte ich verlegen.

Er lächelte verführerisch, wie Eros Ramazzotti, und führte mich in eine Ecke des Lokals. Friedrich saß dort bereits an einem der Tische, und als er mich im Gefolge des Kellners sah, leuchteten seine Augen, und er stand auf. Komisch, mein Herz klopfte überhaupt nicht schneller, und meine Hände waren auch noch ziemlich trocken. Es lag bloß an der Atmosphäre, entschied ich, sie war eindeutig leidenschaftstötend.

»Guten Abend«, sagte ich, mit perfekt rauchiger Stimme. Bubi und ich setzten uns, und Friedrich meinte zerstreut: »Da sind Sie ja, Franziska. Schönen guten Abend.« Dabei guckte er mit glänzenden Augen ins Leere. Hatte er schon was getrunken? Da sah ich, daß er gar nicht ins Leere guckte, sondern in die Richtung, in welcher der göttlich schöne Eros verschwunden war.

»Er kommt bestimmt gleich wieder«, sagte ich, »da können wir zusammen bestellen, wenn Bubi und ich uns was ausgesucht haben.«

»Ich nehme Pommes, aber mit viel Ketchup!« erklärte Bubi.

»Mhm«, meinte Friedrich geistesabwesend.

»Bubi mußte ich leider auch mitbringen!« sagte ich etwas lauter. Friedrich schaute immer noch dem Kellner nach. War er dermaßen ausgehungert?

Ich griff nach der Speisekarte und suchte mir was aus, damit ich nicht unnötig Zeit verlor. »Ich habe schon gewählt«, teilte ich ihm mit derselben rauchigen Stimme wie vorhin mit. Ich musterte ihn. Er sah so gut aus wie immer, wunderbare blaue Augen, teurer Seidenanzug, blitzende Brillantnadel in der Krawatte. Ich wunderte mich vage, wieso er immer so edel aussah, dieses edle Auto fuhr, aber die Kanzlei und die Sekretärin…

»Ich nehme Pommes, aber mit viel Ketchup«, verkündete Bubi nochmals, nachdem er eingehend die Getränkekarte begutachtet hatte.

»Du liebe Zeit, Sie haben ja diesen blöden Nasenbohrer auch mitgebracht!« sagte Friedrich plötzlich erschrocken.

»Ich bin nicht blöd, du bist selber blöd, du blöder Blödmann und Vergewaltiger!« brüllte Bubi zornig.

»Willst du wohl still sein, du elende Nervensäge!« zischte Friedrich ihn an.

Ich sah fassungslos die kleinen Speicheltröpfchen, die dabei von seinen Lippen spritzten.

Der betörend schöne Kellner kam an unseren Tisch. »Haben die Herrschaften schon gewählt?«

Friedrichs eben noch erzürnte Züge glätteten sich wie von Zauberhand, und er blickte hingerissen zu dem jungen Eros auf. »O bitte, was können Sie uns denn heute empfehlen, Giovanni?«

Eros-Giovanni zuckte die Achseln. »Wie wäre es mit einem Steak?« Dabei grinste er mich lüstern an. Ich verzog keine Miene. Mir war nicht zum Lachen zumute. Wir saßen hier in einem Steakhaus, und in einem Steakhaus aß man Steak. Es empfahl sich gewissermaßen von allein, in einem Steakhaus Steak zu essen, denn warum ging man sonst dorthin? Wieso, um alles in der Welt, fragte Friedrich, was Giovanni ihm heute empfehlen konnte?

»Ich will Pommes, aber mit viel Ketchup!« verlangte Bubi.

Giovanni notierte es.

»Für mich ein kleines Rumpsteak, medium, und einen gemischten Salat. Dazu ein Mineralwasser«, bestellte ich. »Für den Jungen eine Limo, bitte.«

Giovanni notierte auch das und blickte dann fragend auf Friedrich.

»Also, ich weiß nicht«, sagte der in seltsam geziertem Tonfall, »soll ich das kleine oder das große Lendensteak nehmen? Sind die großen Lendenstücke heute sehr groß, Giovanni?«

»*Si*, sehr groß«, sagte Giovanni augenzwinkernd in meine Richtung. Ich starrte auf die Tischplatte.

»Na schön, dann bitte ein großes für mich, Giovanni«, bestellte Friedrich gefühlvoll, »und dazu das Übliche, wie immer.«

Giovanni kritzelte etwas auf seinen Block und verschwand. Friedrich verfolgte mit glühenden Blicken den wohlgeformten knackigen Hintern von Giovanni. Er hatte bislang noch nicht einen Blick auf mein neues T-Shirt oder mein exotisches Make-up verschwendet.

Ich war zwar ein Landei, aber ich war nicht begriffsstutzig. Denn jetzt hatte ich es kapiert. Für Friedrich war Giovannis Hintern tausendmal verlockender als der Inhalt meines neuen T-Shirts. Er starrte immer noch mit feuchten Augen der Rückseite des hübschen Kellners hinterher. »Man bekommt hier immer so herrliches Fleich«, sagte er und leckte sich erwartungsfroh die Lippen.

Er hatte es wirklich gesagt. *Fleich*. Er hatte wirklich und wahrhaftig

Fleich gesagt! Ich spürte, wie sich in meiner Magengrube ein gewaltiges Glucksen entwickelte, unaufhaltsam.

»Ich will kein Fleisch«, sagte Bubi, »ich will Pommes, aber mit viel Ketchup.«

»Ich liebe Fleich«, sagte Friedrich.

»Wie steht es mit Fisch?« fragte ich höflich. Das Glucksen hüpfte langsam nach oben. Stück für Stück.

»Fich? Fich gibt's doch hier überhaupt nicht. Wir sind hier in einem Steakhaus. Da kriegt man bloß Fleich.«

Jetzt war das Glucksen fast oben. Gleich, in wenigen Augenblicken, wäre alles zu spät.

»Sagen Sie, Franziska«, fragte Friedrich mit mildem Interesse, »wieso wollten Sie mich eigentlich sprechen? Reden Sie nur, frich von der Leber weg!«

Komisch, dachte ich, er hört sich an wie immer, sieht aus wie immer. Aber plötzlich ist alles anders. Er sagte *Fleich* und *Fich*. Und er würde nie meine Fingerspitzen küssen. Ich wußte auf einmal genau, daß er derjenige war, der mein unersprießliches Erlebnis mit dem Gerichtsvollzieher kolportiert hatte. Und er wußte, wie ich mich für ihn abgeschuftet hatte. Und ich wußte, daß er sein aufgeblasenes Ego mit Seide und Brillanten aufpolsterte, weil ihm sein Astralleib viel mehr wert war als eine vernünftige Kanzlei. Die Brillanten auf seiner Nadel mochten zwar echt sein, aber er selbst war ein Glasbrilli, einer von allererster Größe, wie ihn die Welt noch nicht gesehen hatte. Ich stand wankend auf und umklammerte die Tischkante. Das Glucksen zuckte in meiner Kehle.

»Ist was nicht in Ordnung?« fragte Friedrich zerstreut, immer noch nach Giovanni Ausschau haltend. »Gefällt Ihnen der Tich nicht?«

»Ich...«, preßte ich mühsam hervor, »ich wollte Ihnen bloß sagen, daß ich nicht mehr für Sie putze. Und ich passe nicht mehr auf Bubi auf.«

Seine Miene erstarrte, und auf einmal hatte ich seine volle Aufmerksamkeit. »Aber das können Sie doch nicht... Sie dürfen die Wohnung nur unter der Bedingung bewohnen, daß...«

»Ach ja, das hätte ich fast vergessen«, keuchte ich und versuchte schwächlich, das Gleichgewicht zu bewahren. Das Glucksen brachte mein Gaumensegel zum Schwingen, erzeugte ein schnorchelndes Geräusch. »Ihre Wohnung können Sie sich irgendwohin schieben, zusammen mit Ihren Ergänzungslieferungen!«

Die erste brüllende Lachsalve kam hoch, als ich an dem überraschten Giovanni vorbei zum Ausgang rannte. Draußen hielt ich mich an einem Laternenpfahl fest, hilflos gebeutelt von dem größten Lachkrampf aller Zeiten. Ich wieherte, kreischte, schrie und stöhnte vor Lachen, alles tat mir weh. Zitternd und schluckend und mit lachtränenüberströmtem Gesicht versuchte ich meiner Anfälle Herr zu werden, aber es war aussichtslos. Ich stieß den nächsten zwerchfellzerfetzenden Lacher heraus, meine schmerzenden Rippen umkrampfend. Stolpernd taumelte ich weiter, unfähig, geradeaus und aufrecht zu gehen. Irgendwann fand ich eine Telefonzelle und tippte mit flattrigen Fingern Karlheinz' Nummer. Ich ächzte zwischen zwei bellenden Lauten irgendwas in den Hörer. Karlheinz konnte mich unmöglich verstanden haben.

»Wo?« fragte er nur.

Ich schluckte und keuchte.

»Sag schon!« drängte er.

»Mpfpf!«

»Franzi!« schrie er. »Hat er dir was angetan? Ich bringe den Kerl um!«

Das fand ich ungeheuer komisch. Ich kreischte laut auf, ich konnte nicht anders.

»O Gott!« flehte er mit grauenerfüllter Stimme. »Bist du verletzt? Soll ich einen Arzt rufen?«

»Argggg…« wimmerte ich haltlos. Dann gelang es mir, vollkommen unartikuliert herauszustoßen: »Hauptwapfpfff!«

»Hauptwache?« schrie er erregt. »Rühr dich ja nicht von der Stelle, ich bin in fünf Minuten da!«

Ich wankte aus der Zelle und plumpste hart mit dem Hintern auf den Bordstein. Alle paar Sekunden gluckste ein neues Lachen in mir hoch, es war wie eine Naturgewalt, ein Vulkanausbruch, den kein noch so riesenhafter Deckel zu stoppen vermochte. Als Karlheinz exakt fünf Minuten später mit quietschenden Reifen vor mir bremste, war ich nur noch ein hilfloses, hysterisches, zuckendes Bündel. Er bugsierte mich irgendwie ins Auto und brachte mich zu sich nach Hause. Dort gab er mir zur Beruhigung einen Cognac. Und dann noch einen.

Danach war ich imstande, ihm alles zu erzählen. Anschließend fing ich an zu heulen, ich heulte und heulte, ich konnte ebensowenig damit aufhören wie vorher mit dem Lachen, es war, als hätte sich eine Luke verklemmt, die jetzt aufgegangen war, und ein ganzer Ozean auf einmal wollte hindurchschwappen.

Zwischen meinen Schluchzern drängte er mir noch einen Cognac auf, und dann hielt er mich in seinen Armen und tröstete mich. Irgendwie landeten wir auf seiner Matratze, ich hörte wie aus weiter Ferne das feine, helle Klirren des Windspiels, und ich dachte: So hat er mit der Schnuckimausi auch hier gelegen und dem Windspiel gelauscht. Aber dann fiel mir ein, daß ich ihm das Windspiel erst am Morgen danach gebracht hatte. Er konnte es sich gar nicht mit ihr zusammen angehört haben. Oder doch? Vielleicht hatte er es aufgehängt, und sie hatte ihm fachmännisch dabei zur Seite gestanden. Und vielleicht hatten sie sich danach noch mal zusammen ins Bett gelegt, um sich von dem leuchtenden, regenbogenfarbigen Licht bezaubern zu lassen und dem sanften Klingeln der Kristalle zu lauschen?

Jetzt mußte ich ernstlich weinen. Ich wurde richtig geschüttelt von langen, harten Schluchzern, die tief aus meiner Brust kamen und als feuchte Schnaufer an seinem Hals endeten. Er hielt mich fest umarmt und streichelte meinen Rücken. Hatte er diese Schnuckimausi auch so gestreichelt, zum Klang des Windspiels? Und bestimmt hatte er ihr seinen besten Kuchen aufgetischt! Entweder konnte er Gedanken lesen, oder ich hatte laut gedacht, denn plötzlich sagte er neben meinem Ohr: »Das war doch nur eine Sache für eine Nacht, Franzi. Sie bedeutet mir überhaupt nichts. Ich war sturzbetrunken, und an das meiste kann ich mich nicht mal erinnern.«

Ich heulte etwas leiser. Er fuhr fort: »Kuchen hat sie auch nicht bekommen. Und das Windspiel hat sie nicht zu Gesicht gekriegt, ich schwöre es dir.«

Jetzt schniefte ich nur noch.

»Franzi, du bist die einzige Frau, die mir was bedeutet.«

Ich war auf einmal still, vollkommen still, ich atmete nicht mal mehr.

Ich fühlte nur noch. Seinen dumpfen Herzschlag an meiner Brust, seine kratzige Wange, seinen warmen Atem in meinem Nacken, seine großen Hände auf meinem Rücken und meinem Hinterkopf. Dann atmete ich tief ein, ich roch so gerne an ihm. Aber leider roch er nach gar nichts, vermutlich lag es an meiner vom Heulen zu Schnapsglasgröße angeschwollenen Nase.

»Franzi, du hast geschworen, es niemals ohne Liebe zu tun. Ob du mich vielleicht ein kleines bißchen lieben könntest?« Seine Hände wanderten drängend über meinen Körper, und er stieß gequält hervor: »Ach verdammt, ich sollte es nicht tun, ich weiß, du hast was getrunken, womöglich tut es dir morgen leid, aber ich liebe dich so, und ich bin so verrückt nach dir, und...« Von irgendwoher kam Musik, ganz leise, es war eines meiner Lieblingslieder, von Foreigner.

In my life, there's been heartache and pain,
I don't know, if I can face it again,
I can't stop now, I'd travelled so far
to change this lonely life...

»Ja«, flüsterte ich atemlos.

Er stöhnte, und dann fing er an, lauter wundervolle Dinge mit mir zu tun, mit meinen Fingerspitzen, meinem Ohr, meinem Nacken, und er ließ auch die Stelle nicht aus, wo der Hals in die Schulter übergeht. Ich schmolz in seinen Armen zu einem heißen Klumpen Wachs, er küßte mich, immer wieder, und dann waren wir auf einmal nackt unter der Bettdecke, alle beide.

I want to know what love is
I want you to show me

I want to feel what love is
I know you can show me ...

»Franzi«, murmelte er irgendwo, aus der Tiefe zwischen meinen Fesselballons. Ob er überhaupt mitgekriegt hatte, was ich für einen wahnsinnig verführerischen BH angehabt hatte? Wo war er überhaupt, mein Blues? Dann schnappte ich nach Luft, egal, wo er jetzt sein mochte, er wäre nur im Weg gewesen, bei dem, was Karlheinz da mit mir machte.

Let's talk about love ...
I'm feeling so much love ...

Wirre Gedanken schossen mir durch den Kopf. Ob er mich noch ins Bad schicken würde? Aber dann fiel mir ein, daß er sich ja schon vorhin um die Drinks gekümmert hatte. Die Musik war verstummt, und ich hörte wieder das hauchdünne, feine Klirren des Windspiels. Wie schön, dachte ich, der alte Mann hat recht gehabt, es ist eine wunderbare neue Liebe.

Und dann dachte ich gar nichts mehr.

Der Rest ist schnell erzählt. Ich holte Fritzi und meine übrigen Siebensachen aus der Stubenrauch-Villa und zog zu Karlheinz.

Vanessa, Marlene, Katja, Waldemar, Elmar, Hildchen mitsamt Familie, überhaupt alle, die uns beide kannten, reagierten hocherfreut, so, als ob endlich das eingetroffen sei, was sowieso schon längst überfällig war.

Wir schrieben in diesen Ferien noch eine zweite Hausarbeit, das war der Anfang unserer erfolgreichen juristischen Zusammenarbeit. Es gab keine Klausur und keine noch so verzwickte Hausarbeit, die wir nicht im Team in Rekordzeit knackten.

Karlheinz behauptet heute noch, er hätte es bereits seit langem gewußt, das mit uns beiden, schon seit damals, als ich am Frankfurter Hauptbahnhof in sein Taxi gestiegen war. Ich hatte zu ihm gesagt, der erste Eindruck sei immer entscheidend, und in diesem Moment hätte er es gewußt.

Ich ärgerte ihn dann, indem ich behauptete, mir sei es erst klargeworden, als ich seinen tollen Körper zum ersten Mal nackt (oder fast nackt) gesehen hatte, an jenem bewußten Neujahrsmorgen, aber es könnte natürlich auch der Moment gewesen sein, wo ich zum ersten Mal seinen Frankfurter Kranz probiert hatte.

Wie auch immer. Das Leben ging aufwärts für mich, die Himmelsschaukel hatte einen Riesenschwung bekommen, weil er jetzt mit mir darauf saß, und hoch über uns war der Frankfurter Himmel endlos und blau.

Wir lebten zusammen und lernten zusammen. Das tun wir beide heute noch. Und wir haben uns ein richtiges Bett angeschafft, das steht direkt unter dem Windspiel.

Unterhaltsame Literatur

Eine Auswahl

Lloyd Abbey
Die letzten Wale
Roman. Band 11439

Richard Aellen
**Der Mann mit dem
zweiten Gesicht**
Thriller
Band 10647
Crux
Roman
Band 12217

Emile Ajar
**Du hast das Leben
noch vor dir**
Roman. Band 2126

Julia Bachstein (Hg.)
**Von Katzen &
Menschen**
Band 11288

Frank Baer
**Die Mager-
milchbande**
Mai 1945:
Fünf Kinder auf der
Flucht nach Hause
Roman. Band 5167

Othilie Bailly
Eingeschlossen
Roman. Band 11588

Jay Brandon
**Im Namen
der Wahrheit**
Roman. Band 11668

Barbara Bronnen
Donna Giovanna
Roman. Band 11831

Pearl S. Buck
Das Haus der Erde
Romantrilogie
Band 11663

Pearl S. Buck
**Die Frau des
Missionars**
Roman. Band 11665

Charles Bukowski
Fuck Machine
Stories. Band 10678

Héctor Aguilar
Camín
Der Kazike
Roman. Band 10575

Lara Cardella
Ich wollte Hosen
Band 10185
Laura
Roman. Band 11071

Martine Carton
**Victoria und
Die Ölscheiche**
Kriminalroman
Band 11672

Fischer Taschenbuch Verlag

Unterhaltsame Literatur

Eine Auswahl

Ewan Clarkson
König der Wildnis
Roman. Band 11438

Anthea Cohen
**Engel tötet
man nicht**
Kriminalroman
Band 8209

Wilkie Collins
Die Frau in Weiß
Roman. Band 8227
Der rote Schal
Roman. Band 1993

A.J.Cronin
**Bunter Vogel
Sehnsucht**
Roman. Band 11627
Die Zitadelle
Roman. Band 11431
**Der spanische
Gärtner**
Roman. Band 11628

Susan Daitch
Die Ausmalerin
Roman
Band 10480

Diana Darling
**Der Berg der
Erleuchtung**
Roman
Band 11445

Philip J. Davis
Pembrokes Katze
Roman
Band 10646

Paddy Doyle
**Dein Wille
geschehe?**
Band 10753

Maurice Druon
**Ein König ver-
liert sein Land**
Roman. Band 8166

Alice
Ekert-Rotholz
**Füchse in
Kamakura**
Japanisches
Panorama
Band 11897
**Fünf Uhr
Nachmittag**
Roman
Band 11898
**Die letzte
Kaiserin**
Roman
Band 11892

Jerry Ellis
**Der Pfad der
Cherokee**
Eine Wanderung
in Amerika
Band 11433

Fischer Taschenbuch Verlag

Unterhaltsame Literatur

Eine Auswahl

Sabine Endruschat
**Wie ein Schrei
in der Stille**
Roman
Band 11432

Annie Ernaux
**Eine vollkommene
Leidenschaft**
Roman
Band 11523

Audrey
Erskine-Lindop
An die Laterne!
Roman
Band 10491
**Der Teufel
spielt mit**
Thriller
Band 8378

Sophia Farago
**Die Braut
des Herzogs**
Roman. Band 11492
**Hochzeit in
St. George**
Roman. Band 12156
**Maskerade
in Rampstade**
Roman. Band 11430

Elena Ferrante
Lästige Liebe
Roman. Band 11832

Catherine Gaskin
**Denn das
Leben ist Liebe**
Roman. Band 2513

Martha Gellhorn
Liana
Roman
Band 11183

Dorothy Gilman
Die Karawane
Roman. Band 11801

Lisa Goldstein
**Im Zeichen von
Sonne und Mond**
Roman. Band 12216

Brad Gooch
Lockvogel
Stories.Band 11184
**Mailand -
Manhattan**
Roman.Band 8359

Ina Hansen
Franzi
Roman. Band 12325

Bernd Heinrich
Die Seele der Raben
Eine zoologische
Detektivgeschichte
Band 11636

Fischer Taschenbuch Verlag

fi 1220 / 10 c

Unterhaltsame Literatur

Eine Auswahl

Sue Henry
**Wettlauf durch
die weiße Hölle**
Roman
Band 11338

Richard Hey
**Ein unvollkom-
mener Liebhaber**
Roman
Band 10878

James Hilton
**Der verlorene
Horizont**
Ein utopisches
Abenteuer irgend-
wo in Tibet
Roman
Band 10916

Victoria Holt
**Königsthron
und Guillotine
Das Schicksal der
Marie Antoinette**
Roman.
Band 8221
Treibsand
Roman. Band 1671

Barry Hughart
**Die Brücke
der Vögel**
Roman. Band 8347
**Die Insel
der Mandarine**
Roman
Band 11280
**Meister Li und der
Stein des Himmels**
Roman. Band 8380

Rachel Ingalls
**Mrs. Calibans
Geheimnis**
Roman
Band 10877
In flagranti
Erzählungen
Band 11710

Gary Jennings
Der Azteke
Roman
Band 8089
**Marco Polo
Der Besessene**
Bd. I.: Von Venedig
zum Dach der Welt
Band 8201
Bd. II.: Im Lande
des Kubilai Khan
Band 8202
Der Prinzipal
Roman
Band 10391

Fischer Taschenbuch Verlag

Unterhaltsame Literatur

Eine Auswahl

James Jones
**Verdammt in
alle Ewigkeit**
Roman
Band 11808

Erica Jong
Fanny
Roman
Band 8045
Der letzte Blues
Roman
Band 10905

M.M. Kaye
Insel im Sturm
Roman
Band 8032
**Die gewöhnliche
Prinzessin**
Roman
Band 8351

M.M. Kaye
**Schatten über
dem Mond**
Roman
Band 8149

Sergio Lambiase
O sole mio
Memoiren eines
Fremdenführers
Band 11384

Marie-Gisèle
Landes-Fuss
**Ein häßlicher roter
Backsteinbau in
Venice, Kalifornien**
Roman
Band 10195

Werner Lansburgh
»Dear Doosie«
Eine Liebesge-
schichte in Briefen
Band 2428

Werner Lansburgh
**Wiedersehen
mit Doosie**
Meet your lover
to brush up your
English
Band 8033

Alexis Lecaye
**Einstein und
Sherlock Holmes**
Roman
Band 12017

**Die wahren
Märchen der
Brüder Grimm**
Heinz Rölleke (Hg.)
Band 2885

Timeri N. Murari
**Ein Tempel
unserer Liebe**
Der Tadsch-Mahal-
Roman. Band 12329

Fischer Taschenbuch Verlag

fi 1220 / 6 e

Unterhaltsame Literatur

Eine Auswahl

**Märchen und
Geschichten
aus der Welt
der Mütter**
Sigrid Früh (Hg.)
Band 2882

**Märchen und
Geschichten zur
Weihnachtszeit**
E. Ackermann (Hg.)
Band 2874

Antonine Maillet
**Bären leben
gefährlich**
Roman. Band 11185

Michael Mamitza
Fatum
Roman. Band 11264
Feran
Roman. Band 11553

Michael Mamitza
Kismet
Roman
Eine türkisch-
deutsche Liebes-
geschichte
Band 11053

Andreu Martín
**Barcelona
Connection**
Kriminalroman
Band 11436
**Don Jesús
in der Hölle**
Kriminalroman
Band 11435
Hammerschläge
Roman
Band 11434

Valerie Martin
**Im Haus des
Dr. Jekyll**
Roman. Band 12018

Manfred Maurer
Furor
Roman. Band 11290

Jon Michelet
Hotel Coconut
Roman. Band 10034

Rory Nugent
**Auf der Suche nach
der rosaköpfigen
Ente am Ende
der Welt**
Band 11388

Leonie Ossowski
Die große Flatter
Roman
Band 2474

Fischer Taschenbuch Verlag

fi 1220 / 11 f

Unterhaltsame Literatur

Eine Auswahl

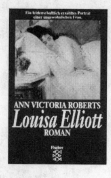  

Delia und
Mark Owens
**Das Auge
des Elefanten**
Band 11936

Ann Victoria
Roberts
Louisa Elliott
Roman
Band 11126

Viola Schatten
**Dienstag war die
Nacht zu kurz**
Kriminalroman
Band 10681

Bernd Schirmer
**Schlehweins
Giraffe**
Roman
Band 12025

Angela Seeler
Glück und Glas
Roman einer
Familie
Band 11267

Julie Smith
**Huckleberry
kehrt zurück**
Kriminalroman
Band 10264

Joy Smith Aiken
Solos Reisen
Roman
Band 11127

Clifford Stoll
Kuckucksei
Die Jagd auf die
deutschen Hacker,
die das Pentagon
knackten
Band 10277

Hanne Marie
Svendsen
Die Goldkugel
Roman. Band 11058

Paul Theroux
**Das chinesische
Abenteuer**
Reise durch das
Reich der Mitte
Band 10598
Dschungelliebe
Roman. Band 8361

Jules Verne
**Das grüne
Leuchten**
Band 10942

Tad Williams/
Nina K. Hofman
**Die Stimme
der Finsternis**
Roman
Band 11938

Fischer Taschenbuch Verlag

fi 1220 / 8 g

Unterhaltsame Literatur

Eine Auswahl

Tad Williams
**Traumjäger
und Goldpfote**
Roman. Band 8349

Barbara Wilson
Mord im Kollektiv
Band 8229

David Henry
Wilson
**Der Fluch der
achten Fee**
Ein Märchen
Band 10645

Barbara Wood
**Der Fluch der
Schriftrollen**
Roman. Band 12031
Herzflimmern
Roman. Band 8368
**Lockruf der
Vergangenheit**
Roman. Band 10196

Barbara Wood
**Spiel des
Schicksals**
Roman. Band 12032
Traumzeit
Roman. Band 11929

Anna Zaschke
Frauenfronten
Band 11995
Männergeschichten
Das Decamerone
der Frau
Band 11996

Marion
Zimmer Bradley
**Die Feuer
von Troia**
Roman
Band 10287
Luchsmond
Erzählungen
Band 11444

Marion
Zimmer Bradley
Lythande
Erzählungen
Band 10943
**Die Nebel
von Avalon**
Roman
Band 8222
Tochter der Nacht
Roman
Band 8350

(Hg.) Marion
Zimmer Bradley
Schwertschwestern
Band 2701
Wolfsschwester
Band 2718
Windschwester
Band 2731
Traumschwester
Band 2744

Fischer Taschenbuch Verlag

Kriminalromane
Eine Auswahl

Harriet Ayres (Hg.)
Schönen Tod noch,
Sammy Luke
Zehn mörderische
Geschichten
Band 10619

P. Biermann (Hg.)
Mit Zorn, Charme
& Methode
oder: Die Auf-
klärung ist weiblich!
Erzählungen
Band 10839
Wilde Weiber
GmbH
Band 11586

Elisabeth Bowers
Ladies' Night
Band 8383

Fiorella Cagnoni
Eine Frage der Zeit
Band 10769

Martine Carton
Hera und
Die Moneten-
kratzer
Band 8141
Martina oder
Jan-Kees verliert
seinen Kopf
Band 11440
Nofretete und
Die Reisenden
einer Kreuzfahrt
Band 10211
Victoria und
Die Ölscheiche
Band 11672

Anthea Cohen
Engel tötet
man nicht
Band 8209

Sabine Deitmer
Kalte Küsse
Band 11449

Sabine Deitmer
Auch brave
Mädchen tun's
Mordgeschichten
Band 10507
Bye-bye, Bruno
Wie Frauen morden
Band 4714

Sarah Dunant
Der Baby-Pakt
Band 11574

Ellen Godfrey
Tödlicher Absturz
Band 11559

Sue Grafton
Detektivin,
Anfang 30,
sucht Aufträge
Band 10208
G wie Galgenfrist
Band 10136

Fischer Taschenbuch Verlag

Kriminalromane

Eine Auswahl

Sue Grafton
H wie Haß
Band 12197
**Sie kannte
ihn flüchtig**
Band 8386

Ingrid Hahnfeld
Schwarze Narren
Band 11076

Christa Hein
Quicksand
Band 11938

Janet LaPierre
Grausame Mutter
Band 11032
Kinderspiele
Band 11373

Doris Lerche
der lover
Von Männern,
Mord und Müsli
Band 10517

Val McDermid
**Mörderbeat in
Manchester**
Band 11711

Maureen Moore
**Mit gemischten
Gefühlen**
Band 10289

Marcia Muller
**Dieser Sonntag
hat's in sich**
Band 10908
Letzte Instanz
Band 11649
Mord ohne Leiche
Band 10890
Niemandsland
Band 10912
Tote Pracht
Band 10913
Wölfe und Kojoten
Band 11722

Meg O'Brien
**Heute hier, morgen
tot.** Band 11784
Lachs in der Suppe
Band 11139
Lauter Ehrenmänner
Band 10975

Lillian O'Donnell
**Hochzeitsreise
in den Tod**
Band 10889

Maria A. Oliver
Drei Männer
Band 10402
Miese Kerle
Band 10868

Annette Roome
**Karriere mit
Schuß**
Band 10875
Liebe mit Schuß
Band 12132

Fischer Taschenbuch Verlag

fi 507 / 7 b

Kriminalromane
Eine Auswahl

Viola Schatten
**Schweinereien
passieren
montags**
Band 10282
**Dienstag war die
Nacht zu kurz**
Band 10681
**Mittwochs war
der Spaß vorbei**
Band 11297
**Donnerstag war's
beinah aus**
Band 11592
**Kluge Kinder
sterben freitags**
Band 11620

Katrin & Erik
Skafte
**Lauter ganz
normale Männer**
Ein Krimi - nur
für Frauen
Band 4732

Julie Smith
**Blues in
New Orleans**
Band 10853
**Ein Solo für den
Sensenmann**
Band 11615
**Huckleberry
kehrt zurück**
Band 10264
**Ich bin doch
keine Superfrau**
Band 10210
Die Sauerteigmafia
Band 10475
**Stumm wie
ein Fisch**
Band 11720
Touristenfalle
Band 10212

Marie Smith (Hg.)
**Die Lady ist
ein Detektiv**
Band 10500

Marie Smith (Hg.)
**Der Detektiv
ist eine Lady**
Band 10501

Jean Warmbold
**Der arabische
Freund**
Band 12024

Barbara Wilson
Mord im Kollektiv
Band 8229

Mary Wings
Himmlische Rache
Band 12153

Gabriele Wolff
Armer Ritter
Band 12069
Himmel und Erde
Band 11394
Kölscher Kaviar
Band 11393

Fischer Taschenbuch Verlag

fi 507 / 6 c